學生評鑑教師教學：

理論、實務與態度

張德勝◎著

序　言

　　「學生評鑑教師教學」不能算是我的初戀，但卻是我的最愛。從學生時代當一個評鑑者，到現在自己是被評鑑者以及評鑑的使用者，我對它應該是情有獨鍾。過去如此，現在一樣，未來也不變。

　　能與「學生評鑑教師教學」開始結緣，第一個要感謝的就是花蓮師院國民教育所所長吳家瑩教授，在他擔任教務長期間，以鼓勵及強迫的方式，要我幫忙學校分析「學生評鑑教師教學」的資料，使我和這個早有耳聞但又在校園間充滿爭議的主題做了初步的認識。再來要感謝本校校長劉錫麒教授教務，在他擔任教務長期間，提供我近水樓台的機會，讓我執掌課務組組長一職，所以就和「學生評鑑教師教學」開始一千多個朝夕相處的日子，日久生情，儼然我就是「學生評鑑教師教學」，「學生評鑑教師教學」就是我。

　　另外要感謝國科會提供我兩年的研究經費，第一年補助計畫名稱是「師範學院師生對學生評鑑教師教學態度之研究」（NSC 88-2413-H-026-006）；第二年補助計畫名稱是「大學校院實施學生評鑑教師教學現況之研究（I）」（NSC 89-2413-H-026-004-S）。

　　同時要感謝九所師院的課務組組長及相關人員幫忙提供各校資料以及協助施測，讓本研究的內容更為豐富充足。另外要感謝花蓮師院國民教育研究所學生李冠儀、廖欣楣、簡伊淇、黃美銀小姐幫忙蒐集資料、處理各項研究瑣碎事宜。最後要感謝我的老婆李蓓莉老師，雅量允許我多年來與「學生評鑑教師教學」傾訴

至半夜，清晨又對談。

　　最後，承蒙揚智文化事業出版公司總經理葉忠賢先生慨允出書，謹此致謝。

　　謹識

國立花蓮師範學院

國民教育研究所

目　錄

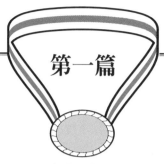

第一篇

理論部分

第一章 導 論

　　本章主要的目的是簡述教師評鑑的方式，並透過各種不同教師評鑑方式，來點出「學生評鑑教師教學」與其他教師評鑑方式不同之處，並進而說明撰寫本書的動機，最後則說明本書的結構。全章共分為二節，第一節為緒言，第二節為本書結構。

第一節 緒 言

　　自從十二世紀，在義大利波隆尼亞（Bologna）設立大學以來，大學被認為是一群學者的集合或學術的團體，學者以追求真理為主要的職志。但隨著大學在世界各國的發展，他的任務與目標也更加多元化（multidimensional mission）。但不管大學的目標如何變化，大學的主要任務或功能有三：教學、研究與服務（Shen, 1997）。三者之中，又以教學最為重要，不僅是我國如此，教育先進國家之大學也是如此（何福田，1983）。因為大學是一個國家作育英才的學術殿堂，也是國家文化傳承的重鎮，大學教育的品質對國家社會整體的發展有直接與間接的影響。

　　近年來，提升教育品質一直都是教育界、學術界以及社會其他各界努力的方向。在提升教育品質的聲浪中，又以高等教育最為人矚目。因為當一個國家邁入工業化後，需要更多的高級技術人力，高等教育所扮演的角色就更為重要。所以如何讓培育國家高級技術人力的大學教師們瞭解自己教學的實際情況，並調整自

己的教學，以增進未來社會中堅分子的工作效能，最後達到提升國家競爭力的目標，就顯得十分重要。

如何才能讓教師瞭解自己的教學績效呢？Centra（1977a）曾調查美國一百三十四所大學校院、四百五十三位學系主任，提供有關教師教學表現及績效的最佳資訊來源，結果發現共有十五項重要的資訊來源，分別是系主任評鑑、同儕評鑑、正式學生評鑑、委員會評鑑、非正式學生教學反映、學院院長評鑑、教學計畫表和考試、選修課的熱門程度、教師自我評鑑、教學改進活動、學生考試成績、同儕教室觀察、校友意見、學生長期表現、教學表現的錄影帶十五項。其中又以系主任評鑑、「學生評鑑教師教學」（student ratings of instruction）以及同儕評鑑被列為最重要的前三項。而Follman（1996）則認為學校可以從五個方面來瞭解教師的教學績效：學生的學習成績、行政人員評鑑、教師自評、教師彼此互評以及學生評鑑。同樣的，教師也可以從這五方面來瞭解自己的教學績效，換言之，除了學生的學習成績之外，教師可以從不同人對自己教學的反映來瞭解自己或評鑑自己的教學表現。Wragg（1988）曾提到教師教學評鑑的類型因評鑑者身分之不同，大約可以分為：同儕評鑑、上級－部屬評鑑、校外人士評鑑、非教育人士評鑑、自我評鑑等五種。在國內方面，張德銳（1992）曾從不同評鑑者的角度看教師評鑑方式，認為評鑑人員可包括：教師自我評鑑、教師同儕評鑑、行政人員評鑑、評鑑小組評鑑、學生評鑑。黃坤錦（1995）認為教師評鑑的參與者應包括學生評鑑、同事評鑑、行政評鑑、自我評鑑四方面。徐美惠和高薰芳（1996）則認為教師評鑑的基本方式有五種：學生評鑑、行政人員評鑑、同儕評鑑、自我評鑑、教師檔案（portfolio）。

無論國內或國外學者所提到的教師教學評鑑方式，都包含行

政人員評鑑、同儕互評、教師自我評鑑以及學生評鑑等不同制度，但是如果考慮到 Arreola（1995）所說的，任何教學評鑑制度都需要能夠真實、客觀且公平的反映出教師的教學績效，而且又要具有可行性。那麼行政人員評鑑以及同儕互評都有他們爲人詬病之處，因爲這兩種評鑑人員，可能並未親自到教室實際觀察教師的教學表現，即使有，也可能只是點綴性或形式性居多，又如何能夠真實、客觀且公平的反映出教學的績效呢（張德勝、張定貴，1999）？

　　至於教師本人就是教學者，應該很清楚自己的教學成效是否達成教學目標、教學方法，而且教師在學校中經常被非正式地評鑑，諸如學生向教師反映作業過多、考試太難，或者進度太快等，這些非正式的評鑑對教師雖缺乏強制力，但也能提供教師工作表現的參考，藉以促進教師自我反省（傅木龍，1995）。雖然教師自我評鑑具有自我瞭解、省思、改進的優點，但若只憑教師自我評鑑結果來決定自己的教學成效，很可能不是一種十分可靠的評鑑方式，恐怕會讓教師高估或低估自我的教學表現，而淪爲自我主觀的判斷（黃坤錦，1995；黃政傑，1997）。

　　由上述的研究可知，行政人員、同儕或教師本人來擔任評鑑教師教學的工作，都可能有失真實性、客觀性以及公平性。所以Follman（1996）建議學校應以學生的觀點來做爲教師教學績效的重要依據之一，畢竟學生是這些人當中和老師關係最密切且相處時間最多的，而教師教學的成功與否，最直接影響的也是學生。他認爲老師教學績效的評鑑不應該像過去只是由校長、行政人員、教師同儕或教師自己擔任而已，應把學生的意見納入評鑑當中，讓學生也來參與教學評鑑，讓他們的意見也能呈現在整個教學反映中，如此，教學評鑑才會更具實質意義。很多研究也已證實在教師教學的各類評鑑當中，「學生評鑑教師教學」是最直

接、重要且客觀的教學評鑑方式（如Cashin, 1990; Shieh, 1990; Theall & Franklin, 1991; Tollefson, Chen, & Kleinsasser, 1989）。

　　至於「學生評鑑教師教學」的功能何在？唐學明（1996）認為有下列四種：一、激勵教學的動機：由於評鑑結果反映教學的成效，對教學認真的老師不只是一種鼓勵，對表現欠佳的老師也是一種警惕，提供自我反省的機會，兩者均可以提高教學的動機；二、提供溝通的管道：評鑑結果也直接反映學生對於教學的意見，促使教師調整並改進教學缺失；三、確保教學品質，提供監督與控制教學品質的工具；四、提供衡量教師教學績效的客觀標準，可以依據評鑑結果決定教師之任用與升等，並提供優良教師選拔之參考。Peterson （1995）認為「學生評鑑教師教學」可以針對教師的教學提供重要、有用且可信的資料，同時可以提供教師有關班級的學習動機、學習機會、師生溝通以及同學互動等主要訊息。除此之外，「學生評鑑教師教學」亦可提供關於課程的反映意見，如教科書和參考書的實用性、考試的公平性和作業的回饋等。總之，學生是教師教學反映的鏡子，因為學生最瞭解自己的學習情況，也知道同學心裡的想法和感覺，同時又直接接觸並觀察老師的教學。Schmelkin、Spencer和Gellman （1997）則分別從行政人員、教師及學生等三種不同身分的角度來看「學生評鑑教師教學」的功能：從行政人員而言，「學生評鑑教師教學」的結果可以做為教師續聘或升等之教學績效參考，具有總結性評量的功能；從教師角度來看，「學生評鑑教師教學」的結果可以做為教師教學改進之參考，具有形成性評量的功能；就學生角度而言，「學生評鑑教師教學」的結果可以做為選課的參考，具有輔助學習的功能。

　　北美國家有很多學校把「學生評鑑教師教學」的結果做為教師教學效能的衡量標準之一，從早期1927年，Herman和

Remmers發表普渡大學教學評鑑量表（Purdue Rating Scale for Instruction, PRSI），到1996年，Harrison、Ryan和Moore以學生內省的觀點來透視教師教學效能，都顯示他們對這方面的研究不遺餘力，而且有不少研究證實「學生評鑑教師教學」對大學教學的品質，能提供可靠且有效的參考價值及改進方向（Abrami, d'Apollonia, & Cohen, 1990; Boex, 2000; Freeman, 1994; McKeachie, 1997; Murray, Rushton, & Paunonen, 1990）。Seldin（1993）針對美國六百所人文學院調查發現，在1973年，只有29%的學校施行學生評量，1983年時已有68%，到了1993年施行學生評量的學校高達86%。Calderon、Gabbin和Green（1995）曾調查美國各大學校院會計學系用來評鑑獎勵教師教學績效的方法，他們發現雖然各個會計學系都使用很多種不同的方式來評鑑教師的教學，但是有94%的會計學系都使用「學生評鑑教師教學」，甚至有18%的會計學系只使用「學生評鑑教師教學」的結果做為教師教學績效的參考。另外，Wilson（1998）也強調在1973年時，全美國只有30%的大學校院實施「學生評鑑教師教學」，他預測到了二十一世紀，幾乎所有的學校都實施這個制度。這些研究都充分說明「學生評鑑教師教學」在美國的普遍性與重要性。

　　為了讓教師們能瞭解自己的教學情況及學生對教學的反映，國內也有不少大學校院先後施行學生評鑑教學，如淡江大學、台灣大學、清華大學、東海大學和元智大學等。其中又以淡江大學首開風氣，於西元1966年開始試辦教學評鑑，至今已有三十多年的歷史（淡江大學教育科學研究室，1983）。至於其他學校方面，作者曾於西元1998年6月調查台灣四十所公立大學校院以及四十四所私立大學校院，發現公立學校實施全校性「學生評鑑教師教學」制度的有三十一所，占77.5%；私立學校則有四十所，

占90.9%（張德勝，1999）。

由以上研究發現，不管在國內或國外，「學生評鑑教師教學」已成爲高等教育教學評鑑過程中，重要且普遍的項目之一，所以如何建立一套妥善的「學生評鑑教師教學」的制度，實爲當務之急。因此，在規劃設計「學生評鑑教師教學」制度之前，除了必須瞭解目前「學生評鑑教師教學」的基本概念及學理基礎外，也需要瞭解影響「學生評鑑教師教學」結果的因素有哪些、評鑑工具的編製，更需要瞭解教師與學生對此制度的看法，方可針對實務上的需要，解決問題。

第二節　本書結構

作者按此目的，將本書分爲三大篇，第一篇爲理論部分，除了本章導論之外，第二章爲「學生評鑑教師教學」的基本概念，探討「學生評鑑教師教學」的涵義、目的、優缺點及實施程序；第三章爲「學生評鑑教師教學」的理論基礎，從哲學、社會學、心理學、行政學的學理依據來分析何以「學生評鑑教師教學」可以改進教師的教學品質；第四章爲「學生評鑑教師教學」的起源與演變，探討「學生評鑑教師教學」的起源、背後發展的內在與外在的動力，以及「學生評鑑教師教學」在美國及台灣發展演進的情形；第五章爲可能影響「學生評鑑教師教學」結果的外在因素，分別探討教師因素、學生因素、科目因素與情境因素四種可能會影響評鑑結果的因素。

第二篇爲實務部分，分別是第六章「學生評鑑教師教學」工具的編製，包含工具編製的程序、形式、內容，以及評鑑工具在信度及效度方面是如何建立；第七章是「學生評鑑教師教學」制

度之比較，主要是以台灣地區九所師範學院所實施的「學生評鑑教師教學」制度為例子，先針對各校實施的背景、程序、評鑑工具、評鑑資料的處理與應用四方面進行分析，進而比較各校在這些方面的異同。

第三篇則是師生態度部分，主要是針對「學生評鑑教師教學」兩大關鍵人物的態度為主要撰寫的內容，分別是被評鑑者及評鑑者的態度，前者為教師，後者為學生。教師對「學生評鑑教師教學」的態度，於第八章探討，以師範學院的教師為例子，分別探討他們對「學生評鑑教師教學」各項重點的同意度如何？他們贊成與反對的理由為何？最後則是分析他們的建議。第九章是分析學生對「學生評鑑教師教學」的態度，同樣的也是以師範學院的學生為例子，包含學生對「學生評鑑教師教學」各項重點的同意度如何？贊成與反對的理由為何？以及他們的建議。第十章則是從量化資料和訪談結果的資料來比較教師與學生在「學生評鑑教師教學」態度上的差異情形。

第二章 「學生評鑑教師教學」的基本概念

　　本章主要說明「學生評鑑教師教學」的基本概念，共分五節。第一節先說明「學生評鑑教師教學」的涵義；第二節探討「學生評鑑教師教學」的目的；第三節分析「學生評鑑教師教學」的優缺點；第四節則是簡述「學生評鑑教師教學」實施程序；第五節爲本章小結。

第一節　「學生評鑑教師教學」的涵義

　　「學生評鑑教師教學」（student ratings of instruction）或稱爲學生報告（student report）是一種證例，一種以學生的觀點來看教師教學表現的證例（Peterson, 1995）。這種證例通常是藉著問卷或量表來調查學生對教師教學的意見，或者以開放性的問題對學生做個別訪問或者群體訪問。就形式而言，「學生評鑑教師教學」可分爲非正式與正式評鑑兩種。前者係指各教學單位主管或教師本人以各種非正式的方式（如訪談或焦點團體）瞭解部分學生對教師教學的觀感；後者係指學校行政單位、教學單位、學生單位或教師本人，爲了瞭解教師的教學情形，以專家所設計的標準化教學評量表或問卷（如教學意見調查表），供學生以不具名的方式填寫，表達其對教師教學的意見，之後統一收回，並採取一定的計分標準，計算出全班學生對任課教師在教學各方面表現的分數。一般而言，採用後者最爲普遍，因爲這種方法容易取得

大多數學生對教師教學的反映資料（葉重新，1987）。

　　「學生評鑑教師教學」是一種學生心理現象的測量，包含學生對教師教學的認知、意見及反應的測量（Arreola, 1995）。有不少教師、學生，甚至評鑑單位的行政人員，可能都誤以為「學生評鑑教師教學」只是要求學生坐下來，就教學反映意見調查表上的題目，一系列的寫出來就可以。事實上，「學生評鑑教師教學」也是一種心理現象的測量，透過測量工具來瞭解學生對教師教學的意見、認知及觀點。所以「學生評鑑教師教學」的工具與其他測量工具一樣，需要達到有心理計量的某一定標準，亦即是評鑑的工具需要有高的信度與效度（Arreola, 1995）。就建立「學生評鑑教師教學」的可靠性及正確性而言，Harrison、Ryan 和 Moore（1996）認為「學生評鑑教師教學」的背後有它基本的三個假定：一、對教師教學效能的相關因素，學生有能力做一個公平的評鑑；二、面對有關教學效能的不同因素，學生能瞭解自己對不同因素給予相對重要性的判定；三、對整個評鑑而言，學生對同一位教師評分的一致性非常高。

　　「學生評鑑教師教學」是一種教學回饋環線（feedback loop）的應用（詹棟樑，1995）。Glaser 曾於 1962 年提出一個被認為是最簡單且最基本的教學模式雛形（郭生玉，1995），如圖2-1-1。

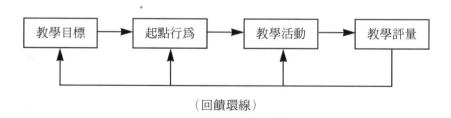

（回饋環線）

圖2-1-1 教學的一般模式

　　從圖2-1-1的教學模式來看整個教學歷程包括四個部分以及一條回饋環線。四個部分分別是教學目標、起點行為、教學活動以及教學評量。每個部分都與教學評量有關，教學評量不僅可以提供回饋訊息給教師，更將整個教學歷程統整在一起，形成一條回饋的環線，也就是每一個教學歷程進行到某一個階段以後，循線回過頭來檢視其過程是否需要修正，如此一來更可以使教師的教導與學生的學習發揮最大的效果。而在教學評量的部分，Glaser原指教師對學生的學習評鑑，但是不少學者認為學習評鑑就是教師利用各種方法或程序蒐集有關學生學習情形的資料（蔡克容，1997），所以強調教學評量不只包含了教師評鑑學生的學習，同時也包含學生評鑑教師的教學（黃光雄，1993；Kibler，1978）。誠如黃光雄（1993）所言「教師教學的成功和學生學習的成功一樣，都要加以評鑑」（頁76）。

　　「學生評鑑教師教學」可以是多面向（multi-dimension），也可以是單面向（uni-dimension）。前者係指「學生評鑑教師教學」可以針對教師教學上某些特定的部分來分析，如教師的專業知識、教學技巧、教材安排、師生互動、評分公平性等；後者則以教師整體教學表現來呈現，如將所有特定部分分數總和或用一簡單的統整問題來表示（張德勝，1998a）。一般來說，前者用於形成性評量較多，因為可以透過多層面的教學評鑑反映，讓教師知道改進的方向，因而實施的時間也通常會在學期初或學期中舉行；而後者則用於總結性評量的機會較大，因為以總結的分數或單一的分數，來評定教師整個學期的教學績效，所以一般的實施時間大都在學期結束前二周內或者學期末剛結束之後一周內。

　　總之，「學生評鑑教師教學」是一種以學生觀點來看教師教學表現的例證，其形式可以分為正式與非正式。「學生評鑑教師教學」也是一種學生心理現象的測驗，其結果可以做為教師教學

的回饋，至於其內容則可分為多面向與單面向，前者以形成性評量居多，後者以總結性評量為主。

第二節 「學生評鑑教師教學」的目的

根據Millman（1981）的調查發現，「學生評鑑教師教學」的目的不下十餘種，但是以協助教師改進教學、提供人事決策參考以及提供學生選課參考最為普遍。而Marsh（1987）則認為「學生評鑑教師教學」至少具有下列五種目的：一、協助教師改進教學；二、做為學校人事決策參考；三、提供學生選課參考；四、做為擬定課程發展計畫的參考；五、提供學術研究等。和Millman一樣，Marsh也認為以前面三項，最為普遍。茲就這三項目的分述如下：

協助教師改進教學

雖然實施「學生評鑑教師教學」的目的，以協助教師改進教學、做為學校人事決策的依據以及提供學生選課的參考最為普遍，但其中，又以「協助教師改進教學」最為主要。畢竟，學生是最能提供教室事件的第一手資料的人，他們的意見反映，對協助教師改進教學應有助益（張德銳等，1996）。而且「學生評鑑教師教學」的結果可說是教師教學績效的指標之一，這種指標，誠如前面定義所言，大都是具體的分數，清楚標出教師被評鑑的結果，會激勵教師內發性教學動機，進而改變教師的教學行為（葉重新，1987）。且無論評鑑的結果是顯現教師教學的優點或弱點，都可以提供教師有關學生對自己教學的看法與感受，透過此

種教學評鑑的回饋資料，教師可以瞭解教學目標是否達成、教材內容是否充分、教學方法是否適當、師生關係是否良好、作業規定是否過量等，以做為改進教學之參考。教師就在「學生評鑑教師教學」結果所提供的訊息下，不斷修訂與改正自己的教學，進而提升教學的品質。

Centra（1972）曾研究五所學院四百名教師之教學情形，發現教師在得到「學生評鑑教師教學」結果之後，對其教學上有顯著的改進。Mckeachie（1979）研究發現學校實施「學生評鑑教師教學」，可以使教師改進教學，但是他也發現教師改進教學之情形與下述幾種原因有密切關係：一、教師是否有改進教學的動機和意願；二、教師是否知悉教學改進的方法；三、教師是否支持「學生評鑑教師教學」的制度；四、對於評鑑結果，學校是否請求學者專家提供教師諮詢服務。

有關提供教師教學諮詢服務，Marsh（1987）研究發現，提供學生評鑑教學結果，能促使老師在短期內改善教學品質，如果在提供回饋的同時附有教學諮詢服務，如有教學法專家、系主任，或學科內資深優良教師協助改善教學，則成果更為明顯。Griffin 和 Pool（1998）曾花了三年半的時間以不等組的研究設計，研究「學生評鑑教師教學」對十九個班級學生學習的影響，他們發現學生評鑑加上教學諮詢服務最能符合學生學習的需求，而且教學的效果也最好。其實，早在 1980 年，Cohen 就曾分析二十二篇有關應用「學生評鑑教師教學」結果來改進教學的研究論文。他發現大多數教師，僅針對在評量上的意見來改進教學，他強調，教學評鑑之後，學校如果能提供教師教學諮詢服務，則更能幫助教師改進教學。由上述可知，「學生評鑑教師教學」可以達到改進教師教學的目的，尤其是有行政方面的配合，提供教學諮詢服務，則效果會更大。

提供學校人事決策參考

傳統上，大學教師有教學、研究與服務等三大任務（Shen, 1997），所以學校應該依據教師在這三項的表現，做為人事決策的參考。就教師的教學績效而言，評鑑的方式很多，包含行政人員評鑑、教師自評、同儕互評、學生評鑑、學生學習成績、教師教學計畫、教材準備等，但是以「學生評鑑教師教學」最具客觀性及代表性。就理論上而言，「學生評鑑教師教學」的結果，應可以做為學校人事決策的參考之一。而事實上，根據Gage（1961）的研究，當學校把「學生評鑑教師教學」的結果做為人事決策之參考（如選拔教學優良教師之依據），則更能激發教師主動改進教學。

過去教師的升等主要是以研究成果為主，致使大學教師較重視研究工作而忽略教學，繼而影響教學品質，成為高等教育為人詬病的原因之一。有鑑於此，教育部為了提升大學校院教師的教學品質，於1998年5月30日函請各大學校院訂定教師教學服務成績考察辦法，規定教學服務成績占教師升等審查總成績20～30%，學校遂將教師的教學成效列為教師升等的因素之一，在教育部的政策引導下，國內有些大學在教師升等辦法中，明定以「學生評鑑教師教學」結果做為教學績效依據之一，並且是教師升等的必備條件之一。如實踐大學規定教師申請升等時，必須附上「學生評鑑教師教學」的評鑑分數（張德勝，1998c）。

相對的，有些學校並沒有硬性規定把「學生評鑑教師教學」的結果列為教師升等的參考選項之一。可能是對「學生評鑑教師教學」過程的客觀公正性、學生填答的真實性、評鑑工具的可靠性以及可信性都持著質疑的態度。所以Miller（1972）曾指出，

「學生評鑑教師教學」只是瞭解教師教學訊息的來源之一，如果學校要將「學生評鑑教師教學」的結果，做爲教師人事決策之參考，則需要參考其他人員或其他評鑑方式所提供的訊息，如行政人員評鑑、同儕評鑑、教師自評、教學計畫表、出席紀錄等，綜合評估，較爲適切。

提供學生選課參考

不容否認的，學生的學習若要發揮效果，那麼選修合乎自己個人興趣及能力的科目是非常重要的（Lunsford & Duster, 1971）。所以學生在修讀某一門科目之前，通常都想要知道該學科之教學目標、教材內容、作業分量、評分標準、教師對學生的要求、教師個人特質、教學技巧、教學熱忱、師生關係等資料，以做爲他們選課的參考（Ahmadi, 1981）。那麼學生又如何在選課之前，知道各科目的相關資料，做爲選課的依據呢？Spencer（1994）認爲學生可以透過「學生評鑑教師教學」的資料，得到這方面的訊息。而 Abrami、Leventhal 和 Perry（1982）的研究也顯示，以「學生評鑑教師教學」結果爲選課依據的學生，對自己所選的科目的滿意度也較高。

在提供評鑑結果供學生做爲選課的參考方面，有些學校會將評鑑結果刊登在校園刊物上或整理成冊放在圖書館，有些則集結成所謂的「選課導覽」，在校園內的書局出售。相對的，也有很多學校採取保留的態度，認爲評鑑的結果要絕對保密，只有教師本人知道結果，行政人員，甚至系所主管都不能知道，以免教師不滿，而採取不配合的態度（Marsh, 1987; Spencer, 1994）。

總之，「學生評鑑教師教學」最普遍的三項目的，正好可以符合學校三種不同身分人員的需求，對教師而言，可以應用評鑑

結果改進教學；以行政人員來說，可以應用評鑑結果來做為人事決策的依據；就學生立場，則評鑑的結果可以提供他們做為選課的參考。不過，Marsh（1987）也指出，一個評鑑工具未必能夠同時達到或滿足這三個目的。以第一個目的而言，如果要確實協助改進教學，則所提供的資訊必需能讓教師明白自己教學的缺失所在，也就是評鑑工具必需能診斷出教師教學上的問題，就這一點來看，評鑑所需要提供的是一種形成性評量的資料。從第二個目的來看，行政部門所要知道的是教師教學表現，所以評鑑工具必需能夠提供這方面的資訊，也就是總結性評量的資訊。至於第三個目的，學生想要知道的是教師上課的風格、教學的方法、教材的內容、作業的要求、科目的難度等，因此評鑑必需要能提供這些訊息給學生（蔡美玲，1989）。

第三節　「學生評鑑教師教學」的優缺點

　　任何教學評鑑制度都有其優點及缺點，「學生評鑑教師教學」制度也不例外，以下就「學生評鑑教師教學」的優缺點加以分析。

優點

　　「學生評鑑教師教學」對學校、教師、學生、課程以及班級等都有所助益，誠如 Peterson（1995）所言，學校可以透過「學生評鑑教師教學」的制度，以最少的人力、物力及時間，蒐集到有關教師教學表現的重要、有用且可信的資料。Peterson 更進一步說，「學生評鑑教師教學」可以激勵教室內的學習氣氛，提供

學習的機會、增進師生的溝通、強調學習的公平性。同時學生也可以透過「學生評鑑教師教學」提供他們對課本、考試或者作業的看法與建議。

　　「學生評鑑教師教學」的另一個好處就是，所得到的資料其信度頗高。不同於行政人員評鑑或教師互評，學生評鑑教師教學的資料都來自於學生對教師教學的觀點。根據Peterson和Stevens（1988）的文獻分析，所有學生評鑑教師教學資料的信度都介於0.80到0.90之間。而Marsh（1987）在他的研究結論中提到學生、行政人員以及同儕三者對教師的教學評鑑結果也是一樣的。

　　「學生評鑑教師教學」不只是提升、確保和監督教學品質的工具，它同時將學生在教學歷程中的被動地位改為主動。學生藉著這條管道傳達給老師「我們需要什麼」、「如何把我們帶好」的訊息。換句話說，學生應該像顧客或資金擁有者一般，教師所提供的產品，其好壞應由他的學生來評鑑（唐學明，1996；Mark & Shotlland, 1985; McKeachie, 1979）。

缺點

　　以「學生評鑑教師教學」來做為教師教學品質的指標之一並不是完全沒有限制。就學生方面，他們畢竟不是評鑑專家，在評鑑老師的時候可能會流於自己個人的喜好而忽略了整體性。有些學生會因為害怕影響到自己的成績或因個人因素而不據實填寫問卷（Peterson, 1995）。而就教師方面，每一位教師的教學風格都不同，同樣的老師對不同的學生也會有不同的教學效果。師生之間的關係也可能會影響評鑑的結果，比較嚴格的老師可能較不容易被學生所接受。相對的，有些老師可能為了得到較高的評鑑分數而討好學生，甚至只是對評鑑上的分數有興趣，對學生反而沒

有教學的熱忱。當然也有老師因不瞭解教學評鑑的正面意義而採取消極不合作的態度（唐學明，1996）。

就行政人員方面，部分執行人員敷衍了事或隨意公開資料給不相關人士，或施測結果不受重視。就施測技術方面，測量工具的信度和效度問題、題目的代表性、層面涵蓋度、題意的清晰性、數量的多寡和問卷的整體設計都會影響學生填寫的意願及調查的眞實性。另外一些客觀的外在因素更不容忽視，如班級的大小、課程的性質（必修課或選修課）、課程的難度、學生的年級、教師的性別、等級、職位等都可能會影響評鑑的結果（Goebel & Cashen, 1979; Murray, Rushton, & Paunonen, 1990; Schlenker & McKinnon, 1994）。有關可能會影響「學生評鑑教師教學」結果的外在因素，請參考本書第五章。

第四節　「學生評鑑教師教學」的實施程序

儘管「學生評鑑教師教學」的實施方式都是透過學生填答問卷的方式來蒐集學生對教師教學的意見，但是因爲各校實施的目的不盡相同，因此實施的程序也略有不同，不過大致可分爲被評鑑者（教師部分）、評鑑者（學生部分）、實施的時間與場地、評鑑的主持人、評鑑工具、結果的應用等方面，由於有關評鑑工具的議題及內容較多，包括編製的程序、工具的形式、內容、信、效度的考驗等，所以另闢一章（本書第六章）加以討論。至於結果的應用與本章第二節「學生評鑑教師教學的目的」內容相似，不再重複，本部分僅就被評鑑者、評鑑者、實施的時間與場地、評鑑主持人四方面加以討論。

被評鑑者

所謂被評鑑者就是指教師,哪些教師應該接受評鑑呢?一般而言,不外乎以下兩種:

一、每一位教師都接受評鑑

不管教師的意願如何,校方定期對全校教師進行評鑑,如淡江大學、中央警官學校等。

二、由教師自行決定

校方在實施評鑑之前,先徵求教師或系所的同意,同意的才予以評鑑,如台北市立師範學院、屏東師範學院等。

目前國內外各大學校院以第一種較多,也就是強制每一位教師都需要接受評鑑,至於是全校統一使用一種評鑑工具或者是各系所自行統一一種評鑑工具,則依因學校不同而有所不同。就綜合大學而言,由於學校規模大,系所多,所以幾乎是各學院或系所自行設計問卷,如清華大學、政治大學。就學院部分,由於規模較小,大部分都是全校統一使用一種評鑑工具,如宜蘭技術學院、台灣藝術學院。

評鑑者

一般人可能會認為,「學生評鑑教師教學」的目的之一就是在提供教師改進教學的參考資料,應該以正在修課的學生為評鑑者,但是也有部分的學者認為,正在修課的學生,可能礙於學期分數的壓力,不敢據實填寫,所以主張由前一學期的學生來填寫

（Arreola, 1995）。也有學者主張，如果要評鑑科目的應用性，那麼應該以畢業的學生來當評鑑者，因爲畢業的學生有實務經驗，更能反映科目的應用價值（柯凱珮，2000；Marsh, 1987）。然而後二者在實施的技術上困難度都比較高，尤其是針對畢業生方面，人數更不容易掌握。所以目前各校還是以正在修課的學生爲主。

至於參與評鑑的課程數、學生數占總學生數比例是多少？畢竟這些因素都可能影響評鑑結果的可信度。Centra（1980）曾針對這些問題進行研究，並且提出下列的建議：

一、參與評鑑的學生數需要依據評鑑的目的而定。如評鑑的目的是爲了提供教師改進教學的參考，則學生數最少在八至十人之間即可。但是如果評鑑的目的在於提供人事作業的參考，則每位教師參與評鑑的課程數至少要五科以上，而且每一班人數至少要十五人左右。

二、學生的比例至少該占該課程人數的三分之二。

實施的時間與場地

一、時間

「學生評鑑教師教學」的時間，大致可分爲三個階段：學期初、學期中、學期末。有些學校是三個階段都實施，如元智大學；有些學校則是學期中和學期末都實施，如台北師範學院。不過大部分的學校都只有在學期末實施，如政治大學、台灣大學。

二、場地

至於實施的場地，一般而言，有以下二種（Millman,

1981）：

（一）在教室內

利用下課前幾分鐘的時間，讓學生在教室內集體做答。這種方式的優點是問卷的回收迅速且回收率高，缺點是學生當場做答，因時間有限，往往無法深入思考，容易使填答流於形式。

（二）在教室外

所謂教室外，就是自選地點。將問卷發給學生之後，由學生自選地點填答並於一定時間內繳回規定的地點。這種方式的優點是讓學生有時間深入思考，但缺點是問卷的回收緩慢且回收率低。

Millman（1981）所提出的這兩種方法，是國內外大學校院普遍採用的方法，尤其是第一種，但是最近幾年，國內外有一些大學開始將評鑑電腦網路化（國外如美國喬治亞技術學院；國內如東華大學、花蓮師範學院），且要求學生一定要完成評鑑，才准許下學期註冊等規定。這種結合科技與評鑑的作法，提供學生莫大的便利，學生只要在與學校網路連結的電腦前，就可以做評鑑，提供學生思考時間，而且回收率很高。不過有關評鑑電腦網路化，在國內才剛起步，其優缺點及評鑑結果的信、效度如何，都有待更進一步研究。

評鑑的主持人

如果評鑑的實施是在教室內舉行，則由誰來主持評鑑呢？一般而言，有以下三種：班級學生代表、教師自行主持、校方行政人員。前二者，無疑地可以減輕行政工作的負擔，但是，相對的也有缺點，如由班級學生代表負責收發問卷，有可能因為回收過程不夠嚴謹、隱密，使填答資料外洩，而引起教師的不滿。如果

由教師自行主持，可能造成因教師在場，而學生不敢據實填答。

　　以上關於評鑑實施的程序，雖然只是小細節，但是如果實施不當，就會影響評鑑的品質，所以Centra（1973、1980）呼籲在實施評鑑時應注意下列幾件事項：

一、為了使學生安心填答，實施評鑑時，教師最好不要在現場。另外，所填的問卷也應該以不具名的方式實施。

二、實施評鑑的目的如果是提供人事決策參考，則問卷填答完畢，收齊後，應立即放入信封套中，再轉交有關人員處理。

三、在實施「學生評鑑教師教學」的同時，如果也讓教師填寫一份自我評鑑表或讓教師預期自己會得到的評鑑分數，則不僅增進教師的參與感，而且能讓教師對自己的教學做反省，有助於改進教學的目的。

　　另外，國內學者黃炳煌（1989）也提出四點有關實施「學生評鑑教師教學」時應注意的事項：

一、必須先讓教師瞭解評鑑主要目的在於協助教師瞭解教學現況，以改進缺失，而不是找毛病、挑錯誤。

二、應事先把評鑑的項目與標準告訴老師，讓老師心裡有所準備，而不是採取突擊臨檢的方式。

三、評鑑工具中所問的項目都應該是針對事實與現象，而不應該針對教師個人。

四、老師對於學生所作的教學評鑑，如覺得有所不公或不實在之處，可以提出申辯。

第五節　本章小結

　　擁有正確的「學生評鑑教師教學」的基本概念對於被評鑑者

（教師）、評鑑者（學生），及評鑑使用者（行政人員），都是非常重要的一件事情。這三種人對於「學生評鑑教師教學」的基本概念是否正確，將是影響此制度成功與否的主要關鍵。「學生評鑑教師教學」除了一般人所熟悉的觀念，也就是由學生的觀點來看教師的教學表現之外，其實它也是心理測量的一種，所以其所使用的工具，應該建立信效度。另外它也是一種教學回饋環線的應用。更重要的是它可以是單面向也可以是多面向，端賴教學及行政上的需要而定。

　　至於「學生評鑑教師教學」的目的雖然很多，但是大致而言，可依照上述三種不同的角色而有三種不同主要的功能，針對教師（被評鑑者）而言，則是提供教學改進參考之依據；就學生（評鑑者）來說，則是提供選課之依據；而就行政人員（評鑑使用者）而言，則「學生評鑑教師教學」的結果可供人事升等之參考。

　　雖然「學生評鑑教師教學」有其優點，但是這項制度也有其限制。優點方面包含可以用最少的人力、物力及時間來取得有用且可信的資料。而缺點方面，則是擔心這項評鑑制度會因為學生、教師或行政人員使用不當而影響它原本可以提升教學品質的功能，甚至造成反效果。

　　至於「學生評鑑教師教學」實施的程序則可能因為實施的目的不同而有所不同，不過大致都必須要注意下列幾個重要的部分：哪些教師需要評鑑？哪些學生來評鑑？實施的時間與場地為何？由誰主持？評鑑工具應如何編製？以及評鑑結果處理與應用等。

第三章 「學生評鑑教師教學」的理論基礎

在第二章第二節中曾提到學者認為「學生評鑑教師教學」的目的很多，但其中以「協助教師改進教學」、「做為學校人事決策參考」以及「提供學生選課參考」三項最為普遍。但是學者也提出，在這三項當中，又以「協助教師改進教學」最被認同且受到阻力最小。追究其原因，主要是這個目的的出發點，是要幫助教師改進教學，教師所受的威脅不若其他目的那麼大。然而「學生評鑑教師教學」為何能幫助教師改進教學？其理論基礎為何？本章就哲學、社會學、心理學、行政學等角度加以探討。全章共分為五節，第一節是哲學的學理依據；第二節是社會學的學理依據；第三節是心理學的學理依據；第四節是行政學的學理依據；第五節為本章小結。

第一節 哲學的學理依據

在哲學的領域裡，現象學（phenomenology）是一種具高度理論性的方法，這個名詞也常出現在心理學及社會學的研究中（曾漢塘、林季薇，2000）。就心理學方面，Rogers的理論就是屬於現象學（李茂興，1998）。他認為個體的所有行為將決定於他對外在世界的知覺認定，而不在於外在世界的實際狀況，亦即一個人無論在何時何地，他的行為受到周遭的環境以及在環境中活動時所獲得的經驗影響（張春興，1995）。Rogers 曾在他的《當

事人中心治療法》（*Client-centered Therapy*）一書中，以現象學的角度來分析人類人格主要的特徵及其原則，如**表**3-1-1（李茂興，1998）。

表3-1-1　**人類人格的主要特徵**（Rogers, 1951）

特徵	要點內容
現實情形是現象學的	現實情形中的重要面向構成個人經驗的世界。因此，我們心中認定的現實情形完全是個人獨立的。別人從直覺可以感受得到，但卻無法知道詳情內容。
現實情形是立即浮現載個人腦海中的意識	我們私人的經驗決定了我們認定的現實情形，我們的現象域虛構出我們立即的意識狀態。
行為是受到自我實現之需求的激勵	我們每個人都有一項基本的傾向，透過自我治理、自我管制及自主的歷程努力，使自己成為一個完整、健康、有能力的個體。
行為發生在個人認定的現實情形之下	要瞭解別人的行為，最好的辦法是試圖從對方的觀點來看待事物。
自我概念是由個體建構來的	我們發現我們是誰是根據直接的經驗，以及根據別人對於我們是何種人所給予我們的訊息之後，我們將之納入自我概念中的信念與價值觀。
我們的行為呼應著我們的自我概念	人們所選擇進行的行為，不會與人們的自我概念相衝突。

資料來源：李茂興譯（1998），《教學心理學》（原作者 G. Legrancols）。
　　　　　台北：弘智。

　　由**表**3-1-1得知，Rogers 認為現實情形中的重要面向構成個人經驗的世界，因此，個人心中認定的現實情形完全是個人獨有的，別人從直覺可以感受得到，卻無法知道詳情內容。他同時強調要瞭解別人的行為，最好的辦法是試圖從對方的觀點來看待事物，所以他強調開放溝通的重要性（李茂興，1998）。而「學生評鑑教師教學」是師生溝通管道之一，透過這種溝通方式，學生可以對教師的教學行為提出主觀的意見，而教師亦可從同樣的管

道得知學生對自己教學看法。

　　就社會學方面，英國社會學家 Young 於 1971 所出版的《知識與控制──教育社會學的新導向》（*Knowledge and Control: New Directions for the Sociology of Education*），開始將現象學原理應用於教育社會學研究（陳奎憙，1999）。現象社會學的基本觀點認爲人是其所處世界的作者，人具有主動建構知識的能力。因此他強調學生在教室內所得到的知識、價值觀、信念等，不應該是賦予的，而是應該由學生主動建構和創造。所以現象社會學的特色就是轉變學生的角色，由以往被動接受問題轉而到主動發現問題。也就是由學生的觀點出發，來探討教育問題的重要性。當學生在教室內的角色轉變之後，教師和學生才有可能處在平等的地位上，進行 Buber 所謂的教師與學生應處在我－你關係上的對話（dialogue）。當師生之間產生對話時，表示兩個人能眞誠的賞識對方，且分享彼此所能看到的經驗（Kneller, 1984）。Freire 也強調師生對話的重要性，尤其師生的對話應該是一種平等者之間的對話。他認爲教育是自由的演練，首先必須透過師生的對話達到互相瞭解彼此的經驗，才能爲彼此成長的歷程負起共同的責任；其次應專注於人們的實際經驗，放棄壓迫者的理念，並設法瞭解這些經驗的眞貌（Kneller, 1984）。

　　基於上述的學理可知，教師與學生在教育環境中是平等的位置，彼此共享教學經驗，共負學習成敗的責任。因此，在教學活動中，學生是居於主體的地位，對教師的教學提出個人的看法，是其應有的權利，也是其應盡的義務。

第二節　社會學的學理依據

從社會學的觀點，教室本身就是一個複雜的小型社會體系。自從 Hargreaves（1975）利用「自我」、「角色」、「人際知覺」、「象徵互動論」（symbolic interactionism）來分析學校裡的師生關係以後，師生互動便成爲研究教育情境的基礎概念。象徵互動論認爲人類互動的特質並非固定的，而是一種不斷發展的過程；社會接觸並非被安排好的，而是互動雙方創造出來的。因此，象徵互動論在教學上的意義特別注意師生對於班級情境的界定乃是透過彼此磋商的結果。換句話說，象徵互動論強調在教學過程中，師生所扮演的角色是並重，尤其是學生角色的主動性，師生雙方都在主動的詮釋他們所處的社會情境，而非被動的對情境產生反應。而在師生互動的過程中，不但教師影響學生，學生的行爲也影響教師，亦即在教室的社會體系裡，經由師生交互影響的過程，以達成教學的目標（陳奎熹，1999）。

在互動的過程中，教師根據其「自我概念」以及對學生的「認識」，產生教室的規則、組織與內容，也就是教師爲學生創造教學情境。同樣的，學生也有他們的「自我觀念」以及對教師的「認識」，結合這些因素而產生學生對教師的反映（Blackledge & Hunt, 1985）。因此，構成教學情境的重要因素有「教師自我概念」、「學生自我概念」、「教師對學生的認識」與「學生對教師的認識」等四個部分。這四部分所構成的基本模式如圖 3-2-1（Blackledge & Hunt, 1985）。

由圖 3-2-1 可知，教師由「自我觀念」與「對學生的認識」來決定教室組織規則與教學內容；學生亦由「自我觀念」與「對

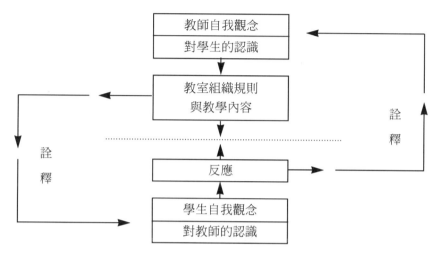

圖3-2-1師生交互作用基本模式

教師的認識」來詮釋這些組織規則與教學內容的意義；學生根據
詮釋的結果產生「反應」；教師詮釋學生反應的意義；最後教師
則進一步認識學生或修正教室組織規則與教學內容。教師可以透
過直接觀察與評量的方式來瞭解學生的反應，而「學生評鑑教師
教學」正是評量學生反應的主要方式之一，因此，藉由學生評鑑
教師教學的結果，可以提供教師正確的訊息，以便安排更有利的
教學情境及教學內容。

第三節 心理學的學理依據

認知失調理論

　　何以學生評鑑教師教學有助於改進教師教學，從心理學的觀

點而言，這是屬於「認知失調理論」的應用（Centra, 1981; Rotem, 1978）。「認知失調理論」（cognitive dissonance theory）為Festinger在1957年所提出，是指一種解釋心理平衡的理論。此一理論的要義包含三點：一、個體經常保持心理平衡的傾向，如失去平衡，即感到緊張與不適，因而產生恢復平衡的內在力量，也就是動機；二、當個體對同一事產生兩種或多種認知時，可能因認知之間彼此矛盾而形成心理失衡現象；三、個體為了恢復平衡，結果產生新的行為，故認知失調具有行為動機的作用（張春興，1995）。

當個體面臨認知不一致而有不安時，會促使個體增加或改變認知來符合一致性，或是避免接收不一致的訊息，以降低認知失調（蕭芳玲，1995；Horne, 1985）。認知失調理論強調失調的程度決定於兩個因素：一、失調認知數量與協調認知數量的相對比例；二、個人對每一認知數目重要性的看法。認知失調的程度可用下列公式來表示：

$$失調程度 = \frac{失調認知項目的數量 \times 認知項目的重要性}{協調認知項目的數量 \times 認知項目的重要性}$$

由上述公式可知，個人失調程度為失調項目之數量與協調認知項目的數量之間的比值。個體消除失調的方法通常有下列幾種方法（葉重新，1987）：

一、改變自己的行為，使自己行為的認知符合態度的認知。

二、改變自己的態度，符合自己的行為。

三、採取「合理化」（rationalization）的心理防衛方式，以解釋個人原先態度與行為不一致的原因。

四、貶低認知失調的重要性，認為態度與行為之間的矛盾並不重

要。

　　根據認知失調理論的原理，當教師收到評鑑結果低於其預期
的結果時，便會產生不平衡或不愉快的感覺，為了減輕或消除這
種不平衡或不愉快的狀態，教師便會依照學生評鑑的建議來改變
其教學方法，而逐漸達到改進教學的目的。不過也有可能該教師
持著另一種態度，否定「學生評鑑教師教學」的價值，認為學生
根本沒有能力來評鑑教師教學，或者自我安慰，認為評鑑結果不
可靠等理由，而不予理會。

教師效能理論

　　教師效能最初是緣起於Bandura學習理論中的自我效能理論
（self-efficacy），所謂自我效能是指每個人對成功的期望，這種期
望會影響他們面對困難時的意志力，自我效能可視為個人對自己
能力可以成功的信念（Bandura, 1977）。

　　教師效能為Bandura自我效能理論的延伸，Ashton（1984）
將Bandura的自我效能理論做為教師效能的理論基礎，並將之概
念化，認為教師效能為一多向度的概念，包括三個層面：一、個
人效能：教師對於自己能成為一位有效能教師的自覺；二、教學
效能：教師對於教學與學習之間關係的知覺；三、個人教學知
能：教師對於自己成為有效能教師以及對教學與學習之間關係的
信念。Gibson與Demo（1984）也是依Bandura的自我效能理論
將教師效能界定為教師影響學生學習差異的能力信念，分為兩個
層面：一、個人教學效能：教師自己能否產生對學生正面影響的
一種信念，是對自己所擁有能力的一種知覺；二、一般教學效
能：教師面對影響學生學習的因素，如學生的智力、社經背景或
學校環境等外在因素，教師對此知覺能掌控的程度。

　　至於何謂高效能的教師？這個問題自古已有，至今仍未有「標準答案」，但大體來說，和有效的教學有關。而有效的教學又可以從兩方面來探討：一、探討與有效教學有關的教師特質，二、探討與有效教學有關的教學模式。Feldman（1976）曾就第一個方面研究，發現教學優良的教師具有下列幾方面的特徵：激發學生的學習興趣、講課深入淺出、精通學科知識、教學準備充分、熱心教學、對學生友善、耐心輔導學生、接納學生意見。Ashton（1984）以一群中學教師在「主題統覺測驗」（Thematic Apperception Test, TAT）上的反應，分析高低效能教師不同的特徵，結果如**表3-3-1**。

　　由**表3-3-1**可知，高效能的教師對自己和學生成就的看法較積極，能夠善用各種教學策略，採用民主的管理方式，且對學生的表現及態度，持有正面的看法。至於低效能的教師則對自己缺乏信心，且不相信學生的能力和行為，常感到茫然而不知所措，對學生的學習與行為，有負面的看法，以致於在教學上感到挫折、沮喪。

　　在教學模式與教學效果方面，Braskamp、Brandenburg和Ory（1984）認為沒有一個定義可以做為所有教學效能的標準。他們主張從輸入（input）、處理（process）、產品（product）三個層面來界定有效教學，以做為教學評鑑的指引（劉燦樑等，1991）：

一、輸入：假若強調這個部分，那麼評鑑教學的重點就落在課程開始之前，包括學生特質、教師特質與課程特質。不過這些因素大多不是教師可以控制的，但卻會影響「學生評鑑教師教學」的結果。

二、處理：假若強調這個部分，則評鑑教學的重點就在教師課堂上的表現以及對課程教材的組織安排，包括教室氣氛、教師

表3-3-1　高、低效能教師不同的特徵

項目	高效能教師	低效能教師
個人成就感	*認為和學生一起活動是重要的和有意義的。 *認為自己對學生學習有正向影響。	*對於教學感到挫折與沮喪。
對學生行為和成就的期望	*期望學生進步且能發現學生達成其期望。	*預期學生失敗,且對教學努力有負面影響,以及不良行為。
對學生學習的個人責任	*認為教師應負起學生的學習責任。 *學生學習經驗失敗時,會檢討自己的教學行為,使學生獲得更多幫助。	*認為學生應負起自己的學習責任。 *學生的學習經驗失敗時,會從學生的能力、家庭背景、動機或態度來解釋。
達成目標的策略	*為學生學習進行計畫。 *設定師生目標。 *確立達成教學目標策略。	*缺乏特定目標。 *充滿不確定性。 *沒有教學計畫策略。
正向效果	*教學、自己、學生感到勝任愉快。	*對教學有挫折感,常表現沮喪。 *對工作和學生有負面的情感。
控制感	*深信能夠影響學生學習。	*具有教學無力感。
師生對目標共同感	*師生共同參與達成目標。	*師生目標對立且關注焦點不一樣。
民主式決定	*允許學生參與有關達成目標和學習策略的決定。	*教師自行決定達成目標和學習策略,不讓學生參與。

資料來源:吳清山(1992),《學校效能研究》。台北:五南。

　　行為、學生學習活動、課程組織、學習評量等因素。

三、產品:假若強調這個部分,則評鑑教學的重點就在學生學習或成就的表現上,包括學習的成果、態度的改變、技能的獲得。但一般而言,教學評鑑很少以學生的學習成就做為唯一

的指標，畢竟學生的學習成就受到太多因素的影響，但是相對的學生對於教師教學的滿意度或者是評鑑的結果，可以被視爲是另一種指標。

所以「學生評鑑教師教學」，不僅提供教師教學的結果，教師更可利用評鑑結果來評估課堂上的教學技巧、培養具有自我導向的能力來學習教學技能、維持教學動機，進而提升自我的教學效能，從而建立自己對教學能力判斷的信心。

第四節　行政學的學理依據

學校對於「學生評鑑教師教學」的制定與實施，係屬於整體行政的一部分。在提高教學品質方面，教學評鑑是一項重要的工作，而「學生評鑑教師教學」是教學評鑑工作中最客觀與直接的方法之一。以下就從系統理論及全面品質管理的觀點，探討「學生評鑑教師教學」的行政學理論之基礎。

系統理論

何謂系統？根據Griffiths（1969）的解釋，系統是指一個有組織的整體，它是由兩個或兩個以上相互存依的個體、小系統和元素等所構成的一個體系。在系統內，個體與個體之間會不斷的交互作用、相互影響；而系統外，系統也與外界社會環境彼此相關聯。系統與系統之間、系統與環境之間均有明確的界線（葉重新，1987）。系統理論（system theory）是解釋一個組織之改變與發展的良好模式，因爲它可以診斷、分析與預測組織的演變情形，所以對組織的管理以及人力資源的運用都有很大的幫助（葉

重新，1987）。

學校爲一正式的組織機構，可視爲一個系統，在此系統中，又可包括教學、行政、評鑑、回饋等次系統。其中又以教學及行政兩大系統爲主。而教學系統，如圖2-1-1所示，可分爲教學目標、起點行爲、教學活動以及教學評量四部分，這四部分透過了回饋環線而形成回饋系統。所以葉重新（1986）認爲「學生評鑑教師教學」除了屬於評鑑系統之外，也可以說是回饋系統。此一回饋系統包含三大要素，分別是「訊息蒐集系統」、「訊息分配系統」以及「目標或標準設定」（吳肇銘、邵孔屏、吳懷眞、孔祥光，1997；蔡培村，1987）。

一、訊息蒐集系統

蒐集組織活動訊息的方法，如學校可以藉由「學生評鑑教師教學」來蒐集學生對教師教學活動之反映資料。

二、訊息分配系統

將蒐集到的資料，提供學校組織中有關的人員參考，摘錄蒐集的訊息，提供摘要給組織中成員。如學校可將評鑑加以統計分析，然後提供教師做爲教學之參考。

三、目標或標準設定

提供資訊解析的尺度，並確定從情報中導出某些相關解釋，如一位教師獲得心理學課程的評鑑是三‧五分，似乎沒有太大意義，倘若給予一至五分的評鑑等級訊息，將更具意義。所以評鑑單位需要事先設計合理的標準，提供教學回饋資訊解析的尺度，才能使教師對教學評鑑產生共識。

學校裡實施「學生評鑑教師教學」，是教師獲得回饋資料最

直接的方式之一，透過學生對教師教學的回饋，進而讓教師改進教學活動。所以「學生評鑑教師教學」在整個教學體系中，扮演著極重要的角色，它能使教師對自己的教學活動獲得適當的回饋，更進而提升教學效能。

全面品質管理

全面品質管理（Total Quality Management, TQM）一詞是1985年由美國海軍行為科學家Warren所提出，目的在海軍建立一套日本式的品質改進模式（吳清山、林天佑，1994）。而全面品質管理的概念乃源自於工商界品質管制（quality control），其間又演變成為全面品質管制（total quality control）與全公司品質管制（company-wide quality control），最後才形成全面品質管理的概念（林俊成，1999）。在其發展的歷程中，前後受Shewhart、Deming、Juran、Crosby與Feigenbaum等學者的倡導，但因其背景環境不同，強調的重點不同，衍生出來的定義也因人或因組織而略有不同（林俊成，1999）。如吳清山和林天佑（1994）認為全面品質管理既非事後篩檢，也非將品質交給少數人之手，而是事先謹慎安排與設計，使所有部門、人員都致力於品質的改進，以持續滿足消費者的需求。Cohen和Brand（1993）則認為所謂全面就是工作各方面，從確認顧客需求到積極評估顧客滿意度；品質就是符合或超越顧客的期望；而管理就是發展與維持組織能力且不斷改進。胡悅倫（1997）也有類似的看法，他認為全面是指在組織中的每個人都全心投入；品質的定義則是符合或滿足顧客的要求；管理乃是指以共同合作的方式，達成組織的目標。另外美國國防部也提出他們的看法，所謂全面品質管理就是一種理性的思考方式與一組指導原則，以此做為改進組織的

基礎。它採用數量方法和人力資源，來改進產品和服務的品質，及組織內的所有作業過程，以符合顧客現在與未來的需要（Hyde, 1992）。

　　無論學者對全面品質管理的定義是否不同，但其基本意義就是「滿足需求」，亦即滿足顧客的需求和期望（呂育誠，1995）。就顧客的定義而言，可分為內部顧客（internal customer）以及外部顧客（external customer）。前者是指在組織內所面對的顧客群；後者則是指在組織以外所面對的顧客群（胡悅倫，1997）。內部顧客是組織中的一部分，就學校而言，內部顧客係指學校系統內接受校內同事或團體的產品或服務的人，如父母、教師、學生行政主管、教練、警衛、醫生、護士、廚師等都是內部顧客鏈（a chain of internal customer）中的一分子，他們共同的目標就是希望學校畢業生的服務品質能讓就業市場的外部顧客滿意。因此，在校園中，每個人的成功必須定義在他提供的服務能否讓其他內部顧客感到滿意。也就是說，任何人都可能是他人的顧客或者供應商，端視他在顧客鏈中的起點與終點而定。一個人在某一點上可能是供應商，而在另一個點可能是顧客，但是最終的目的都是為了希望能滿足外部顧客。

　　而校外顧客又是誰呢？凡是一個組織或團體會成為學生的服務的對象，皆可稱為外部顧客，舉凡社區、大學、商業機構、政府機關甚至婚姻都是（胡悅倫，1997；Johnson, 1993），而學校中所有的人及父母，其主要的任務就是要滿足這些外部顧客的要求，使學生畢業能成為有用的人才。由此可知外部顧客雖不屬於組織，卻會間接影響組織的運作。

　　全面品質管理強調以各種正式或非正式的管道來蒐集顧客對組織的看法，包括問卷調查、電話訪談、座談會等方式，將蒐集到的訊息加以分析，讓組織成員瞭解，以擬定改善計畫，做為持

續改善目標，並使顧客知道組織改進的行動，進而評估整體成效（Deming, 1993）。

李春安（1994）認為學校組織為了符合內外顧客的需求與期望，提升顧客滿意度，必須結合學校組織成員參與持續不斷的改善過程，以追求高品質的目標。這也就是全面品質管理的主要特質：持續不斷的改進。相同的，「學生評鑑教師教學」的目的之一也在提供教師教學訊息，讓教師持續不斷的改進教學，兩者有異曲同工之妙。由全面品質管理中所強調的全員參與，可彌補目前大學校院中教師對評鑑的疏離感（廖欣楣，2000）。

Jablonski（1991）曾對全面品質管理，提出六項原理，包含以顧客為中心、過程與結果兼顧、預防重於治療、動員基層力量、以事實為決策的基礎和提供回饋等六項。廖欣楣（2000）認為如果以學校為單位，實施全面品質管理時，可將Jablonski的六項原則應用在「學生評鑑教師教學」上面：

一、以顧客為中心

學生為教學活動的顧客，教師為教育行政工作的顧客，評鑑以學生與教師為中心。

二、過程與結果兼顧

評鑑內容包括學生的學習過程、學習成就、教師的教學過程與教學成果。

三、預防重於治療

評鑑的結果除了發現及協助解決現存問題外，也應該用於防範未然。

四、動員基層力量

教師與學生皆是教育工作的核心，也是教育領域的基層，應該要動員並參與負起改進教學的責任。

五、以事實為決策的基礎

教師在改進教學時，要考慮學生提供的建議，因為這些建議是學生真實的意見。

六、提供回饋

當學生的建議被教師重視時，教師改進教學，學生的建議產生正向回饋，學生也更樂意於學習。

第五節　本章小結

「學生評鑑教師教學」與教師教學及學生學習有何關係呢？從哲學的觀點論而言，學生在教學活動中是主體地位，所以由學生來評鑑教師教學是學生的權利與義務。就社會學的師生互動論與心理學的認知失調理論而言，由學生來評鑑教師教學可以促進教師更有動力來改進教學。而從行政學的系統理論發現，「學生評鑑教師教學」也是組織中的一套系統，透過教學回饋環線，使教師瞭解學生對他教學的反應，進而達到改進教學的目的；至於全面品質管理則強調教師與學生都是顧客，評鑑應以兩者為中心，如此才能使教師與學生達成共識，師生有所共識才能使評鑑達到提升教師教學品質以及幫助學生學習的目的。

第四章 「學生評鑑教師教學」的起源與演變

本章主要是探討「學生評鑑教師教學」的起源以及其在國內外的發展情形。全章共分為五節,第一節是「學生評鑑教師教學」的起源;第二節是「學生評鑑教師教學」發展的動力;第三節是美國地區實施「學生評鑑教師教學」的發展;第四節則針對台灣地區實施此項措施的情況加以分析;第五節則為本章小結。

第一節 「學生評鑑教師教學」的起源

教學評鑑的觀念,最早可以追溯到西元350年的時候。當時,敘利亞首都安提阿(Antioch)的學校已有類似教學評鑑的政策。家長如果對教師教導其子弟的方式感到不滿意,可以向教師及校外人士所組成的委員會申訴,尋求改善教學品質或要求轉班(Doyle, 1983)。而Centra(1993)則認為學生評鑑教師教學的形式,最早可能是從中古世紀(1100～1400年)歐洲的大學開始。當時,大學生以兩種方式來評鑑教師的教學:一、由神學院的院長指定一些學生組成學生委員會,這些委員會的學生必須每天反映教師是否按進度上課,如果教師沒有按時上課或進度落後,則學生委員會必須將實際情形向院長報告,而院長會依此來罰教師的款;二、教師的教學薪資,和他所教的學生數多寡有關,因為學生是直接將學費交給教師,所以教師教學越好,學生越多,教學薪資也自然提高。然而高等教育中全面制度化的實施

「學生評鑑教師教學」則始於二十世紀美國的大學（林珊如、劉燦樑，1995）。根據Werdell（1966）和Riley（1950）的研究發現，在西元1920年代初期，美國就有一些學校正式採取「學生評鑑教師教學」的措施，以便學校行政人員瞭解教師的教學情形，並藉以協助教師改進教學，提高教學績效（葉重新，1987）。

由於正式制度化的「學生評鑑教師教學」措施始於美國，因此「學生評鑑教師教學」最初的發展動力，和美國社會的潮流有莫大的關係，所以接下來就以美國為例子，來探討「學生評鑑教師教學」發展的動力，然後再瞭解「學生評鑑教師教學」在美國發展的情形，最後則就台灣地區實施此項措施的情況加以分析。

第二節　「學生評鑑教師教學」發展的動力

任何一項評鑑制度的發展，背後必有其相關的外在因素及內在因素在推動，「學生評鑑教師教學」也不例外。本節針對「學生評鑑教師教學」在美國教育界學府興起的外內在因素加以探討分析。

外在因素

「學生評鑑教師教學」制度的發展，最早可追溯到1920年到1930年代，先是評鑑觀念的興起，而後有民主思潮的發展、認可制度的推動、績效責任的倡導以及評鑑具有提供決策資訊的需求功能觀念……等，這些都可說是「學生評鑑教師教學」的發展動力（淡江大學教育科學研究室，1983）。另外，簡成熙（1989）認為，「民主思潮的蓬勃」亦可視為「學生評鑑教師教學」發展

動力之一；而戴佑全（2000）則認為最近幾年企業界所倡導的「以顧客為導向或中心的理念」也是使「學生評鑑教師教學」更加普遍的原因之一。以下則分別敘述之。

一、評鑑觀念的興起

在1930年以前，評鑑被認為是教育測驗，所以評鑑幾乎等於是舉行標準測驗，這種視評鑑等於測量的觀念盛行於1920年和1930年代（楊文雄，1981）。當時，學校人員把成就測驗當作是測量教學效果唯一的工具，因此，教學評鑑僅僅是在測量學生的學習成就而已。1940年代之後，一些教育界的人士對測驗的功效產生了批判的態度，對測驗的價值重新加以思索、檢討，從絕對的相信測驗所得的結果到警慎的使用及解釋，一切都變得更為小心了。Stake即認為標準化的測驗不適用於課程或學校教學評鑑，因為教育者在使用標準化測驗時，常面臨下列的問題：一、不易選擇適當的測驗工具；二、測驗欠缺高的內容效度；三、測驗容易誤導教師為測驗而教學；四、測驗所測量的認知行為層次較低；五、測驗的信度不高；六、測量的誤差；七、測驗結果的解釋可能導致推論的錯誤；八、測驗僅限於認知領域的測量（楊文雄，1981）。

美國「進步教育學會」（Progressive Education Association）在1930年，設立「中學與大學關係委員會」（The Commission on the Relation of School and College），來研究中學課程的教學結果與大學學業成績表現相關的問題。這項研究工作從1933年秋季開始，一直到1941年結束，一般稱之為「八年研究」（Eight-year Study），研究結果證明，在中學是否修過規定的科目與其在大學中的成就並無相關。這一「八年研究」的課程實驗，從實驗的一開始就有評鑑的過程，當時的「評鑑委員會」（Evaluation

Committee）即是由芝加哥大學的 Tyler 教授主持。他在 1934 年首先使用「評鑑」一詞代替「測驗」，他認為教育評鑑能夠提供學生達成學習目標的有效資料，並且能夠促進師生自我改進「教」與「學」的缺失。Tyler 的教學評鑑觀念，因過分強調學習的結果及學生行為的改變為評鑑的最後效標，而忽視達到這些結果的教學程序，因而使評鑑變成為終點之歷程，評鑑的結果只能提供很籠統的滿意或不滿意的終結資料，教學的分析和改進反成為不可能。因此泰勒式的評鑑未能充分發揮教學評鑑的真正功能，但教學評鑑的措施卻也已經在大學萌芽了（楊文雄，1981）。

二、民主思潮的發展

美國自獨立革命成功之後，民主的觀念早已深植人心。林玉體（1993）指出，早期進步主義思潮，強調以兒童為中心，將兒童、學生、下一代視為教育的主人。社會如果期待有所進步，則教育方面就必須先培養新生的一代有創造力，同時給予較多的自由，讓學生可以對與自己有關的事情做決定。這種以「學生」或「孩子」為主體的觀念，必然會對評鑑的方式造成了影響，也就是開始去注意並且重視孩子或學生的聲音。「學生評鑑教師教學」的方式即可說是因為重視孩子或學生的感受，所以由他們來作為評鑑者的一種評鑑方式。在 1970 年代左右，自由民主的思潮瀰漫美國大學校園，許多學生甚至家長都紛紛強調學生有權利來評鑑教師的教學。簡成熙（1989）指出，美國好比就是民主的象徵，民主思想深入人心，不但所孕育出來的制度很自然的就會相當地重視其民主理念，更重要的是，此制度若是在不違背民主觀念的大前提之下，人民就不太容易產生太大的抗拒了。民主思潮的理念深深地影響美國的教育制度，它催促了「學生評鑑教師教學」制度的形成，「學生評鑑教師教學」能在美國孕育與發展確實有

其道理（戴佑全，2000）。

三、認可制度的推動

　　由於美國的政治體制屬於地方分權，教育不是直接接受聯邦政府的管轄，教育是地方的責任，而州政府對大學院校的設置並沒有嚴格地加以審查，再加上大學院校的數量很多，品質難免會良莠不齊，爲了維持一定的水準，乃孕育出認可制度（accreditation），希望能夠透過專業的認可過程，重視高等教育的品質，提升大學教育的素質（戴佑全，2000）。換言之，保護消費者的權益是「認可制」最早的動機。最明顯的例子就是1910年，美國醫學會公布了教育史上第一個大學評鑑報告——佛萊克納報告書（Flexner Report），五年間，把醫學院從一百六十所，淘汰到只剩下九十五所（Flexner, 1910），也就是淘汰了40%辦學較差的醫學院，因此刺激了其他學會也紛紛跟進，加速認可制度的發展（陳漢強，1997）。

　　所謂認可制度，就是由民間所組織的認可機構，對學校的行政、設備、課程、教學等加以評鑑，根據其評鑑的結果予以「承認」或「不承認」（教育部教育年鑑編纂委員會，1987）。換句話說，這些認可機構乃是在做大學「品質管制」的工作，即是將品質好的學校與品質不好的學校加以分類，並且對於未達某一標準的學校拒絕予以承認，而不被承認的學校，必定會影響其學生的入學人數。因此在認可制度大大的刺激下，可預見美國高等學府會非常重視其被「認可」的程度。美國高等教育認可委員會（Council on Postsecondary Accreditation, COPA）曾列舉了認可制度的七項功能：一、促進與維持教學的品質，保護社會大眾免於教育上的欺詐；二、學生選校的依據，並影響學生畢業後的就業機會；三、方便各校學生轉學時學分的承認；四、使社會大眾及

其他有關機關瞭解高等教育機構的教育品質；五、經由學校教職員的研究計畫和自我評鑑而刺激學校不斷改進；六、向學校提供專家的協助與諮商；七、保護學校免受危害其教育效果和學術自由的政治干預（淡江大學教育科學研究室，1983）。

「學生評鑑教師教學」是美國高等教育學府在認可制度的刺激下，為了促進辦學績效所做的一種努力，也就是用教學上的品質管制來保持或提升各校的競爭力以吸引更多的學生，因為一所大學一旦被拒絕承認，勢必無法獨立與發展。由於學校功能的發揮維繫於教師教學的效能上，而透過「學生評鑑教師教學」的方式，學校和教師都可從中獲得一些回饋訊息，藉此教師教學也有了一個改進的方向（戴佑全，2000）。

四、績效責任的倡導

蘇俄在 1957 年發射第一枚人造衛星 Sputnik 號，這使得美國深感在太空科學的競爭中處於劣勢地位，美國聯邦政府為了急起直追，1958 年國會通過國防教育法案（National Defense Education Act）授權聯邦發展科學，並撥款補助，提供大量經費支持全國各地方的教育，以期在太空科技上能夠趕緊地超越蘇俄，但接受補助的地方政府於事後需向聯邦政府呈繳一份報告，詳載經費使用情形及其實際成就，如此一來，許多學校不得不對施教的成果做一評鑑，以做為交代，此乃績效責任導向（accountability-oriented）的濫觴。

美國總統尼克森在 1970 年 3 月中的一場演講中提到：「我們推行一種新觀念，績效責任。學校行政人員和教師須為他們的工作表現負責，為他們也為學校的利益，他們需要有績效，要為其工作成果負責。」（淡江大學教育科學研究室，1983，頁 12）。當時的美國總統倡導績效責任的觀念，無非是希望各學校能讓社

會大眾瞭解其教育資源是否有效率地運用，而這樣的觀念多少說明了績效責任涵有成本效益與成果評鑑之意。績效責任的要求是高等教育品質受到社會關切的主要原因之一，其核心的問題在於高等教育需要負起何種績效責任？向誰負責？採取何種評估模式以達成績效責任的要求？

關於向誰負責這個議題，Frazer（1992）認為要向社會、顧客及專業學門三方面負責，而其中的顧客就包含在校學生與畢業生。另外Lamb（1993）也認為向誰負責係指對大眾、政府、學生、家長，以及畢業生之雇主負責。至於負責什麼，則指社區目標的達成，以及確保相關教學、研究活動的品質，以符合成本效益的指標。

績效責任的觀念運用在教育上，使得學校的運作朝向「產出取向法」（output-oriented methods），同時，績效責任制促使教育人員無法再逃避評鑑，於是強化了教學評鑑的實施，尤其是評鑑教師教學的措施（淡江大學教育科學研究室，1983）。績效責任可說是直接強化了各種評鑑的理念與技術，也促使了學校自身更重視教學成效的達成。

五、決策資訊的需求

湯志民（1990）指出，評鑑的意義因學者專家研究角度的差異，大致可分成三類：一、將評鑑視為「價值之判斷」；二、將評鑑視為「實際表現與理想目標兩相比較之歷程」；三、將評鑑視為「協助決策之形成」。而第三類的意義是目前最為一般教育評鑑專家接受或採納的意見，他們認為評鑑是一種有系統地蒐集並分析資料，以協助決策者在諸種可行的途徑中擇一而行的歷程。像Tenbrink對教育評鑑作了以下的解釋：「評鑑是取得資訊，進而形成判斷，並據以作決定的過程。」（謝文全，1996，

頁358）也就是說，評鑑不僅僅是對教學效果或教育效果的一種
價值判斷，更可提供有用的資訊給決策者，以作爲行政決策之參
考。

　　Arreola（1995）認爲任何教學評鑑制度都需要能夠眞實、客
觀、公平的反映出教師的教學績效，而且又要具有可行性。
Follman （1996）則建議學校應以學生的觀點來做爲教師教學績
效的重要依據之一，畢竟學生是這些人當中和老師關係最密切且
相處時間最多的，而教師教學的成功與否，最直接影響的也是學
生。他認爲老師教學績效的評鑑不應該只像過去只是由校長、行
政人員、教師同儕或教師自己擔任而已，應把學生的意見納入評
鑑當中，讓學生也來參與教學評鑑，讓他們的意見也能呈現在整
個教學反映中，如此，教學評鑑才會更具實質意義。換句話說，
就學生評鑑比起其他教學評鑑方式，更能提供學校或教師客觀、
可靠的資訊，以作爲學校決策或教師教學決定之參考，這也是
「學生評鑑教師教學」制度興起之後，能夠持續發展的原因之
一。

六、顧客導向的趨勢

　　市場化導向的教育是近年來西方世界的一種教育改革取向，
在此潮流之下，英美等國出現了「教育券」（voucher）、「開放學
額」（open enrollment）及「家長選擇權」（parental choice）……
等，以消費者意識型態爲主的改革趨勢（沈姍姍，1998）。在國
內，西元1994年6月第七次全國教育會議，以「推動多元教育、
提升教育品質、開創美好教育願景」爲會議主題，開啓了教改的
熱絡期，以此爲會議主軸，「教育市場」成了教改重要方向。吳
清山（1999）強調「教育市場」的理念應該是教育的成品和服務
要能夠滿足顧客的需求，所謂顧客則包含學生、家長、社區、教

師、學校行政人員等。

「教育市場」的改革取向，使得顧客導向、顧客至上或顧客滿意的觀念興起與受到重視。也就是說，教育不再是以往「願者上勾」、「被動地提供家長與學生教育」，而是更為主動地探求顧客的需求，提供更有品質的教育。在學校裡，學生、學校行政人員與教師都是學校的顧客，然而在學校的教學中，學生就是教學的主要顧客了，為了更加瞭解學生這位主顧客對教師教學的看法，「學生評鑑教師教學」的方式則是一個認清顧客需求的一個很好的管道（戴佑全，2000）。

由於想瞭解學生這位顧客對其所接受的教學服務的看法，以作為學校與教師不斷改進教學品質的依據，於是開始有學校實施「學生評鑑教師教學」，亦即學校開始以積極主動的姿態去聆聽、重視、探求學生的聲音，而學生的角色也從被動接受學校教育的客體，轉變成學校重要的參與者之一，而這也正是教育消費者意識抬頭的一個證明。

Follman（1996）指出，學生是最合法的資金擁有者，其有如顧客一般，教師所提供的產品之好壞，應由與教師接觸最為密切的學生來評鑑。Follman也提出三點由學生來擔任評鑑者的理由：一、「顧客導向」是一個國際的趨勢；二、讓學生參與學校的管理或評鑑可減少學生對於學校的疏離；三、「學生是教師教學最敏銳的顧客」此一事實是很難去否認的，因為除了學生之外，沒有其他人比學生更瞭解教師的教學情形。

顧客導向的觀念用於學校教育中，提供了提升教學品質的一個思考方向，也使得教育消費者的受教權再度受到重視。然而要注意的是，教育系統和一般企業系統畢竟是不同的，考慮顧客的需求，並非就代表教學的方式或內容就全由學生來決定或主導；學校有其不同於企業的目的與機制，完全的顧客導向在教育當中

並非是恰當的。但不可諱言的，顧客導向觀念的興起，促使了「學生評鑑教師教學」的發展，畢竟多傾聽學生的聲音，確實有其必要的。

內在因素

除了上述外在的因素推動了「學生評鑑教師教學」的興起之外，大學本身基於功能運作，諸如大學的宗旨、管理、財政等，也都是推動這項制度發展的動力，這方面的動力，由於是源自大學內在本身的功能運作，所以稱為內在因素（淡江大學教育科學研究室，1983），以下就大學功能、大學管理、大學財政等內在因素對於「學生評鑑教師教學」制度的影響，分析如下：

一、大學功能的發揮

一般而言，大學的主要功能有三：教學、研究與服務（Shen, 1997）。三者之中，又以教學最為重要（何福田，1983）。因為大學是一個國家作育英才的學術殿堂，也是國家文化傳承的重鎮，大學教學的品質對國家社會整體的發展有直接與間接的影響，所以「教學」乃是大學的主要功能，或許其他功能可能喪失，然而教學功能必須維持；其他人員可以離去，師生卻不可一日或缺，美國學者Robbins認為大學教育在於教師熟習各種專門知識，運用各種方法，培養學生一般思想和思辨能力，使其具有文明社會所需要的的心智與道德習慣（淡江大學教育科學研究室，1983）。除了從社會的功能性，來分析大學教學品質的重要性之外，其實就教學本身的性質而言，他是人類的行為整體的縮影，因為凡是政治、社會、知識、情感、技術、人文等，都是大學教學的內涵，故大學教育，也是一種全人教育。基此，提升大學教

育的品質就非常重要，而謀求與教學品質的改進都需要藉助於教學評鑑的實施，才能確切的掌握大學功能的顯彰，故大學教學功能的發揮，是推動教學評鑑的內在重要因素（淡江大學教育科學研究室，1983）。

二、大學管理的需求

大學管理最主要的中心工作乃是人事和預算，人事工作包含教師的升遷與任用，預算則包含計畫與薪給，這些中心工作都須要藉助於客觀而有用的資訊，決策者才能作合理而正確的判斷與決定，教師教學評鑑即是在蒐集與獲得客觀而有用的資料，以提供行政決策的參考。Blackburn、Connell和Pellino認為高等教育教師評鑑乃是基於二個重要的因素：一、健全升遷與任用制度；二、配合機構預算與計畫。這也等於說明了教師教學評鑑對於大學管理具有實質的功能存在（淡江大學教育科學研究室，1983）。

Byrnes 和Jamrich曾調查美國師範教育協會（The American Association of College for Teacher Education）的三百一十個會員，發現有52%的會員認為好的教學是升等唯一的效標。Astin和Lee調查一千多所大學和學院，發現在升等、增加薪給和任用的教師評鑑中，班級教學是一個重要的參考因素。Gaff和Wilson的研究發現在一千零五十名教師當中有92%的人相信，教學效能是影響升遷是個非常重要的參考因素。Balyent曾從全美公私大學中隨機取樣了三千名受試者包括教師（教師包括講師到教授各層級）、博士候選人、行政人員等，調查學校教學評鑑的實施，其中發現所有層級教師都認為，升等與評定等級最重要的因素是教學效能。他們的研究同時也發現，行政人員與教師都同意，對於大學長期目的的發展，唯一最重要的貢獻，是教學效能（淡江

大學教育科學研究室，1983）。

　　從以上實證研究的發現，教學評鑑是大學管理一項重要的手段，也是掌握大學功能發揮的重要措施，故大學若欲謀求發展，教學評鑑是必然的行政項目之一。

三、大學財政的緊縮

　　美國在70年代以後，高等教育經費的來源已漸感困難，尤其早先40到50年代大學入學人數的驟增現象，已不復存在，且有逐漸削減的情形。若以80年代的今日而言，大學的財政已面臨危機，其原因乃是學生來源減少，聯邦或州政府補助甚微，各基金會管制亦嚴。Glenmy曾在美國大學學會的年會中指出：1962年康乃狄克州（Connecticut）高等教育機構獲得州政府稅入的5.5%的經費，而1967年有12%，但至1967以後，此種比率削減了，只保持在10.5%左右，比起1967年的經費，相差約1.5%左右（淡江大學教育科學研究室，1983）。此乃由於當時有新設醫事學校、發展新社區及協助漸漸增加的私立機構。

　　其次，州政府也由於稅入的減低，在擬定財政支出也考慮優先次序，所以各大學對於經費的爭取也愈來愈激烈、愈政治性，並且聯邦政府所提供的額外經費補助相當少，而未來幾年內，也不可能對高等教育大量撥款。在這種情況下，大學不得不嚴加審查預算與計畫，並以實際作業如教學評估、行政評估、計畫評估來作為財政的控制的客觀資訊。

　　同時，美國生活指數每年提高為6～12%，高等教育財政更受到困窘，於是高等教育何去何從的問題升起，基於如此，高等教育只好從內部著手，採取「精進成長」（intensive growth）的方向，以期大學能自求多福，所謂精進成長包括了較好的績效和管理程序，於是計畫的重新分配、人事的嚴加審查與任用、預算

的有效運用都必須藉助於廣泛而豐富的資訊，做爲決策的基礎，而有系統的教學評鑑，正可提供資料來源，故而教學評鑑又在大學財政困窘的情況下，加速發展（淡江大學教育科學研究室，1983）。

上述是以美國爲例子，來分析「學生評鑑教師教學」制度興起的背後內外在因素，至於「學生評鑑教師教學」在台灣的興起的背後因素，則於本章第四節討論。

第三節　美國地區實施「學生評鑑教師教學」的發展

有關美國各大學實施「學生評鑑教師教學」的演進及其相關的學術研究，大致可分爲四個時期（Centra, 1993）。茲分別說明如下：

1920～1960年

在1922年，奧克拉荷馬大學教育學院院長Patterson，曾建議該大學以標準化的問卷讓學生填答，並以學生在問卷上的反映資料做爲評鑑教師教學績效以及提供教師改進教學的參考。此後不久，這種評鑑方式便流傳至幾所著名的高等學府，如哈佛大學、華盛頓大學、普渡大學及德州大學（葉重新，1987；Marsh, 1987）。

哈佛大學在1924年開始，將學生對教師評鑑的結果，編印成選課指南，提供學生做爲選課的參考，起初受到教育界的議論與批評。但是後來美國其他大學卻相繼仿效。華盛頓大學和普渡大

學自1925年起，也採用這種措施，其中普渡大學教授Remmer於1927年編製一套標準化的「學生評鑑教師教學量表」，提供給學校學生來評鑑老師，這可說是「學生評鑑教師教學」制度化的開始（Langen, 1966）。同年，Remmer發表了第一篇有關「學生評鑑教師教學」評鑑表編製與設計原則的研究，自從Remmer之後，就有不少研究者陸續從事與「學生評鑑教師教學」主題相關的研究，因此，Remmer被後人稱爲是「學生評鑑教師教學之父」（the father of student evaluation research）（Marsh, 1987）。

到了1940年代，「學生評鑑教師教學」已經受到不少學校的重視，如布魯克林學院、明尼蘇達大學、奧立岡州立大學、愛何華州立大學等學校相繼採用學生評鑑教師教學的模式且不斷修訂評鑑量表。雖然「學生評鑑教師教學」的風氣逐漸在許多大學展開，但相對的，也有一些學校採取不同的立場，如加利福尼亞大學的學術委員會就極力反對這種措施（Schneider, 1945）。

根據Riley（1950）的研究，密西根大學率先在1948年以「學生評鑑教師教學」的結果，做爲人事決策的參考，當年該大學之學生評鑑最差的五位教師，被學校解聘或改聘。到了1949年，Mueller調查發現全美八百多所大專院校，已有39%的學校正式實施「學生評鑑教師教學」的措施，35%的學校嘗試實施，26%的學校不實施。在1951年，Mueller又調查發現，全美國大約有40%的大學校院實施「學生評鑑教師教學」的制度。

1960～1970年

Stecklein在1960年，提出一份報告，指出全美八百所大學校院中，大約五分之二的學校經常實施「學生評鑑教師教學」的措施，另外三分之一的學校不定期實施（葉重新，1987）。由此可

知，「學生評鑑教師教學」制度在此一時期比1920年代初期更受
到學校的重視。

　　大學實施學生評鑑教師教學的風氣在1960年代中期，曾有一
度下降的現象（葉重新，1987）。根據 Astin 和 Lee（1966）的調
查，全美國一千一百所大學校院發現，只有12%的學校有系統的
實施「學生評鑑教師教學」的制度。Gustad（1961）解釋這種現
象，其可能的原因是因為「學生評鑑教師教學」的工具，缺乏較
高的效度、信度，以致於學校行政人員對評鑑的實施採取較為保
守的做法（葉重新，1987）。

　　在1960年代中期之後，「學生評鑑教師教學」的實施風氣有
回升的趨勢，如 Bryan（1968）曾調查美國四百一十六所高等教
育學校，其中49%的學校實施「學生評鑑教師教學」，13%的學
校不定期實施，其餘則從未實施。回升的原因，可能是因為當時
大學校園充滿著學生民主參與權的呼聲，許多家長和學生都強調
學生有權利來評鑑教師的教學。另外，績效責任也是另一股使
「學生評鑑教師教學」回升的動力。

　　在這段期間，美國正好面臨政治、經濟、社會各方面的壓力
而力求改變，學校教育亦然，上自聯邦政府、州政府，下至社會
大眾，一致將革新教育契機交付學校，使得績效責任成為一種廣
闊的運動。聯邦政府在這段期間，制定法案，提供大筆經費支持
全國各地方的教育，以期在太空科技上超越當時的蘇聯。如在
1958年通過的國防教育法案（National Defense Education Act），
授權聯邦補助學校發展科學。由於聯邦政府支援教育經費，各校
不得不對教學成果做一嚴肅的評鑑（蔡培村，1987）。而一般人
認為，「學生評鑑教師教學」是教學評鑑方法中，最為客觀的方
法，於是「學生評鑑教師教學」在大學校院，又再度掀起風潮
（葉重新，1987）。

1970～1980年

前一時期的績效責任運動，直接強化了各種評鑑的理念與技術，也促成學校重視教學績效，所以各種教學評鑑的方法，因應而生或更爲擴大，以「學生評鑑教師教學」而言，在此時期更受到學校的重視。根據美國教育協會於1971年至1973年的調查，「學生評鑑教師教學」廣爲大學所接受，90%以上的大學生認爲，「學生評鑑教師教學」在學校課程設計與評鑑上扮演一個極爲重要的角色。此外，大約有70%的大學教師認爲教師職位的升遷，應以「學生評鑑教師教學」的結果爲依據（Royer & Creager, 1976）。而Segner（1973）曾調查六百九十六所社區學院，發現約有23%的學校以評鑑結果做爲決定教師加薪或升等的依據。

在1976年，Boyd和Schietinger針對美國南部地區五百三十六所大學校院進行調查，有88%的學校實施「學生評鑑教師教學」。Centra（1977a）調查七百五十六所實施「學生評鑑教師教學」的大學校院中，有90%的學校以它來協助教師改進教學。Centra（1980）在他的另一篇研究中發現，「學生評鑑教師教學」在各校用來評鑑教師教學成效的方法中，名列第三。

在這段時期，有關「學生評鑑教師教學」的研究也相當多，主要議題包括「學生評鑑教師教學」的信度、效度、實用性的研究，同時也有學者針對「學生評鑑教師教學」的形成性目的以及總結性目的提出建議，所以這段時期，也被稱爲是「學生評鑑教師教學」研究的黃金時期（the golden age of research on student evaluation）（Centra, 1993）。

1980年以後

　　「學生評鑑教師教學」的實施，在1970年代後期，可說是達到高潮，在1980年代之後，漸趨平穩，且幾乎所有的大學校院都可以接受這種評鑑方法。Seldin（1993）針對六百所人文學院所做的調查研究發現，在1973年，只有29%的學校施行學生評量，1983年時已有68%，到了1993年施行學生評量的學校高達86%。另外，Calderon、Gabbin和Green（1995）曾調查美國各大學校院會計學系用來評鑑獎勵教師教學績效的方法，他們發現雖然各個會計學系都使用很多種不同的方式來評鑑教師的教學，但是有94%的會計學系都使用「學生評鑑教師教學」，甚至有18%的會計學系只使用「學生評鑑教師教學」的結果做為教師教學績效的參考。另外，Wilson（1998）也指出在1973年時，全美國只有30%的大學校院實施「學生評鑑教師教學」，他預估到了二十一世紀，幾乎所有的學校都將會實施這個制度。這些研究都充分說明「學生評鑑教師教學」在美國的普遍性與重要性。

　　而這段時期有關「學生評鑑教師教學」的研究持續擴大，且有部分研究是針對「學生評鑑教師教學」的其他研究做綜合的後設分析（meta-analysis）。誠如Marsh和Dunkin（1992）所言，一些不甚純熟研究方法的研究，在1970年代都被接受而發表，到了1980年代，雖然發表的研究不似以前多，但是研究的品質大為提高。

　　總之，制度化的「學生評鑑教師教學」在1920年代期間於美國一些知名大學展開，經過了四個時期，由最早的幾所學校實施，經過1960年代的40%左右，躍升到1970年代80%至90%之間，到了1980之後，超過90%的學校實施，足見「學生評鑑教

師教學」的在美國的普遍性及重要性。雖然中間也因為評鑑工具本身信、效度的疑慮，曾經使各校採取保留觀望的態度，但是在校園民主思潮發展以及績效責任求新的壓力影響下，「學生評鑑教師教學」仍然有它存在的必要，且有關「學生評鑑教師教學」的學術研究，也由早期的量多演變至今的質佳。

第四節　台灣地區實施「學生評鑑教師教學」的發展

　　相對於美國各大學這股蓬勃的實施風氣，「學生評鑑教師教學」在台灣可說是起步較晚。在台灣地區的大學之中，最早實施全校性「學生評鑑教師教學」的學校，首推淡江大學（葉重新，1987）。西元1966年，淡江大學開始試辦教學評鑑，但因各項相關工作配合未盡理想，因此舉辦一年即告停止。西元1969年又進行第二次試辦，但由於教學評鑑內容，以及全校師生對於此項教學意見調查的真義瞭解不夠清楚，效果不如預期理想（葉重新，1987）。由於前兩次的經驗，該校於西元1974年期間，由張建邦校長率團至歐、美先進國家之大學參觀訪問，實地瞭解國外大學實施「學生評鑑教師教學」的情形，並參酌美國一些大學所使用的評鑑量表，選擇比較適合我國國情的問卷，編製為「私立淡江學院改進教學意見調查表」，於西元1975年開始第三次實施，至今已有三十多年歷史（淡江大學教育科學研究室，1983）。

　　至於在公立大學方面，最早實施「學生評鑑教師教學」的大學為清華大學，於西元1982年開始實施，目的是為了選拔傑出教學教師，所以由教務處準備一份「學生意見調查表」，供教師使用。教師可以自行決定是否接受學生評鑑教學。由於當時清華大學實施「學生評鑑教師教學」的主要的目的在於以評鑑的結果做

為獎勵傑出教學教師的參考，且由教師自行決定，所以參與的情況相當踴躍（淡江大學教育科學研究室，1983）。

　　繼淡江大學及清華大學之後，國內不少大學校院陸陸續續實施「學生評鑑教師教學」。作者曾於西元2000年初，針對台灣地區一百一十五所大學校院（含軍警學校）實施「學生評鑑教師教學」的起始學年進行調查（張德勝，2000），結果如下：

就時間而言

　　台灣公私立大學校院在西元1981年以前，只有淡江大學實施「學生評鑑教師教學」，西元1981年之後，才陸陸續續有其他學校跟進，到了西元1990年，共有二十一所學校實施此項制度，西元1991年以後，共有九十三所學校全面性實施「學生評鑑教師教學」，高達80.9%的比例。「學生評鑑教師教學」的制度在最近十年於台灣各大學迅速成立發展，研究者分析其可能的原因至少有下列五點：

一、校園民主思潮的興盛，誠如1960年代的美國一樣，台灣的學生也開始要求有參與學校行政事務的權利，同時認為他們有權利來反映給學校或教師他們對教學的想法，甚至有學者認為「學生評鑑教師教學」應該由學生全權處理，學校行政體系不宜介入（傅佩榮，1989）。

二、大學數量急速增加，台灣目前大學校院已經超過一百所，各大學之間的競爭趨於白熱化，所以如何提升學校教學品質，以增進學校的競爭力，刻不容緩。

三、民間教育改革的聲浪不斷，社會各界對幼稚園、小學、中學到大學，都有不同重點的要求，高等教育學府如何提高並確保教學品質以做為中小學的楷模，更是當務之急。

四、學費自由化、消費者至上的觀念衝擊大學校園。大學是否能
　　夠隨著高漲的學費，確保更高的學習品質，也成爲眾所矚目
　　的焦點。

五、教育部修訂升等辦法的修改，過去只要研究方面表現好的教
　　師就可以升等，因而容易使教師們爲了升等，以致專重研究
　　而輕忽教學，如今教育部於西元1999學年度起，使用新的升
　　等辦法，也就是除了研究表現之外，教師的教學與服務都必
　　須列爲教師升等考核的項目之一。

就空間而言

　　截至2000年1月爲止，國內一百一十五所大學校院中，目前
已全面實施「學生評鑑教師教學」的學校共有九十三所，占
80.9%。**表4-4-1**是台灣各類型大學實施「學生評鑑教師教學」
之比例。若以經費來源區分，則五十六所公立學校中，已全面實
施的學校共有四十三所，占76.8%；私立學校五十九所，已全面

表 4-4-1　台灣地區大學校院實施「學生評鑑教師教學」摘要表

類別	學校	校數	實施校數	全面實施比例
學術性質	公立綜合大學	15	12	80.0%
	私立綜合大學	21	20	95.2%
	公立科技校院	21	16	76.2%
	私立科技校院	38	30	78.9%
	師範校院	12	8	66.7%
	軍警校院	8	7	87.5%
經費來源	公立學校	56	43	76.8%
	私立學校	59	50	84.7%
整體	所有大學校院	115	93	80.9%

註：本表調查期間爲2000年1月，不包含同年2月成立的嘉義大學、台北
　　大學和高雄大學。

實施的學校有五十所，占84.7%。可見私立學校比公立學校全面
實施的比例更高。就學校的學術性質而言，私立綜合大學全面實
施的比例最高，為95.2%，其次依序為軍警校院（87.5%）、公立
綜合大學（80.0%）、私立科技校院（78.9%）、公立科技校院
（76.2%）、師範校院（66.7%）。由此可知，師範校院全面實施
「學生評鑑教師教學」的比例最低。在尚未全面實施的學校中，
有些是由各系自行決定，如台北市立師範學院、屏東師範學院
等。有些學校只是針對通識課程實施學生評鑑教師教學，如中興
大學及台北市立體育學院。有些學校過去曾經實施，但是因為遭
到校內教師抗議而停止，如台灣師範大學、勤益技術學院（張德
勝，1999a）。

　　相對於國內公私立大學校院，師範校院在實施學生評鑑教師
教學的速度顯得緩慢。作者曾進一步調查這些學校發現，台灣師
範大學曾進行過學生評鑑教師教學，並公布調查結果，但只辦一
次，後來就停辦了，停辦的原因不清楚（詹棟樑，1995）。彰化
師範大學於八十五學年度才開始試辦。高雄師範大學於八十六學
年度才開始加入行列。就師範學院方面，雖然師院從師專升格至
今已超過十年，但實施學生評鑑教師教學也是最近三、四年的
事。台灣區九所師範學院中，有六所師院實施全校性學生評鑑
教師教學，分別是嘉義師院（1994），台北師院（1995），台東師院
（1996），花蓮師院（1996），新竹師院（1998），台中師院
（1999）；至於市立師院及屏東師院由各系決定，而台南師院則
由教師自己決定。

　　綜合上述，「學生評鑑教師教學」在台灣地區的發展，也從
1966年淡江大學開始試辦至今已超過三十年，和美國一樣，這項
制度一開始發展，也是只有少數學校響應，但是由於社會的外在
因素以及學校本身所面臨的內在因素，促使「學生評鑑教師教學」

制度從西元1991年以後，在台灣各大學都快速的發展。雖然有些學校並未全面實施，而是由教師或系所自行決定，但是「學生評鑑教師教學」的普遍性及重要性已在台灣高等學府蔚爲一股風氣。

第五節　本章小結

「學生評鑑教師教學」不是現代教育界的產物，早在西元350年的時候，敘利亞首都安提阿（Antioch）的學校已有類似教學評鑑的政策，當時家長如果不滿意教師的教學，可以透過一些委員會來讓自己的子女轉學。不過Centra（1993）認爲最早的「學生評鑑教師教學」形式可能始於中古世紀（西元1100～1400年）歐洲的大學。至於高等教育中全面制度化的實施「學生評鑑教師教學」則始於二十世紀美國的大學。

「學生評鑑教師教學」在美國形成且持續的動力，外在方面包含評鑑觀念的興起、民主思潮的發展、認可制度的推動、績效責任的倡導、決策資訊的需求、顧客導向的趨勢等因素；內在動力方面則包含大學功能的發揮、大學管理的需求以及大學財政的緊縮等因素。

「學生評鑑教師教學」在1920年代期間從奧克拉荷馬大學開始漸漸傳開，共經過了四個時期，由最早的幾所學校實施，經過1960年代的40%左右，躍升到1970年代80%至90%之間，到了1980之後，超過90%的學校實施，足見「學生評鑑教師教學」的在美國的普遍性及重要性。雖然中間也因爲評鑑工具本身信、效度的疑慮，曾經使各校採取保留觀望的態度，但是在校園民主思潮發展以及績效責任求新的壓力影響下，「學生評鑑教師教學」

仍然有它存在的必要，且有關「學生評鑑教師教學」的學術研究，也由早期的量多演變至今的質佳。

　　至於台灣方面，也從早期西元 1966 年淡江大學開始試辦，一路走來至今已有三十多年。同樣的，這項制度一開始發展，也是只有少數學校響應，但是由於社會的外在因素以及學校本身所面臨的內在因素，促使「學生評鑑教師教學」制度從西元 1991 年以後，在台灣各大學都快速的發展。加上最近幾年網路科技的發達，部分國內的學校已將評鑑的方式從傳統的紙筆方式改為網路上實施（如交通大學、東華大學、花蓮師院等）。這可能是「學生評鑑教師教學之父」──Remmer（1927）在當初編製第一套紙筆方式的「學生評鑑教師教學」標準化量表所始料不及。至於網路評鑑結果或傳統紙筆方式有否不同，則有待日後更進一步研究。但是可以確信的「學生評鑑教師教學」制度將持續在教學評鑑中扮演一個重要的角色。

第五章　可能影響「學生評鑑教師教學」結果的外在因素

可能影響「學生評鑑教師教學」結果的因素很多，但是本章所要探討的比較傾向於與教師教學品質沒有直接關係，但是卻可能影響評鑑結果的因素，所以稱為外在因素。全章共分五節。第一節先探討教師因素；第二節分析學生因素；第三節則針對科目因素加以討論；第四節則說明情境因素可能對評鑑結果的影響；第五節為本章小結。

第一節　教師因素

「學生評鑑教師教學」的本質就是評鑑教師的教學行為，影響教師教學行為的因素有很多，這裡所指的教師因素，是與教學無關的因素，但學生有可能會依據這些因素來評鑑教師。以下就有關教師因素與評鑑結果的相關研究，做一探討分析。

教師等級、年齡、教學年資

Feldman（1983）曾綜合許多研究，分析「學生評鑑教師教學」結果與教師等級、年齡、教學年資相關的情形。其結果如**表 5-1-1**。

由**表 5-1-1**得知，學生對教學的評鑑結果和教師等級、年齡及教學年資之間的相關不大，因為這三類的發現以無相關的研究

表 5-1-1 「學生評鑑教師教學」結果與教師等級、年齡、教學年資之相關情形

相關情形	教師等級	教師年齡	教師教學年資
正相關	10	0	2
負相關	1	6	5
無相關	21	6	8
曲線相關	1	0	1
合計	33	12	16

資料來源：Feldman, K. A.（1983），Seniority and experience of college teachers as related to evaluations they receive from students. *Research in Higher Education.*, 18, 3-124.。

居多。Feldman（1983）同時發現教師的等級愈高，在教學的整體表現上得分愈高，但如果只是針對教學的某一層面做分析，這種正相關有可能消失或相反。至於教學年資方面，Civian 和 Brennan（1996）的研究發現教學年資和評鑑分數可能呈曲線相關，甚至無顯著相關。Centra（1981）曾分析八千多名教學年資不同的大學教師，發現教學年資介於三至十二年之間的教師所得的評鑑分數最高；教學年資在一年以內與十二年以上的教師所得的評鑑分數較低。前者可能是因為教學經驗不足，而後者可能是因為職業倦怠的關係。相對的，作者曾針對花蓮師範學院八十五學年度第一學期四百三十七個班級所做的調查發現教師等級、教師年齡與評鑑結果都沒有顯著相關（張德勝，2000）。

教師職位

Cranton 和 Smith（1990）針對一千四百零八個班級所做的研究發現教師的職位（專兼任）和班級對教師教學組織的滿意程度呈非常輕微的負相關（-.10）。而作者針對四百三十七個開課班級

所做的研究發現教師的職位與學生評鑑的結果無相關（Chang, 2000）。

教師性別

　　Kaschak（1978）、Lombardo和Tocci（1979）的研究都發現大學的女教師得到的學生評鑑分數比男教師為低。但Feldman（1992）、Elmore和LaPointe（1975）的研究卻發現大學男女教師在學生評鑑教學得分上並沒有顯著差異。研究者（Chang, 1999）以花蓮師範學院的教師為例，也發現男老師和女老師在整體的評鑑結果上並沒有顯著差異，但是教師的性別和所任教的科目有交互作用：教數理科目的教師所得的評鑑分數較低，尤其是教數理科目的女老師所得的評鑑分數最低，男老師則以語文教育系的男老師所得的分數最低，且低於語文教育系的女老師。

　　一些研究顯示，女教師會用一般柔性的方式去防止比男教師獲得較低的評鑑分數（Wachtel, 1998）。Bryant、Comisky、Crane和Zillmann（1980）發現，男老師使用幽默的方式，能贏得學生的好評，女老師則否。以Kaschak（1978）的研究及Lombardo和Tocci（1979）的研究都發現大學的女教師得到的學生評鑑教學分數比男教師低，Feldman（1992, 1993）回顧一些在學生評鑑上男女教師在實驗室與教室的研究，在實驗室方面，多數學生認為教師性別不構成差異，少數學生表示會給男教師較高的評鑑分數。然而，在教室方面，女教師會得到略高於男教師的評鑑分數，Tatro（1995）也發現女老師在評鑑上的分數比男老師高。

教師的研究成果

　　一般人可能會以為，研究成果較為豐富、發表論文次數愈多的老師，其教學評鑑的結果，分數可能愈高。但是，有許多研究卻發現，此兩者之間沒有顯著相關（Aleamoni, 1987; Marsh & Dunkin, 1992），不過最近有一個研究，卻發現教師研究的產量與被評鑑的結果有一點正相關存在（Allen, 1995）。另外，Centra（1983）的研究發現，在社會科學的領域裡，教師研究的產量與被評鑑的結果有中度正相關；但是在自然科學的領域裡，則兩者的相關並不顯著。可能是教師研究成果的主題、內容未必和教學的學科有關（葉重新，1987），而且以個人時間的分配來看，一位教師花在研究的時間愈多，可能花在教學準備的時間就相對減少（Wachtel, 1998）。

教師人格特質

　　教師以非常風趣幽默的教學方式取得過高的評鑑分數，就是所謂的 "the Dr. Fox effect"，在早期的研究中，一位教師被稱為Dr. Fox是指課堂上的高表達能力又具熱切的解說，而獲得過高的評鑑分數，但是講解卻缺乏內容（Ware & Williams, 1979）。Abrami、Leventhal和Perry（1982）的研究發現教師的上課表情會影響學生評鑑的結果。Water等人（1988）也發現學生容易給具有正向人格特質的教師較高的評鑑分數。但近年來，這種說法卻有改觀，Marsh和Ware（1982）發現，當學生不被激勵去學習，教師的表達能力在學生評鑑上就成了一個影響相當大的因素，反之，就較不重要。Miller（1974）的調查發現，評鑑結果

較好的教師，通常是具有專業知識，而非只會吹噓或做表面功夫。在其他的人格特質方面，Murray（1980）發現評鑑教師的領導能力、客觀性和熱忱度與教師評鑑的效果呈正相關。雖然上述的研究都顯示教師的某些人格特質的確與評鑑的結果呈現正相關，但是Feldman（1986）強調，這種正相關是指學生眼中的教師人格特質和評鑑分數的相關，若是求教師眼中自己的人格特質與學生評鑑分數的相關，則為無相關。

教師的儀表

Buck和Tiene（1989）的研究發現，單就教師儀表一項，大致不會影響學生對教師教學專業能力的看法，但是如果把教師的性別、儀表以及教師的行事風格一起分析，則發現他們之間對學生評鑑的結果有交互作用的影響。Buck和Tiene進一步舉例，如果兩位教師的行事風格都是很獨裁型（authoritarianism），那麼外表吸引人的女教師所得的評鑑分數會高於男教師。另外Rubin（1995）的研究發現，如果教師來自非英語系國家，那麼他的外表就有可能影響評鑑的結果。

給分的寬嚴

教師給分的高低寬嚴一直是影響「學生評鑑教師教學」結果的重要議題之一。學者的看法大致分為二種：

一、正相關

很多研究發現教師給學生分數的高低和「學生評鑑教師教學」的結果呈正相關（Chacko, 1983; Koshland, 1991; Nimmer &

Stone, 1991; Powell, 1978; Vasta & Sarmiento, 1979）。Kennedy
（1975）也提出學生對自己成績的滿意與否會影響對教師的評鑑
結果，茲將Kennedy的研究結果歸納於**表5-1-2**。

　　由**表5-1-2**可知，學生的成績愈好，對教師評鑑的分數愈
高，而且實際成績比期望成績高的學生，給教師的評鑑分數也愈
高。根據這些學者的看法，教師給分愈高，評鑑結果的分數也愈
高，如此一來，教師有可能因爲企圖求取較高的評鑑分數，而給
學生較高的學習成績。

二、無相關或負相關

　　有不少研究顯示教師給分的高低與學生評鑑的結果沒有相關
性存在（Peterson & Cooper, 1980; Scheurich, Graham, & Drolette,

表5-1-2　教師給分與學生評鑑教師結果摘要表

量表層面	實際成績	評鑑結果	實際成績比期望成績	評鑑結果
教學方法	A	57.00	高	57.21
	B	56.32	相等	53.65
	C	52.26	低	52.85
	D	39.22		
師生關係	A	38.50	高	37.90
	B	36.95	相等	34.41
	C	32.36	低	32.75
	D	38.91		
教學內容	A	37.48	高	38.31
	B	37.72	相等	35.81
	C	34.75	低	34.97
	D	32.66		

資料來源：引自 Kennedy, W. R.（1975）. Grades expected and grades received
　　　　 -Their relationship to students' evaluations of faculty performance.
　　　　 Journal of Educational Psychology, 67, 109-115.。

1983; Theall & Franklin, 1991），或者是負相關（Combs, Combs, Griffin, & Land, 1983; Chang, 2000a）。吳肇銘（1997）在中原大學商學院所做的教師評鑑得分研究中發現，教師給予班上學生不及格比率的高低對「學生評鑑教師教學」結果的影響不大，而且老師給分寬嚴對學生評鑑之影響有限。Combs、Combs、Griffin和Land（1983）發現學生對於命題容易的教師，反而有較低的評價。Brady（1988）的研究發現，要求嚴格且給高分的教師所得的評鑑分數最高。作者（Chang, 2000a）則發現學生感受教師給分嚴格的程度與學生評鑑的結果成正相關，相關係數為.26，也就是給分愈嚴格的教師所得的評鑑分數有稍微愈高的傾向。從這些研究，似乎又可以減輕許多人擔心由學生評鑑教師教學，會造成教師給學生高分，進而降低教學品質的顧慮。

第二節　學生因素

成績期待

　　雖然影響學生學習成績的因素很多，但是所有的研究都顯示學生對成績的期待與評鑑結果的分數成中度正相關（Braskamp & Ory, 1994; Centra, 1979; Chang, 2000a; Howard & Maxwell, 1980; Marsh, 1987; Marsh & Dunkin, 1992）。至於成績期待為什麼會造成學生評鑑結果的偏差呢？Marsh和Dunkin提出兩種解釋：一、學生之所以期待高分，是因為教師給分較寬鬆，而不是肯定教師的教學績效；二、學生對成績的期待以及教學評鑑的結果都可能受到其他因素的影響，如對科目的興趣。當然也有可能是因為教

師的教學良好，懂得引導學生學習，使學生對成績的期待較高，進而在教學評鑑上，反映出教師的教學績效。

學生性別

男學生給的評鑑分數比較高？還是女學生？在歷來的研究上並無定論。Feldman（1977）綜合許多研究發現，如果學生性別和評鑑分數有相關時，那麼大多的研究都顯示女學生給教師的分數都比男學生高。但 Koushki 和 Kuhn （1982）的研究剛好又相反。也有不少研究者發現學生通常給同性別教師的分數會比較高（Basow & Silberg, 1987; Centra, 1993; Feldman, 1993）。也就是男學生給男老師的評分會比給女老師的評分高，而女學生給女老師的評鑑分數要比給男老師高。另外也有一些研究發現，學生的性別對評鑑結果的影響非常小（張德勝，2000；Bennett, 1982），甚至沒有影響（Costin, Greenougn, & Menges, 1971; Whitely & Doyle, 1976）。

學者大都以社會文化脈絡情境等因素，來解釋爲什麼不同性別對事物的看法或態度有差異（簡成熙，1989）。就學校生活而言，女學生的表現比男學生守規矩，造成師生衝突的情況自然就比男生少，同時女學生一般都比男生更具同情心，所以給教師評鑑的分數也會比較高。不過從研究上，仍然有不同的結論，所以學生性別對評鑑結果的影響仍然不可忽視。

學生年級

Basow 和 Silberg（1987）發現學生給老師的評分會隨著年級的升高而增加。Schlenker 和 McKinnon（1994）的研究發現學生

評鑑的分數和學生的年級呈現正相關。作者也有同樣的發現，愈高年級的學生給教師的評分愈高（張德勝，1998a，1998c）。這有可能是因爲愈高年級的科目，愈是選修的科目，學生愈有興趣，而低年級的科目大都是共同必修科目，學生的興趣較低。也有可能因爲愈高年級的科目，其課程內容的挑戰性愈大，所以比較能激勵學生學習的興趣。總之，學生的年級與科目層級、難度、科目興趣似乎有分不開的關係。

對學科的興趣

　　Yamnoon（1984）的研究發現，學生對科目學習興趣會影響學生評鑑的結果。亦即是學習興趣越高的學生對教師的評分越高。Feldman（1976）和 Marsh（1982）也都有同樣的發現。作者以十五個預測變項（包含教師、學生、科目等變項）來預測學生評鑑教師教學的結果，研究發現以學生對學科的興趣爲重要的預測變項，解釋量是57%（Chang, 2000a）。足見學科興趣對評鑑結果的影響性，也就是說學生並不是完全以教師的教學效能爲標準，如果評鑑的科目正好是學生討厭的科目，授課教師可能就會遭受「池魚之殃」（簡成熙，1989）。這也就是爲什麼部分學者認爲學科興趣是學生評鑑教師的偏差因素之一。

　　不過，也有一些研究者認爲學生對某一學科的興趣，很可能是因爲教師的鼓勵或引導，高教學效能的教師能啓發學生對學科的興趣，低教學效能的教師則相反（張德勝，1998b；Chang, 2000a; Marsh, 1980）。由於學生對學科的興趣極可能受到教師教學行爲的影響，所以學生對學科的興趣應該也是教師教學績效的指標之一，而這種指標的分數就會呈現在學生評鑑教師教學的結果。

　　總之，誠如簡成熙（1989）所言，單從學生對學科的興趣很難斷定他是學生評鑑教學的因或果。

學生的心理特質

　　學生的認知型態、成敗信念及成就動機等心理特質都可能影響「學生評鑑教師教學」的結果。

　　就認知型態而言，Witkin 於 1962 年將人的認知型態分為兩種：場地獨立型（field independence）與場地依賴型（field dependence）（簡成熙，1989）。Daniel、Rasmussen、Jackson 和 Brenner（1984）的研究發現：場地獨立型的老師給和自己同一型的學生較高的成績；場地依賴型的老師卻給和自己同一型的學生較低的分數。而場地依賴型的學生給和自己同一型的老師較高的評鑑分數，場地獨立型的學生卻給和自己同一型的老師較低的分數。

　　就成敗信念方面，Freize（1976）發現成績較差的學生會把學習失敗的責任推給老師，藉著歸因的方式做自我的防衛。相對的，成績好的學生，並不會將成功的原因歸於自己，反而歸因於教師（Griffin, Combs, Land, & Combs, 1981）。陳密桃（1985）的研究顯示，內在歸因的學生給教師的評鑑分數較高，而外在歸因的學生給教師的評鑑分數最低。另外，陳密桃還發現高成就動機的學生給教師評鑑的分數較高。

　　雖然就評鑑效度的立場而言，學生心理特質對評鑑所造成的偏差，都應該給予克服，但是簡成熙（1989）認為如果把評鑑結果做為改進教師教學之參考，則教師更應該注意不同心理特質學生所做的評鑑結果，因為唯有如此，教師才可能因材施教，適性教育的目的也才能達成。

第三節　科目因素

除了教師因素以及學生因素外，不少研究也發現課程的因素可能會影響「學生評鑑教師教學」的結果，如科目性質（必／選修）、學科領域、課程難度、班級大小、上課形式等。

科目性質（必／選修）

有很多研究已發現任教選修科目的教師得到的評鑑分數高於任教必修科目的教師（Chang, 1997; Feldman, 1978; Marsh, 1987; Scherr & Scherr, 1990）。Wachtel（1998）解釋造成任教選修科目的教師評鑑分數比必修科目的分數高，可能是因為選修科目是學生比較感興趣的科目，所以給教師的評鑑分數就比較高。有關這一方面，已經在學生對學科的興趣討論過。

學科領域

研究發現學科領域的確會影響評鑑的結果（Ramsden, 1991），而且是理科（數學、自然科學）的班級評鑑分數比非理科的班級評鑑分數低（Cashin, 1990, 1992; Cashin & Clegg, 1987; Feldmn, 1978; Ramsden, 1991）。研究者以花蓮師院教師為對象，發現數理科目老師所得的評鑑分數最低，尤其是女老師；而藝術類的科目，如音樂或美勞老師所得的分數最高（Chang, 1997, 1999a）。Centra（1993）解釋為何理科的科目得分較低，可能是因為這些科目比較不注重師生的互動，而且只要上課的進度稍

快，學生便無法跟上進度，因而給教師較低的評鑑分數。另外，
Kaufman（1981）的調查發現電腦及心理學領域的學生比藝術領
域的學生更重視教師評分的公平性；心理學領域的學生比藝術領
域的學生更重視教師評分的準確性；電腦領域的學生比社會領域
的學生更重視教師的課前準備。由於科目領域的不同，學生的來
源也不同，對教師的需求自然就不同，因此到底是科目領域的差
異導致評鑑分數的不同，或者學生主修不同，而導致評鑑結果的
不同，學者並無定論，但是可以確定的是兩者都與評鑑的分數相
關。

課程難度／負荷量

Ryan等人（1980）認為課程難度愈難或者負荷量愈重，教師
所得的評鑑分數就愈低，所以教師會自動降低課程的難度或減低
課業的負荷量來提升評鑑的分數。但是研究上卻有不同的結果，
也就是愈困難的課程得到的評鑑分數愈高（Civian & Brennan,
1996; Franklin, 1991; Marsh, 1987）。造成這種現象，可能是因為
難度較高的課程，對學生的挑戰性也較大，學生因此得到成就感
及滿足感。當然也有可能因課程的難度較高，學系安排較優良的
教師來任教，所以得到的評鑑分數就比較高。不過Wachtel
（1998）認為課程難度愈難，教師所得的評鑑分數較高的情形並
不能推論到數學和自然科學領域的科目。

班級大小

許多教師認為，學生比較喜歡小班制的上課方式，因此，在
大班級上課的教師，其評鑑結果往往比小班級的教師為差。根據

Smith 和 Glass（1980）的後設分析發現，班級的大小和學生評鑑教學的結果呈現負相關。Centra（1981）的研究發現，任教於十五人以下的班級教師，得到的評鑑結果最高，其次是十六人至三十五人以及一百人以上的班級。評鑑結果最差的是任教於三十五人至一百人之間的班級教師。Marsh、Overall 和 Kesler（1979）的研究發現，班級的大小和學生評鑑的結果存在一種曲線相關，也就是說在較大和較小的班級中，學生評鑑教學的分數有較高的傾向。Feldman（1978）探討有關學生評鑑教學的論文之後，發現除了上述負相關和曲線相關外，有些研究甚至發現班級的大小對學生評鑑教學沒有任何影響。McKeachie（1990）認為班級愈大，個人的責任和活動就愈少，教師對學生的瞭解就愈少，教學上也比較不容易做到個別化教學。雖然如此，但班級大小對學生學習的影響還是端賴教師在班級裡施行的活動。但很有可能班級愈大，教師相對要求的作業就愈少，同時教學的形式可能比較多演講少討論。至於國內方面，作者曾以花蓮師範學院八十五學年第一學期四百三十七個班級為對象，研究結果發現班級的大小和學生評鑑教學之結果並沒有顯著的相關（Chang, 1997, 2000）。

上課形式

Bejar 和 Doyle（1978）、Bruton 和 Crull（1982）的研究都發現，上課的形式對學生評鑑的結果沒有影響。但 Wigington、Tollesfosn 和 Rodriguez（1989）卻發現上課形式和班級大小存有顯著的主要效果及交互作用。討論式的班級被評鑑的分數比演講式或混合式的高，但若考慮班級大小，則大班級採用混合形式的評鑑分數比小班級高。

第四節　情境因素

　　所謂情境因素是指評鑑實施的過程，這裡所指的是可能會影響學生填寫評鑑結果的實施過程。Seldin（1993）強調僅有好的評鑑工具是不夠的，因爲如果實施程序有缺失，那麼評鑑的結果依然無效。以下就歷年來研究有關評鑑的時間、評鑑者匿名、教師在現場，以及講述評鑑的目的四點加以分析。

評鑑的時間

　　一般而言，「學生評鑑教師教學」大都在學期末舉行。Frey（1976）發現在期末評鑑的結果和學期第一週所評鑑的結果沒有顯著的不同，但是強調期末考可能會影響評鑑的結果。至於在期末考前、中、後三個階段的評鑑結果，Feldman（1979）的研究則發現沒有顯著差異。不過也有學者有不同的看法，Braskamp等人（1984）認爲如果評鑑的實施時間和期末考同一週，則評鑑的分數就可能會降低，所以建議評鑑應該在期末考的前兩週就實施。Seldin（1989）則認爲如果評鑑是爲了總結性目的，擇期在期末考試前兩週舉行；但如果是爲了形成性的目的，則應該在開學之後四至六週舉行，才能達到效果。

評鑑者匿名

　　不少研究顯示當評鑑採取學生無具名的方式來實施，則評鑑結果的分數會比具名的方式低（Blunt, 1991; Colliver, 1972;

Feldman, 1979）。不過，學者也認為學生匿名的方式可能和其他因素會產生交互作用，如學生對無具名的隱密性以及安全性的信任感（Blunt, 1991）、學生是否瞭解評鑑的目的（Braskamp et al., 1984）、學生是否知道自己的學期成績（Feldman, 1979）等。大多數的學者建議評鑑的實施宜採取無具名的方式較能得到真實的評鑑結果（Braskamp, et al., 1984; Centra, 1993; McCallum, 1984）。

教師在現場

Kirchner（1969）和Feldman（1979）的研究都發現，當學校實施「學生評鑑教師教學」時，任課教師如果在現場，則評鑑結果的分數較高。正因為如此，很多研究者建議評鑑的實施不但要採取無具名的方式，且應該委託教師與學生以外的第三者來主持（Braskamp & Ory, 1994; Centra, 1993; Pulich, 1984; Scriven, 1981）。

講述評鑑的目的

不少研究者發現如果主試者讓學生事先知道評鑑的結果將做為教師升等或人事的參考，則評鑑出來的分數較高（Aleamoni & Hexner, 1980; Braskamp et al., 1984; Centra, 1976; Feldman, 1979）。可能是因為學生認為自己打出來的分數會影響教師未來的前途，所以多少給予一些同情的分數。縱使如此，但Braskamp等人還是建議應該要讓學生在填寫評鑑表前，就知道評鑑結果的用途，尤其是當評鑑結果會被用在教師的人事決策方面，更需要讓學生事先知道。

第五節 本章小結

茲將上述各種有關學生評鑑教師教學與其相關背景因素等研究，摘要整理如**表5-5-1**。

由**表5-5-1**得知，教師、學生、科目、情境等因素都可能影響教學評鑑的結果，有些是正面的影響，有些是負面的影響，有

表5-5-1 可能影響學生評鑑教師教學的各種因素及研究結果

因素	背景特質	各種研究結果
教師因素	等級	不一致，微小或是沒有差別。
	年齡	不一致，微小負相關或是沒有相關。
	教學年資	不一致，微小或是曲線相關。
	職位	非常輕微，甚至沒有相關。
	性別	不一致，微小或是沒有差別，但與任教領域有交互作用。
	研究成果	不一致，微小或沒有相關，可能和任教領域有關。
	人格特質	幽默、正向人格特質、領導能力強、具熱忱都與評鑑分數呈正相關。
	儀表	沒有相關，但是與性別及風格有交互作用。
	給分的寬嚴	不一致，但正相關的發現較多。
學生因素	成績期待	中度正相關。
	性別	女生比較高一些；學生傾向給同性別的教師較高分。
	年級	正相關，但可能是因為科目層級、難度及對科目的興趣的影響而不是學生年級。
	對學科的興趣	對學科興趣愈高，評鑑的分數愈高，但是興趣影響評鑑分數，還是教學激勵興趣進而提升評鑑分數，則尚無定論。
	心理特質	學生的認知型態和教師認知型態有交互作用；內在歸因給教師的分數較高，外在歸因給教師的分數較低；成就動機高的學生給的評鑑分數較高。

（續）表5-5-1　可能影響學生評鑑教師教學的各種因素及研究結果

因素	背景特質	各種研究結果
科目因素	科目性質（必／選修）	選修科目分數比必修科目高，但與對科目興趣有關。
	學科領域	非理科領域的分數比理科高，學生的主修領域不同，也可能會有影響。
	課程難度／負荷量	研究不一致。
	班級大小	研究並不一致，小班有較高評鑑分數，但是大班教師也有可能得到高的評鑑分數。
	上課形式	沒有影響，但是也可能與班級大小有交互作用。
情境因素	評鑑的時間	期末考可能會影響評鑑的分數。
	評鑑者匿名	無記名的方式，評鑑分數較低。
	教師在現場	教師在場，評鑑分數較高。
	講述評鑑的目的	學生知道評鑑用於人事決策，則評鑑分數較高。

些則是沒有顯著影響。另外，也有一些因素對教學評鑑結果的影響，在不同的研究上，呈現不一致的結果，甚至有些因素又與其他因素形成了交互作用。所以當使用學生評鑑結果做為教學改進、人事決策、選課參考等依據時，要注意每一門課背後所包含的因素，以免解釋錯誤。為了能更真實反映出「學生評鑑教師教學」的分數以及顧及到評鑑的公平性，美國華盛頓大學（University of Washington）就將教師給學生的成績、教師上課的班級人數以及科目選修性質等三種變項，以不同的加權指數，融入統計的迴歸分析當中，然後將教師被評鑑的原始分數，轉換為調整後分數（Gillmore & Greenwald, 1999）。作者則曾以花蓮師範學院八十五學年度第二學期及八十八學年度第二學期的評鑑分數為例子，分別算出各學期的迴歸方程式並找出影響力較大的背景變項，兩個學期所找出來的變項不盡相同，所以作者建議最好能依照每學期所得的評鑑結果加以換算成迴歸方程式，然後再求

得各學期每位老師的調整後評鑑分數（Chang, 2000b）。

　　總之，可能影響「學生評鑑教師教學」結果的外在因素很多，教師、學生及行政人員對於分數的解釋及應用都要非常謹慎，否則不但無法透過這項制度來改進教學，反而會產生不良的影響。至於老師或學生是否認為這些因素會影響「學生評鑑教師教學」的結果呢？則在本書第八章至第十章來討論。

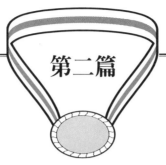

第二篇

實務部分

第六章 「學生評鑑教師教學」工具的編製

「工欲善其事，必先利其器」，是自古已有的明訓。在「學生評鑑教師教學」的實施過程中，評鑑工具更是扮演著舉足輕重的地位。它不僅是評鑑資訊所賴以獲得的重要媒介，它的品質更決定了所獲得資訊的正確性、可靠性及可用性（蔡美玲，1989）。美國從 1920 年代開始（請參閱第四章第三節），就有不少研究探討有關「學生評鑑教師教學」工具的編製、題目的修正，或信、效度的考驗等，國內則從 1980 年代開始，也陸續有些學者加入這方面的研究。本章將依據這些研究，針對「學生評鑑教師教學」的編製過程加以分析。全章共分爲五節。第一節先說明工具編製的程序；第二節探討工具的形式；第三節則是討論工具的內容；第四節是分析工具信、效度的考驗方式；第五節爲本章小結。

第一節 工具編製的程序

爲了使學生評鑑成爲一個完整的評鑑系統，Arreola（1995）建議在設計或選擇學生評鑑工具時，必須依循下列幾個步驟：一、決定評鑑之目的；二、指定評鑑的要素；三、決定項目的種類；四、準備或選擇項目；五、決定工具的信度與效度。雖然量表編製的步驟相當明確，但是每一步驟都有幾個不同的思考點，量表的編製者必須進一步做決定。

首先要決定評鑑之目的。根據 Arreola （1995）的看法，

「學生評鑑教師教學」的目的不外乎是形成性（formative evaluation）或總結性（summative evaluation）。就前者而言，「學生評鑑教師教學」可以提供教師評鑑的資訊以改進教學；就後者而言，則評鑑結果可以提供學校、人事單位作為升遷、終身任用、薪水給付之依據或者提供學生選課之參考。但是不少研究者指出，因為評鑑的目的不同，評鑑工具所採用的內容，甚至項目的格式也有所不同（蔡美玲，1989、簡成熙，1989）。如果是總結性評鑑，單一的總結性題目或許就可以，如「這位老師教得很好」。如果是形成性評鑑，題目就必須具體，如「老師能舉出適當的例子解說問題」。

其次是指定評鑑的要素，也就是評鑑的內容或者所謂工具的向度。誠如前段所敘述，評鑑的內容會因為評鑑目的不同，而有所不同。除此之外，蔡美玲（1989）也指出，量表編製者對「成功教學」的定義與看法不同時，則所編製出來的評鑑工具，其涵蓋的要素就會不同。Arreola（1995）則是從評鑑的方向來討論工具的要素，他認為如果要評鑑課程，則評鑑的方向或評鑑題目的陳述要包含課程的組織、結構、客觀事物、困難、速度、關聯、內容及用途等。如果是要評鑑教師教學，則需要包含教師個人特質、講述的技巧、與學生互動、教學的速度、難度等。

步驟三是決定項目種類。一般問卷的格式種類大致可分為兩種：開放式與封閉式。開放式（自由回答）的項目通常是學生以自己的文字來描述，所以產生多采多姿的回答，教師通常也喜歡這一類的回答。就評鑑的形成性功能而言，由開放式的題目所得到的學生回饋，更能直接提供教師做教學上的改進。至於封閉式（限制回答）的項目，題意通常是簡單且容易回答，但必須限於問卷上所提供的選項來作答。若找不到適合的答案，便會產生不一致或不確實的答案。舉例來說，有一個項目陳述如下：「教師

的評分是公平的嗎？」，以問句的形式出現，則答案選項有二：
「是」與「不是」；假如題目的陳述改成直述句：「教師的評分
是公平的」，則選項應改爲「非常同意」經過「中立意見」至
「非常不同意」等一系列的選項。Arreola（1995）建議「中立意
見」或類似「無意見」的選項，除非有需要，否則最好避免，因
爲增加了這類的選項，即使學生選了，似乎也對改進教師的教學
提供不太多的訊息。封閉式的題目所得到的學生回饋大都以數字
呈現，雖然不似開放式的選項吸引教師的興趣，但是針對評鑑總
結性的功能而言，則封閉式的題目比開放式的題目提供更具體明
確的指標。

　　第四個步驟是準備或選擇項目。照著第三步驟所列的項目，
邀請其他人針對項目的文藻語彙加以修正，再請有經驗的同事個
別審視所有評鑑的題目。最後針對所選出的題目再作一次內容分
析。至於項目的集中與分類，下列幾件事情需要注意：一、使評
鑑者易於閱讀與回答；二、項目的排列需要有邏輯性，如重要性
的先後、時間的先後等；三、安排反向題，以免受訪者做出規律
性的回答，而且反向題要及早出現，以免評鑑者因爲一連串肯定
的回答而產生錯誤；四、決定分量表的名稱是否需要在問卷上出
現。

　　最後一個步驟是決定工具的信度與效度。在正式評鑑工具使
用之前，一定要先有預試，透過預試的資料，對評鑑工具進行信
效度的分析，以確定評鑑工具的品質。有關學者對於「學生評鑑
教師教學」工具信度與效度的討論頗多，所以另闢一單元加以討
論，請參考本章第四節。

第二節　工具的形式

　　量表的形式也是編製評鑑工具重要的考慮因素之一。「學生評鑑教師教學」自 1920 年代興起以來，由學校、教師、學生團體及專家學者所編製的問卷可說不計其數，但依照編製的形式可分為下列類型（Arreola, 1995）：

一、教師自編型（instructor-constructed form）

　　為某一特定教師為某一特定科目所編製之問卷，此種教學評鑑工具，通常較缺乏信效度之檢驗，編製過程亦較不嚴謹。

二、教師自選型（instructor-selected form）

　　和第一種形式相比，教師自選的形式較具可靠性。此種形式是教師從學校現成的題庫中，除了校方同一規定的一些題目之外，教師可以選擇適合自己任教科目的題目，然後編製而成，所以這種形式又可稱為自助餐式（cafeteria）。教師自選最早的例子首推普渡大學的自助餐系統（the Purdue Cafeteria System），這套系統提供兩百個教學評鑑的題目，由教師自行選擇使用，然後加上統一規定的五個標準化題目。評鑑結果報表上面，有關常模的部分就僅出現在這五題標準化的題目上。其他類似的評鑑系統包含美國伊利諾州阿爾巴那香檳大學的教師與課程評鑑系統（Instructor and Course Evaluation System, ICES）、密西根大學的教師設計問卷系統（Instructor Designed Questionnaire, IDQ）以及愛荷華大學的學生反映教學系統（Student Perceptions of Teaching, SPT）。

三、單一標準為主型（standard form-optional items）

這種形式主要是以一份標準的題目為主，另外加入一些教師從題庫中選出的題目組合而成。標準題目的部分適用於任何課程與任何的教學者，而教師自選的題目則根據教學上的需要來選題。美國亞利桑那州綜合資料評鑑服務機構所編製的課程教師評鑑問卷（Course／Instructor Evaluation Questionnaire, CIEQ）就是這類型最早的例子，它包含了二十一題標準化的題目、五個分量表，另外則由教師從三百七十三題的題庫中，選出四十二題加以組合。

四、多款標準型（multiple standard forms）

這種方式是由學校準備數個標準化的問卷，任由教師選擇其中的一種。這種方式和前面三種最大的不同在於教師是以整份問卷來挑選適合自己的評鑑工具，而不是挑選題目。華盛頓大學的教學評鑑系統（The University of Washington Instructional Assessment System, IAS）就是最好的例子。IAS共有六套教學評量表，分別針對小班討論課程、大班講授課程、座談研討課程、問題解決課程、實習或實驗課程以及小考部分。

五、統一標準型（one standard form）

這種方式是由學校或系所統一編製一種評鑑工具，供全校或全系所所有科目與教師使用，教師則沒有任何選擇的空間。這種形式的評鑑表在分數的計算、分析與比較都比較容易，相關的行政業務及經費上也較精簡，但是相對的較缺乏彈性。國內外有不少學校都是採用這一種形式的評鑑工具，國外學校如德州州立北德大學教育學院，國內則多以此種形式居多，如東華大學、慈濟

大學。

　　另外Braskamp、Brandenburg和Ory（1984）則是根據量表的功能，將「學生評鑑教師教學」量表的形式分為三種：綜合式（omnibus）、目標導向式（goal-based）以及自選式（cafeteria）（徐超聖，1997）。所謂綜合式量表的題目顯示了教學應包含的主要層面，通常這些層面所包含的項目，係透過因素分析的結果，來決定評鑑表包含哪些因素，如美國教育測驗服務社（Educational Testing Service）發展的「學生教學報告」（Student Instructional Report, SIR），就是綜合式評鑑量表（詳如附錄一）。目標導向式量表強調學生在教學者所評定為重要的教學目標上的進步程度，針對這些教學目標學生評定自己進步的程度，而老師則評定其重要性。因此，教師評定的重要性與學生在目標評定的進步程度，可相互比較。美國堪薩斯州立大學發展的「教學發展與效果評量」（Instructional Development and Effectiveness Assessment, IDEA）就是目標導向式量表的例子（詳如附錄二）。至於自選式量表，則如同Arreola（1995）所分類的教師自選型（instructor-selected form）一樣。老師從學校所建立的題庫中，選取最適合評鑑其教學的項目，而組合其獨特的評鑑內容。美國伊利諾大學所發展的「教師與課程評鑑系統」（Instructor and Course Evaluation System, ICES）就是自選式量表的一個例子（詳如附錄三）。

第三節　工具的內容

　　本節說明「學生評鑑教師教學」工具的內容，共分兩部分：一、美國大學的評鑑工具內容；二、針對國內大學校院所使用的

評鑑量表加以分析。

美國大學的評鑑工具內容

　　國外有關「學生評鑑教師教學」的評鑑工具，主要以美國為主，Smalzreid和Remmers於1927年所編製的普渡教學評量表（Purdue Ratings Scale of Instruction, PRSI）歷史最為悠久，也是「學生評鑑教師教學」量表的濫觴，該評鑑表包含十項教師教學方面的特質：對教材的興趣、對學生同情的態度、評定成績的公平性、自由和開放的態度、呈現教材的方法、幽默感、自信心、個人特質、個人儀表與激勵學生好奇心的能力十項。除了普渡大學的評量表之外，目前在美國較著名的「學生評鑑教師教學」的評鑑表上有十多種，**表**6-3-1是這些評鑑工具主要內容的摘要。

　　由**表**6-3-1得知，這些美國大學所使用的量表內容大致可分為教師的教學方法、教學內容、師生互動、評分公平性、課業負擔。除此之外，教師整體以及科目整體也是評鑑內容的重點，如SIR、IAS、CIEQ、ICE、ICES、CFI和SEEQ（有關SEEQ的工具內容詳如附錄四）等均包含這兩個內容。有些評鑑工具則包含學生自評，如IDEA、ICE和IDQ。有些評鑑工具允許教師從題庫中選題或自行設計，如SIR、IAS和ICES三種。而最早的評鑑表PRSI甚至包含教師的幽默感以及教師的儀表。

　　另外，也有一些研究者針對「學生評鑑教師教學」所應包含的內容提出他們的看法，如Schlenker和Mckinnon（1994）認為在進行大學教師教學評鑑時，應以教學態度、班級氣氛經營、教學技巧、師生關係、教學準備與計畫等五個層面為主要考量。Feng（1990）以教學內容、教學技巧，以及專業精神三個部分做為大學教學品質之評鑑向度。Mesak和Jauch（1991）進行學院

表6-3-1　國外著名「學生評鑑教師教學」量表主要內容摘要表

量表	研究者	量表內容或層面摘要
PRSI	Remmers & Weisbrodt（1965）	對教材興趣、對學生態度、自由開放氣氛、教學方法、幽默感、自信心、個人特質、個人儀表、激勵學生興趣、評分公平性。
SIRS	Showers（1974）	教師參與、學習興趣／效果、師生互動、課業負擔、授課內容結構。
SDT	Hildebrand, Wilson, & Dinenst（1971）	教學取向（分析／綜合）、授課內容／講解清楚、師生互動、個別互動、活力與熱忱。
SIR	Centra（1972）	組織、激勵、關懷、科目難度、作業負擔、進度、教材、考試、科目整體、教師自編或設計、老師整體。
IAS	Gillmore（1976）	科目整體、內容整體、教師整體、教學整體、講課組織、清楚、舉例、議題、知識、熱忱、激勵、回答問題能力、個別指導、作業、課業負擔、評分、教師自編或設計。
IDEA	Hoyt & Cashin（1977）	教師人格特質、師生討論、熱忱、講解清楚、學生自評、科目整體、課業負擔、科目難度。
CIEQ	Aleamoni（1978）	一般態度、教學方法、教學內容、對科目的興趣、對科目的態度（外加對教師整體、科目整體、內容整體）。
Endeavor	Frey（1978）	講解清楚、課業負擔、個別指導、課堂討論、授課結構與計畫、評分方式、學習成效。
ICE	Miller（1978）	教師方面（含準備、評分、清楚、組織、熱忱、個別指導、教學整體）、科目方面（課程組織、內容、教材、考試、科目整體）、學生自評。
IDQ	Kulik（1978）	教師整體、科目整體、教學能力、激勵學生、學生自評。
ICES	Brandenburg（1979）	教師整體、科目整體、內容整體、課程經營、學習成效、教師人格特質、教室氣氛、學生興趣、教學環境、教師自編或設計。
CFI	Freedman & Stumpf（1978）	教室行為、一般行為、作業與考試評分、學生對科目的興趣、科目難度、科目實用性、教材和其他閱讀材料、教師整體、科目整體、教材整體。

（續）表6-3-1　國外著名「學生評鑑教師教學」量表主要內容摘要表

量表	研究者	量表內容或層面摘要
SEEQ	Marsh（1984）	學習成效／價值感、教學熱忱、授課內容結構、個別指導、師生互動、授課內容廣度、考試與評分、作業講義、課業負擔、教師整體、科目整體。

註：PRSI:　　　　　Purdue Rating Scale of Instruction

　　Endeavor:　　　Endeavor Instructional Rating System

　　SIRS:　　　　　Student Instructional Rating System

　　ICE:　　　　　　Instructor and Course Evaluation

　　SDT:　　　　　Student Description of Teaching

　　IDQ:　　　　　Instructor Designed Questionnaire

　　SIR:　　　　　　Student Instructional Report

　　ICES:　　　　　Instructor and Course Evaluation System

　　IAS:　　　　　　The University of Washington Instructional Assessment System

　　CFI:　　　　　　Course Faculty Instrument

　　IDEA:　　　　　Instructional Development and Effectiveness Assessment

　　SPT:　　　　　Student Perception of Teaching

　　CIEQ:　　　　　Course／Instructor Evaluation Questionnaire

　　SEEQ:　　　　　Students' Evaluation of Educational Quality

教學績效評鑑時，注重教師的教學內容、授課技巧和課程設計等三方面。Centra（1980）則曾對評鑑工具的內容加以分析，發現評鑑工具中常有的向度與題目的內容如下：

一、課程組織與架構

　　1.課程內容的組織；2.課前的準備；3.授課時間的運用；4.課程進度的安排；5.授課的內容和與所定學習目標的一致。

二、師生之間互動或和睦關係

　　1.教師個別指導；2.教師察覺學生學習困難的能力；3.教師

的熱忱；4.教師營造開放自由的討論風氣；5.教師對學生的關懷。

三、教學、溝通和表達能力

1.舉例的適當性；2.講解的清晰性與條理性；3.講解的重點。

四、課業負擔的程度

1.課業的負擔；2.授課內容的廣度；3.作業的難度；4.花在課業的時間。

五、考試與評分的方式

1.考試的說明；2.考試能測出學生的學習成果； 3.考試結果與作業成績的處理；4.教師評分的公平性。

六、學生的學習狀況

1.學生能從這門課有所收穫；2.學生能實現個人的的學習目標；3.學生的學習動機能被激發。

七、總體性的評鑑

1.整體而言，教師的教學表現；2.整體而言，這門課的學習價值。

總之，上述評鑑工具或學者所主張或採用的評鑑內容雖有不同，但是其所涵蓋的內容不外乎是教學方法、教學內容、師生互動、評分公平性、教師整體表現以及科目整體學習價值等，所以可說是大同小異。不過也可以看出，美國大學以及學者對「學生評鑑教師教學」工具編製的重視性以及所投入的心力。

台灣地區大學的評鑑工具內容

　　國內第一份正式的「學生評鑑教師教學工具」是淡江大學於西元1966年首創，之後經過數度的修改❶，始爲「淡江大學教學反應量表」。最近一次變更乃在西元1995年（林珊如、劉燦樑，1995）。修訂之後的教學量表主要內容包含教師教導品質以及學生學習兩部分，前者包括教師學識與態度、教學技巧、教學內容、教學氣氛、教學評量等五個向度；後者則包含學習態度、學習成果兩個向度。

　　至於國立大學方面，則首推清華大學，該校於西元1982年起，爲了配合「國立清華大學教師傑出教學獎設置辦法」之實行，該校教務處就編製了一份「學生意見調查表」，由教師自行決定是否接受「學生評鑑教師教學」。清華大學的評鑑量表共有三十題，包括課程內容、教學方式、考試與作業、學生自評、教學總評等五部分。

　　除了上述兩所大學之外，國內各大學也於西元1981年之後，陸陸續續推行「學生評鑑教師教學」的政策，各校所使用的評鑑工具大都由教務處或教學評鑑中心所編製，至於評鑑工具的內容又是如何呢？作者曾就台灣四十二所大學校院的評鑑工具的內容及題目形式進行分析，結果如**表6-3-2**。由表可知，各學校的評鑑工具皆包含教師的教學內容與教學方法兩個層面；有三十五所學校（占83%）的評鑑工具包含學習評量；有三十二所學校（占76%）的評鑑工具包含學生自評；有二十六所學校（占62%）的評鑑工具包含教學準備；有二十二所學校（占52%）的評鑑工具包含課程難度；有十八所學校（占43%）的評鑑工具包含師生關係。另外值得一提的是，政治大學、長榮管理學院及慈濟大學三

所學校將學校的圖書設備列為評鑑工具的內容項目之一。

就整體性評鑑而言，有二十二所學校（52%）的評鑑工具包含教師整體性的教學評鑑；二十八所學校（67%）的評鑑工具包含科目整體性的評鑑。至於題目的形式，所有的評鑑工具都包含結構式的題目，也就是傳統所謂的客觀形式題目，如李克特式五等第的題目或是二分法的題目，另外有三十一所學校（74%）的評鑑工具包含了開放性的問題，供學生自由回答。就題目的總數而言，華梵大學的評鑑工具題目最多，共三十一題；長庚大學的題目數最少，只有四題。

除了學校之外，國內從事「學生評鑑教師教學」評鑑工具編製與發展的學者也有，但是不多，林義男（1982）曾編製「大學生對於大學教學滿意度量表」，該量表有二十四題，涵蓋四個層面，分別是教學內容、教學方法、考試與作業、師生關係。陳密桃則於西元1985年為了研究大學生對教師教學行為的知覺與反應而編製了「教學行為評定量表」，該量表有二十一題，共包含了對學生的態度、處理教材能力、教學的技巧、激勵學生思考、教師的特質等五個層面。莊惠文（2000）曾在其「大學教學評鑑指標建構之研究」中，將「學生評鑑教師教學」的評鑑範圍分為教學準備、教學內容、教學方法、教學評量、教學態度、教學溝通、教學責任、教學效果、教學滿意九個層面（詳如附錄五）。

國內對於「學生評鑑教師教學」評鑑工具的發展不如美國，主要的是因為國內的評鑑工具大都由學校或各系所針對教學評鑑或行政上的需要自行設計，很多學校所使用的評鑑工具並沒有經過信、效度考驗，而且各校也少有相關的評鑑中心或研究人員繼續研究或修正評鑑工具（張德勝，2000a），所以如何將教學評鑑工具應用於行政、教學的同時又能夠以研究的角度來修正工具，應該是國內各大學校院可以努力的方向。但無論如何，綜觀國內

表6-3-2　台灣地區大學校院「學生評鑑教師教學」意見調查表內容分析（N = 42）

量表來源	教學準備	教學內容	教學方法	師生關係	學習評量	課程難度	圖書設備	學生自評	教師整體	科目整體	結構題數	開放題數
台灣大學	✓	✓	✓		✓			✓		✓	17	1
政治大學	✓	✓	✓		✓	✓	✓	✓		✓	18	1
清華大學		✓	✓	✓	✓			✓		✓	17	1
交通大學	✓	✓	✓					✓		✓	11	1
中央大學		✓	✓	✓	✓			✓		✓	13	3
成功大學	✓	✓	✓	✓	✓	✓		✓		✓	12	1
中山大學	✓	✓	✓					✓		✓	17	
空中大學	✓	✓	✓					✓			19	1
中正大學	✓	✓	✓			✓				✓	12	2
彰化師大		✓	✓	✓	✓			✓		✓	23	1
東華大學	✓	✓	✓		✓			✓		✓	20	2
暨南大學	✓	✓	✓			✓		✓		✓	12	1
台北科技大學	✓	✓	✓	✓	✓			✓		✓	15	1
屏東科技大學	✓	✓	✓					✓		✓	27	0
高雄技術學院	✓	✓	✓					✓			21	1
台灣藝術學院	✓	✓	✓					✓		✓	14	4
台北護理學院	✓	✓	✓	✓							20	
嘉義技術學院	✓	✓	✓		✓			✓		✓	13	1
宜蘭技術學院		✓	✓	✓	✓			✓		✓	25	1
東海大學		✓	✓		✓			✓		✓	19	0
東吳大學	✓	✓	✓		✓			✓		✓	18	2
逢甲大學		✓	✓		✓			✓		✓	25	0
中原大學	✓	✓	✓		✓			✓		✓	14	1
靜宜大學	✓	✓	✓		✓			✓	✓	✓	20	1
淡江大學		✓	✓					✓	✓	✓	25	0
高雄醫學大學		✓	✓		✓					✓	8	1
中國醫藥學院		✓	✓		✓					✓	7	1
大同大學	✓	✓	✓		✓				✓		12	0
中山醫學院	✓	✓	✓		✓	✓		✓	✓		5	0
長庚大學		✓	✓							✓	3	1
元智大學		✓	✓	✓	✓	✓				✓	20	1

（續）表6-3-2　台灣地區大學校院「學生評鑑教師教學」意見調查表內容分析（N = 42）

量表來源	量表內容摘要分析								整體		形式	
	教學準備	教學內容	教學方法	師生關係	學習評量	課程難度	圖書設備	學生自評	教師整體	科目整體	結構題數	開放題數
大葉大學		✓	✓						✓	✓	8	2
華梵大學	✓	✓	✓	✓	✓	✓		✓			30	1
義守大學	✓	✓	✓		✓			✓	✓		25	0
銘傳大學	✓	✓	✓		✓						18	0
實踐大學		✓	✓	✓				✓	✓		22	1
朝陽大學		✓	✓	✓	✓	✓		✓			15	1
長榮管理學院		✓	✓	✓	✓	✓	✓	✓			22	1
慈濟大學	✓	✓	✓	✓	✓		✓	✓			17	1
崑山技術學院	✓	✓	✓		✓			✓			10	0
嘉南管理學院		✓	✓								8	1
弘光技術學院	✓	✓	✓		✓			✓		✓	17	0
合計校數	26	42	42	18	35	22	3	32	22	28	42	31
比例	62%	100%	100%	43%	83%	52%	7%	76%	52%	67%	100%	74%

資料來源：張德勝（1999a）：〈教師、科目之特性對學生評鑑教師教學——以花蓮師範學院為例之影響〉。國立花蓮師範學院學術服務組主編，《八十七學年度花蓮師範學院學術研討會論文集》。台灣：國立花蓮師範學院，頁77～118。

外學校所使用的評鑑工具以及學者所編製量表的內容發現，「學生評鑑教師教學」的工具內容大致包含了下列幾個面向：教師個人特質、教學內容、教學方法（包含教學準備）、師生關係、學習評量、學生自評、教師整體評鑑以及科目整體評鑑等。

第四節　工具的信、效度

　　儘管國外評鑑教師教學的工具數目與種類很多，但早期有些

工具的信、效度並不高，尤其是效度方面（Berk, 1979），這正是「學生評鑑教師教學」為人詬病、排斥與不信任的原因。如果所用的評鑑工具信度不高，則每次測得的結果可能不一致，亦即所測得的結果將不可靠；如果所用的評鑑工具缺乏效度，則所測的結果將不能反映出教師真實的教學狀況，亦即所測得的結果將不正確。不過也正因為信、效度對分量表的重要性，尤其是對「學生評鑑教師教學」評鑑工具更是如此，因而一直有很多學者從事這方面的研究，進而提高評鑑工具的信、效度。DeCristoforo（1992）曾說，在有關「學生評鑑教師教學」的研究裡，沒有其他領域比信、效度的研究更受重視了。L'Hommedieu、Menges 與 Brinko（1990）對過去有關教學評鑑的工具做一統合分析發現，各評鑑量工具大多已具有良好的信度，但效度較受到挑戰，所以建議學校人員可採行已具有高效度與信度的量表。以下就有關「學生評鑑教師教學」評鑑工具的信、效度分析考驗的研究整理說明。

信度分析

有關「學生評鑑教師教學」評鑑工具的信度分析，會因為所要探討的信度性質不同而使用不同的方法，從歷屆的研究來分析，大致可分為兩類：一致性與穩定性。

一、一致性

所謂一致性（consistency）就是指評鑑工具的內部一致性（internal consistency），通常以折半方法（split-half）或者試題共變數（item covariances）的方法來求得。前者包含斯布矯正公式（Spearman-Brown correction）或者 Rulon 的方法，後者則有 alpha

係數、KR公式（Kuder-Richardson）以及Hoyt的方法（Crocker & Algina, 1986）。過去的學者以內部一致性的方法來求取評鑑工具信度者居多，且大部分的學者發現「學生評鑑教師教學」的工具，其內部一致性頗高，**表6-4-1**是國外一些研究「學生評鑑教師教學」評鑑工具內部一致性信度係數。由表可知，這些評鑑工具的信度介於.53到.95。另外作者曾針對花蓮師範學院所使用的評鑑表進行內部一致性分析，得到的係數是介於.86與.93之間（張德勝，1998c）。不過Marsh（1987）曾提出警訊，他認為「學生評鑑教師教學」評鑑工具的內部一致性係數容易受到同班學生意見的不同而膨脹，同時他也擔心分量表之間若相關太高，反而難以區分問卷本身所包含的多個層面。

二、穩定性

所謂穩定性（stability）是指同一種測驗工具，前後兩次對同一群受試者施測，這兩次分數之間的變化情形或穩定情形就是該測驗的穩定性。而受試者兩次測驗分數之間的相關係數，就是重測信度係數，也稱為穩定係數。就「學生評鑑教師教學」的評鑑工具而言，大部分以重測法求得的穩定係數都不會比內部一致性係數高。**表6-4-2**是國外一些「學生評鑑教師教學」評鑑工具穩定係數的研究。由表可知，這些評鑑工具的穩定係數介於.38到.98；重測間隔時間少者三天，多者三個月。就間隔時間長短而言，不少學者建議以長時期的穩定係數（至少間隔一年）來表示評鑑工具的穩定性。Marsh（1987）發現以不修課的學生回溯評鑑與正在修課的學生評鑑結果，有高度的正相關。Overall與Marsh（1980）調查學生在不同時候的評鑑差異，發現課程結束時的評鑑結果與畢業一年後的結果相關仍達.83。Firth（1979）也發現，學生在大學畢業時與畢業一年後的評鑑結果一致性仍相

表6-4-1 「學生評鑑教師教學」評鑑工具內部一致性信度研究

量表名稱與簡稱	研究者	題目種類與數量	信度係數
Purdue Rating Scale of Instruction, PRSI	Remmers & Weisbrodt（1965）	十一題十點量表題	.67～.91
Student Instructional Rating System, SIRS	Showers（1974）	二十一題五點量表題	.53～.90
Student Instructional Report, SIR	Centra（1972）	三十一題五點量表題	.70
The University of Washington Instructional Assessment System, IAS	Gillmore（1976）	二十二題六點量表題	.54～.95
Instructional Development and Effectiveness Assessment, IDEA	Hoyt & Cashin（1977）	三十題五點量表題	.81～.94
Course／Instructor Evaluation Questionnaire, CIEQ	Aleamoni（1978）	二十一題四點量表題	.81～.94
Instructor and Course Evaluation, ICE	Miller（1978）	四十題五點量表題	.62～.93
Instructor and Course Evaluation System, ICES	Brandenburg（1979）	二十三題五點量表題	.69～.91
Course Faculty Instrument, CFI	Freedman & Stumpf（1978）	五十一題三點量表題	.72～.85
Course Library Computer Evaluation, CLC	Jeffreys, Massoni, O'Donnell, & Smodlaka（1997）	六十三題五點量表題	.90～.94
Clinical Evaluation, CLIN	Jcffrcys, Massoni, O'Donnell, & Smodlaka（1997）	二十二題五點量表題	.91
Nursing Skills Lab Evaluation, NSL	Jeffreys, Massoni, O'Donnell, & Smodlaka（1997）	十五題五點量表題	.85

表6-4-2　「學生評鑑教師教學」評鑑工具穩定係數研究

量表名稱與簡稱	研究者	題目種類與數量	間隔時間	穩定係數
Purdue Rating Scale for Instruction, PRSI	Remmers & Weisbrodt（1965）	十一題十點等量表題	三天	.42～.92
Student Instructional Report, SIR	Centra（1972）	三十一題五等量表題	兩週	.70
Course／Instructor Evaluation Questionnaire, CIEQ	Aleamoni（1978）	二十一題四等量表題	兩週	.92～.98
Instructor and Course Evaluation, ICE	Miller（1978）	四十題五等量表題	三個月	.67～.76
Endeavor Instructional Rating System, Endeavor	Frey（1978）	七題七等量表題	兩週	.38～.90

當高。

　　總之，不管是從內部一致性或穩定性的角度來分析評鑑工具的信度，大部分的研究都顯示「學生評鑑教師教學」之信度頗高，只有少部分偏低。不過Doyle（1975）認為如果評鑑結果要作為教師人事決策之依據，則應採取高信度的評鑑工具，且解釋時要特別謹慎。

效度考驗

　　所謂效度（validity）係指一種測驗工具，能測量出他所欲測量的程度（Crocker & Algina, 1986）。其種類很多，但是在教育與心理測量方面，經常把效度分為三類：內容效度（content validity）、效標關聯效度（criterion-related validity）、建構效度（construct validity）（American Psychological Association,

1995）。歷年來研究「學生評鑑教師教學」效度的學者也都從這三種不同的效度來探討「學生評鑑教師教學」是否可以眞正反映出教師的教學績效。不過學者對「學生評鑑教師教學」效度的爭議性頗大，以下就「學生評鑑教師教學」三種效度加以分析。

一、內容效度

　　所謂內容效度或稱爲內容關聯效度（content-related validity）是指工具的內容能否充分代表其所欲測量的行爲領域（余民寧，1997；陳英豪、吳裕益，1997）。所以就內容效度的概念而言，「學生評鑑教師教學」的工具應該要足以反映出教師教學的績效，但是何謂教學？何謂有效的教學？有效的教學可以被測量嗎？可以由「學生評鑑教師教學」工具上的題目來反映嗎？這些疑問至今可能都無法有一個簡單的答案（Abrami, d'Apollonia, & Rosenfield, 1996）。不同的學者，因觀點不同，對於有效教學所下的定義自然也就不同。有些學者認爲教學應該著重在過程（process），如教師是否準備教學、提供學生回饋、認眞批閱作業等；但是有些學者認爲應該注重結果（product），如教師的教學是否增進學生的專業素養、解決問題的能力，或提升學習的態度等；有些學者甚至認爲教學應該著重在過程與結果彼此的關係上面。而McKeachie（1997）更是點出有效教學無定論，但必須要注意師生之間互動關係的說法：“Classes differ. Effective teaching is not just a matter of finding a method that works well and using it consistently. Rather, teaching is an interactive process between the students and the teacher. Good teaching involves building bridges between what in teacher's head and what is in the students' heads. What works for one student or for one class may not work for others.”（頁1224）。

　　由於學者對於有效教學的觀點不同，所以不同學者所編製出來的教學評鑑工具內容重點也就不同（d'Apollonia & Abrami, 1997）。

　　除了學者對於教學的定義看法不同之外，其實學生與教師對於有效教學的觀點也不盡相同（McKeachie, 1997）。學生可能認為能幫他整理上課內容、畫出書本重點，並做考前復習，以便讓自己可以得到較高成績的教師為有效能的教師；但是一般大學教師可能不這麼認為。大學教師可能認為能增進學生上課主動發言、課後自我練習，並激發他們學習的興趣才是有效能的教師應有的教學行為（McKeachie & Pintrich, 1991）。所以如果依照教師的觀點來設計評鑑工具內容，那麼可能和由學生的觀點，所設計出來的工具內容有很大的不同。但是目前從文獻上所得到的「學生評鑑教師教學」工具內容，大都是由教師或學者（大部分評鑑工具編製的學者都是大學校院的教師）的觀點出發。

二、效標關聯效度

　　效標關聯效度是指工具所測驗出來的分數對於目前或未來某一行為表現（由其他適當的工具測量而得）預測力的高低（余民寧，1997；陳英豪、吳裕益，1997）。和內容效度類似，有關「學生評鑑教師教學」工具的效標關聯效度研究也極為困難，最主要的原因是欠缺良好的效標（簡成熙，1989；Marsh, 1994, 1995）。歷年來學者的研究大多以學生的學習成績、校友評鑑、行政人員評鑑、同儕評鑑、教師自評以及教師的研究成果為效標，以下就這幾點分別說明。

（一）以學生學習成績為效標

　　Marsh（1987）曾指出學生的學習成效可視為是教師教學績效的指標之一，而且教學的部分目的也在提高學生的學習成效。

所以有不少研究者將學生的學習成績作爲衡量教學績效的效標，亦即是學生評鑑教師教學的效標。但是研究結果並不一致，大致可分爲兩種：負相關以及正相關。

1.負相關

這種結果頗出乎人意料之外，主要的是來自Rodin和Rodin（1972）的研究。Doyle和Crichton（1978）認爲可能是因爲Rodin的研究對象是大學助教，一般而言，學業成績不理想的同學求助於助教的機會較多，因而對助教的教學有較高的評鑑分數。另外Marsh（1984）則認爲沒有其他的研究可以做佐證，因而對Rodin和Rodin的研究結果質疑。

2.正相關

很多研究都發現「學生評鑑教師教學」與學生的學習成績有高度正相關（如Centra, 1977b; Costin, 1978; Frey, 1973）。另外有很多研究者發現兩者之間的相關只是中度正相關（如Feldman, 1976; Marsh, Fleiner, & Thomas, 1975; McKeachie, 1979）。Cohen（1981）曾以後設分析法分析四十一篇此領域的文獻，發現「學生評鑑教師教學」的結果與學生的客觀成就測驗分數之間相關係數爲.43。由於學生學習的成效是教師教學績效的指標之一，所以Cohen認爲評鑑教師教學的結果也可以反映出教師的教學績效。

Sullivan和Skanes（1974）曾指出，學生學習成績之所以和學生評鑑教師教學結果有不同的相關，可能是受到教師因素的影響，他們的研究發現有教學經驗的教師，學生的學習成績和評鑑結果具有正相關，反之，無經驗的教師，其評鑑結果和學生的學習成績則無顯著相關。而事實上，影響學生學習成績的因素很多，所以也有學者並不同意以學生的學習成績做爲學生評鑑教師教學的效標，Marsh（1987）就提出下列的理由來反對以學生的

學習成績做爲「學生評鑑教師教學」的效標：

（1）影響學生的學習成績因素太多，無法用統計的方法完全排除。

（2）學生的成績應以何爲標準，尚無定論。

（3）許多研究是用個別學生爲分析單位，而不是以班級爲分析單位，容易受到學生個人因素的影響。

（4）評鑑工具的內容未必全部與教學有關。

（5）教師的個人因素也可能影響評鑑的結果。

（二）以校友評鑑為效標

以校友來評鑑教師教學的好處是同樣受過教師的教學，但不像在校學生一樣受期望分數的影響，而且畢業之後投入社會再來反映以往教師的教學行爲，更能反映教師教學的績效（Marsh, 1987）。Doyle（1975）也指出，校友比目前在校學生的見識較廣、較成熟，生活經驗也比較豐富，他發現在許多研究中，學生評鑑與校友評鑑有很高的一致性，其相關係數介於r = .40至.85之間（葉重新，1987）。Overall和Marsh（1980）曾針對一百個畢業至少一年以上的班級（共一千三百七十四位學生）進行校友評鑑，結果發現校友評鑑結果和畢業之前所做的評鑑結果，其相關係數高達.83。可見校友評鑑也可以作爲「學生評鑑教師教學」的效標。

不過校友評鑑做爲「學生評鑑教師教學」的效標，仍然有一些問題（簡成熙，1989）：

（1）校友聯繫不易，除了實施技術的困難之外，回收的校友評鑑意見和未回收的校友評鑑意見可能有差異，但是又無法得知。

（2）校友的評鑑只是幾年前教師的教學行為，未能反映教師
　　目前的教學情況。

（3）校友的評鑑只能代表他個人的想法，未能確切反映教師
　　教學效能。

　　簡成熙（1989）認為學生評鑑與校友評鑑之間的相關很高，
但不能以此就大膽論證「學生評鑑教師教學」就有很高的效度。
不過校友畢竟是在校生的過來人，他們對於教師的知覺與在學學
生有一致的看法，也多少說明「學生評鑑教師教學」的意義。

（三）以行政人員評鑑為效標

　　學校行政人員是直接負責教師教學績效之考核，如果行政人
員評鑑與「學生評鑑教師教學」的結果相同，則對這兩種評鑑方
式都有相輔相成的效果，但研究上卻顯示，二者之間的相關不
高。Costin、Greenough 和 Menges（1971）研究七種不同學系
之系主任與其學生對該系助教教學的評鑑結果，發現二者之間的
相關為.49。Blackburn 和 Clark（1975）曾以七十位教師（含四
十五位專任以及二十五位兼任）為研究對象，發現行政人員和學
生對這七十位教師的評鑑結果的相關為.47。

　　學校行政人員對教師的評鑑，不外乎是以課堂以外時間對於
教師的瞭解為依據，或者以教師所任教的學生的表現來判斷。就
前者而言，可能容易流於人際關係取向，而不是真正教師的教學
成效，就後者來說，如果行政人員是參考學生的表現來做為評鑑
教師的依據，那麼倒不如直接以學生學習成績為效標來的更有意
義（簡成熙，1989）。

（四）以同儕評鑑為效標

　　Cahn（1987）認為教師之間互為同業，較易瞭解彼此間的工
作性質，所以同儕間相互評鑑的結果可以做為「學生評鑑教師教

學」的效標。Cederblom 與 Lounsbury（1980）則認為同儕評鑑較行政人員評鑑的信度高，教師同事間的認識較多，可提供許多資訊，是行政人員無法得知的。但 Centra（1980）指出，同儕間的互評教學雖可反映出大學教師的教學效果，但前提是同儕能至教室觀察被評教師的教學，或是有充足的學生反映資料，否則不具有高的效度。以 Centra 比較同儕評鑑與學生評鑑發現，任教相同科目的教師互評與學生評鑑的相關為 r = .78，但是不同任教科目的教師互評和學生評鑑的相關只有 r = .20，顯示不同科目教師因不熟悉彼此的專業知識，而造成評鑑上的困難。

同儕評鑑的缺點和行政人員評鑑的缺點相同，都可能只是以教師的人際關係（尤其和評鑑者的關係）或者學生的表現做為評鑑的考量，而且同儕互評，很容易膨脹評鑑的分數，也就是教師們彼此恭維的結果，所以如果使用同儕評鑑為效標之一，那麼在解釋上一定要特別謹慎。

（五）以教師自評為效標

在教學上，教學者本身較瞭解教學的情況，Harris 和 Hill（1982）認為只有教師對自己的教學具有最深刻的瞭解與反省，但在研究上，教師的自我評鑑和學生評鑑相關不高，以 Centra 在 1973 年的研究顯示，教師自我評鑑與學生評鑑的相關只有 r = .20。Doyle 和 Crichton（1978）比較二者的相關也只有 r = .47。不少研究者認為教師的自我評鑑易流於主觀或受個人人格特質影響，容易高估或低估自己教學的表現，使效度受到懷疑（張德勝、張定貴，1999；Marsh, 1984）。研究者認為如果教師自評的分數是用於人事決策，則教師自評可能會高於學生評鑑教師教學的結果；反之，如果教師自評只是用於改進教學，那麼教師自評的分數可能低於學生評鑑教師教學的結果。所以在使用教師自評為效標時，可能必須要同時考慮評鑑的目的（張德勝、張定貴，

1999）。

（六）以教師的研究成果為效標

　　教學、研究與服務是大學的重要功能，所以一般大學對於教師的考評，也一直把研究視為是重要的指標之一。Marsh 和 Overall（1979）發現教授自評自己的研究成果與學生評鑑只呈現非常低相關（.02～.21）。而 Linsky 和 Straus（1975）發現大學教師的研究成果與學生評鑑教師教學的整體沒有顯著相關。造成低相關或無顯著相關的原因可能是研究與教學的性質，本來就有差異，Marsh（1984）就認為不能以教授研究成果來做為衡量教學績效的指標，也就是說無法以教師的研究成果來做為學生評鑑教師教學的效標。

　　總之，不管以學生學習成績、校友評鑑、行政人員評鑑、同儕評鑑、教師自評或者教師的研究成果為效標，都只能看「學生評鑑教師教學」與這些效標的關係，而這些效標是否能做為「學生評鑑教師教學」的效標，學者的看法也不一，而且如同 Marsh 和 Roche（1997）所言，有關於這些效標的效度考驗，在研究上就比學生評鑑教師教學的效度考驗更少了。這也是未來研究所需要努力的方向。其實，任何一種教學評鑑的方法都有其優缺點，沒有一種評鑑方法能夠完全評估出教師的教學績效，不過就降低個人差異因素以及客觀的角度來看，那麼「學生評鑑教師教學」都比行政人員評鑑、同儕評鑑，以及教師自評來得有代表性與客觀性，畢竟學生的人數眾多而且是實地觀察教師的教學。這也就是為什麼在 Chau 和 Hocevar（1994）的研究顯示，「學生評鑑教師教學」被教師接受的程度比行政人員評鑑、同儕評鑑以及教師自評來得高。

三、建構效度

所謂建構是指心理學或社會學上的一種理論構想或特質，它本身是觀察不到的，也無法被直接測量，但學術理論卻假設它的存在，而且這個特質可以用來解釋和預測個人或團體的行為表現。而建構效度就是指測驗能夠測量到理論上的建構或特質的程度（余民寧，1997；陳英豪、吳裕益，1997）。有關「學生評鑑教師教學」的建構效度議題，學者相當關注。美國心理學會期刊（Amercian Psychologist）曾於1997年，針對「學生評鑑教師教學」效度議題，尤其是建構效度方面，邀請學界的專家提供意見。**表**6-4-3是學者專家針對「學生評鑑教師教學」四種不同建構效度所持的意見。

由**表**6-4-3得知，學者對於「學生評鑑教師教學」在概念上應該是多層面或單層面，有不同的觀點。Marsh 和 Roche（1997）認為「學生評鑑教師教學」應該是多層面，他們認為教學本身就是多層面，所以「學生評鑑教師教學」的工具也應該是多層面，如此才能將評鑑結果做為教師教學上的回饋。相對的，d'Apollonia 和 Abrami（1997）、Greenwald 和 Gillmore（1997b）、McKeachie（1997）都認為雖然教學本身是屬於多層面的，但是評鑑本身應該是包含一個更大更完整的因素（global factor），而這一個大因素底下才涵蓋了較低層次的因素。d'Apollonia 和 Abrami 認為「學生評鑑教師教學」所包含的多層面雖有助於教師改進教學，但是由於探索性因素分析方法並不健全（可以任意把觀察變項組合成因素），以及行政人員未必有良好的統計訓練，不易理解多層面的評鑑分數，因此他們認為以「學生評鑑教師教學」作為人事決策時，不應呈現各種層面得分，而只要提供總結的單一得分（unidimensional）。

表6-4-3 **學者專家針對「學生評鑑教師教學」效度所持的意見**

效度議題	概念結構 （conceptual structrue）	軸合性效度 （convergent validity）	區別性效度 （discriminant validity）	實用效度 （consequential validity）
Marsh & Roche （1997）	評鑑和教學一樣，是屬於多層面。沒有多層面，評鑑就無法發揮教學回饋的功能。	不同層面的評鑑內容都和有效教學的效標有相關。	評鑑結果大致不會受到潛在偏差因素的影響。	教學改進方面：多層面評鑑加上教學諮商更能改進教學。 人應用事方面：應該更系統化與訊息化。
d'Apollonia & Abrami （1997）	教學是多層面，但是評鑑應該有一個更大的整體性因素，這個因素包含了其他較低階且彼此相關的因素。	整體性因素或評鑑分數的平均數和學生學習的成效有關聯性。	沒有足夠的實證資料來顯示學生評鑑教師教學具有偏差。	針對教學績效提供有效的訊息，但是學生評鑑教師教學絕對不是唯一的評鑑資料來源，也不能過度解釋評鑑結果。
Greenwald & Gillmore （1997b）	因為評鑑是由一個整體的評鑑因素所操控，其他的評鑑題目也就無法會形成性評鑑的功能。	評鑑結果和學生的學業成績呈中度相關。	小班級、給高分以及教師的教學熱忱會影響評鑑結果。	為了要求好的評鑑成績，教師可能會以給高分來得到較高的評鑑成績，評鑑容易造成降低教學內容或給學生高分。
McKeachie （1997）	評鑑應該有個較大的g因素，底下有一些較低階的因素。	學生評鑑教師教學雖然不是完美的評鑑方法，但是對於評鑑教師的教學績效具有頗高的效度。	可能會被其他非教學因素所影響，所以不要和常模做比較。	評鑑可以用來判斷教師的教學績效，改進教學。

資料來源：Greenwald, A. G.（1997）. Validity concerns and usefullness of student ratings of instruction. *American Psychologist,* 52（11），1182-1186.

　　另外，「學生評鑑教師教學」工具多層面的形成與考驗，大多是以因素分析來進行。Abrami 等人（1996）曾批評以因素分析來作為「學生評鑑教師教學」建構效度考驗的依據，會有一些錯誤。因為他們認為因素分析本身就有一些問題存在，如會過分抽取因素、抽取因素的標準不同、所得的因素量也不同、轉軸與否也會影響分析的結果等、所以他們建議層面或者因素的決定應該是以理論及實證研究為主，而不是由因素分析的結果來決定。

　　除了多層面和單層面的爭議之外，Abrami 和 d'Apollonia（1991）曾分析不同「學生評鑑教師教學」量表的因素結構，發現各量表之間無法找到層面名稱及內涵意義相同的因素，不同量表間有的因素名稱相同，但是內涵不同；有的則是因素名稱不同，但是內涵意義卻相同，因此，只有單就因素名稱不可能真正比較因素內涵的異同。國內學者林珊如（1999）也曾比較中西五種不同「學生評鑑教師教學」量表的層面，包含 SEEQ、Endeavor、SDT、SIRS 和大學教師教學評鑑測驗，所得的結果也和 Abrami 和 d'Apollonia（1991）的結果類似。

第五節　本章小結

　　如同其他心理測驗工具一樣，信度與效度的考驗分析都會影響「學生評鑑教師教學」工具的分數穩定性、一致性、代表性及準確性。而從文獻中，也發現這兩方面的分析都已經從 1980 年前的量多，到了現在的質精（Greenwald, 1997）。學者雖然對於何謂教學、教學評鑑工具需要有哪些內容或者層面等議題有著不同的看法，但是可以確信的是這些學者都同意「學生評鑑教師教學」可以改進教師的教學，而且可以作為人事決策的參考之一。因此

從評鑑工具的編製、形式、內容到信、效度的考驗，每一個環節都是非常重要的。

本章註釋

❶有關淡江大學「學生評鑑教師教學」評鑑工具修訂之過程，請參考下列論文：

林珊如、劉燦樑（1995），製定學生評鑑教學量表：以二層次因素結構達成雙重評鑑功能。刊登於中國教育學會主編，《教育評鑑》。台北：師大書苑。頁 161～198。

淡江大學教育科學研究室（1983），《淡江大學教學評鑑之研究：學生評鑑教師教學》。（教學與行政革新叢書，No. 1）。台北：淡江大學。

淡江大學教育研究中心（1985），《淡江大學教學評鑑教師意見調查研究》。台北：淡江大學。

劉燦樑、林珊如、游家政、吳瑞屯、王國隆、吳根明（1991），《淡江大學教學評鑑學生意見調查研究》。台北：淡江大學教育科學研究室。

第七章 「學生評鑑教師教學」制度之比較

　　西元1998年作者曾接受行政院國家科學委員會委託調查台灣地區師範學院實施「學生評鑑教師教學」的現況，在研究中，除了蒐集各校有關「學生評鑑教師教學」實施辦法及評鑑工具（詳如附錄六、七），加以分析之外，同時還針對各校負責該項評鑑工作之行政人員實施問卷調查及電話訪談，以求得更完整之資料。本章主要說明台灣地區九所師範學院實施「學生評鑑教師教學」的制度，全章共分為五節。第一節是各校實施「學生評鑑教師教學」的背景；第二節是各校實施「學生評鑑教師教學」的程序；第三節是各校所採用的評鑑工具；第四節是各校對評鑑資料的處理與應用；第五節是「學生評鑑教師教學」系統比較規準；第六節則為本章小結。

第一節　各校實施「學生評鑑教師教學」的背景

　　雖然同屬於師資培育體系的學校，但是各校在實施「學生評鑑教師教學」的背景上，也不盡相同，以下就各校實施的年代及目的加以分析。

各校實施的年代

　　雖然「學生評鑑教師教學」在國外實施已有七十多年的歷

史，而在國內也有三十多年的時間，但是對九所師範學院而言，實施「學生評鑑教師教學」的時間並不長，**表 7-1-1** 是九所師範學院實施「學生評鑑教師教學」的年代。由表得知，九所師範學院中，以台南師院在西元 1986 年實施「學生評鑑教師教學」最早，其次是嘉義師院，於西元 1989 年開始試辦，最晚的是新竹師院，於西元 1998 年開始實施。

最早實施全校性「學生評鑑教師教學」的學校——台南師院，於西元 1986 年試辦一年之後，西元 1987 年全校性實施，該校因應當年由師範專科學校改制為師範學院，為了提升教學品質，而實施此評鑑制度，但是後來因為部分教師抗議，而告終止，目前則由各任課教師自行決定。另外，目前尚未實施全校性「學生評鑑教師教學」的還有台北市立師院以及屏東師院，前者於西元 1997 年，後者於西元 1996 年開始由各系自行決定是否辦理，至今兩校仍然維持一樣的政策。除了上述三所學校外（台北市立師院、台南師院與屏東師院），其餘六所學校目前都實施全校性「學生評鑑教師教學」。不過就時間來看，這六所學校實施的先後時間差別不大，大都在西元 1996 前後，由於當時教育部為了提升高等教育品質，也將師範學院列為大學評鑑的對象，所以教育部的政策，可說是各校實施「學生評鑑教師教學」的推動力之一。

表 7-1-1　各師範學院實施「學生評鑑教師教學」的年代

項　目	市師	北師	竹師	中師	嘉師	南師	屏師	東師	花師
哪一年開始實施（包含試辦）	1997	1995	1998	1996	1989	1986	1997	1995	1996
哪一年開始全校性實施		1995	1998	1999	1994	1987		1996	1996
目前全校性實施	＊	✓	✓	✓	✓	＊＊	＊	✓	✓

註：＊各系自行決定；＊＊任課教師自行決定。

各校實施的目的

　　各校實施學生評鑑教師教學的目的如**表7-1-2**。由於台北市立師範學院目前仍採取各系所自行決定是否實施「學生評鑑教師教學」的政策，所以有關「學生評鑑教師教學」的實施目的就依照各系所的決定。其他八個學校都認為該校實施評鑑具有下列四個目的：激勵教師改進教學、增進師生在教學上的溝通、反映教師的教學績效，以及做為教師升等之參考。另外，有些學校的評鑑目的還包含提供師生民主訓練的機會（如台北師院、台中師院與花蓮師範）、提高學生學習的動機（如台北師院、台中師院、嘉義師院與花蓮師範）、提供教師自我評鑑的機會（如台北師院、台中師院、台南師院、屏東師院、台東師院與花蓮師院）。

第二節　各校實施「學生評鑑教師教學」的程序

　　有關各校實施「學生評鑑教師教學」的程序，整理如**表7-2-1**。

表7-1-2　各師範學院實施「學生評鑑教師教學」的目的

項　目	市師	北師	竹師	中師	嘉師	南師	屏師	東師	花師
激勵教師改進教學	*	✓	✓	✓	✓	✓	✓	✓	✓
提供師生民主訓練的機會	*	✓		✓					✓
增進師生在教學上的溝通	*	✓	✓	✓	✓	✓	✓	✓	✓
反映教師的教學績效	*	✓	✓	✓	✓	✓	✓	✓	✓
做為教師升等之參考	*	✓	✓	✓	✓	✓	✓	✓	✓
提高學生學習的動機	*	✓		✓	✓				✓
提供教師自我評鑑的機會	*	✓		✓		✓	✓	✓	✓

註：＊由各系所自行決定。

與評鑑相關之人員

一、行政工作負責單位

就評鑑工作負責部門而言，除了新竹師院是由教學與學校評鑑研究中心負責，其餘大都爲教務處課務組負責，可能是教學評鑑的工作與課務組的業務有直接的相關。

二、被評鑑者（哪些教師被評鑑）

哪些教師必須接受評鑑？對於已全校性實施評鑑措施的學校，則專、兼任教師都需要接受評鑑，換句話說，只要有任課的教師就需要接受評鑑。而台北市立師院和屏東師院由各系自行決定，台南師院則由教師自行決定。

三、評鑑者（哪些學生來評鑑）

由哪些學生來評鑑教師的教學成效呢？調查結果發現，各校都是以正在修課的學生來評鑑教學。可能是因爲在執行上，由正在修課的學生來做評鑑，較爲容易。

執行技術

一、評鑑的時機

何時實施「學生評鑑教師教學」呢？各校舉行的時間幾乎都一樣，也就是在學期末舉行。不過台北師院和嘉義師院除了在學期末舉行外，也在學期中舉行一次，只是學生在塡答之後，由各

系直接交給任課教師自行參考，不做資料統計分析及建檔。

二、評鑑的地點

在實施評鑑的場地方面，除了花蓮師院之外，其餘八所學校都在教室內實施。可能是因為在室內舉行，對行政業務的處理較容易，而且回收率也比較高。至於花蓮師院目前正在試辦評鑑電腦網路化，所以實施的地點可以說是不限，只要在與學校網路連線的電腦前面，學生就可以鍵入評鑑表。

三、評鑑的主持者

評鑑實施的主持者，也非常重要，從文獻上得知，他也會影響評鑑的結果，而各校對評鑑主持者的安排也不同，如台北市立師院是由任課教師或班代主持；新竹師院、台中師院由班代或學藝股長主持；台北師院、嘉義師院由系助理或班代主持；台東師院由系助理主持；台南師院、屏東師院由任課教師主持；花蓮師院在八十八學年度以前，是由班代負責主持，八十八學年度之後，由於該校試辦評鑑電腦網路化，所以無須主持人，或者可以說是填表者本人。

四、實施時間的長短

評鑑實施時間的長短，也是實施程序中非常重要的一環。由於評鑑的實施大都是在任課教師的課堂上，所以普遍上都不會太長。以台北市立師院和台東師院所安排的時間較長，為二十分鐘，其餘大都為十分鐘。大部分的學校都規定在下課前實施，也有同意在中間休息時間或上課一開始之後的十分鐘來實施。同樣的，花蓮師院因為在網路上評鑑，所以沒有限制時間，同學只要在學期結束前兩週，進入課務組網站，進行評鑑即可，至於時間

的長短，則由評鑑者自己掌控。

五、工具回收數量的清點

　　評鑑表的數量清點，可說是實施程序中最容易被忽略的一環。由於各校行政業務人手不足，所以對於評鑑主持人將問卷回收之後，大部分學校都沒有清點，從**表7-2-1**得知，除了台北師院、台中師院、嘉義師院有進行清點外，其餘則直接將學生填好的評鑑表做資料的處理。不過台中師院在訪問中也表示，下一學

表7-2-1　師範學院實施「學生評鑑教師教學」現況一覽表

項　目	市師	北師	竹師	中師	嘉師	南師	屏師	東師	花師
由哪一單位負責評鑑行政業務	課務組	課務組	評鑑中心	課務組	課務組	課務組	課務組	教務處出版組	課務組
哪些教師需要接受評鑑	各系自行決定	全校含專兼任	全校含專兼任	全校含專兼任	全校含專兼任	教師自行決定	各系自行決定	全校含專兼任	全校含專兼任
由哪些學生來評鑑	正在修課學生	正在修課學生	正在修課學生	正在修課學生	正在修課學生	正在修課學生	正在修課學生	正在修課學生	正在修課學生
每學期何時舉行	期末	期中與期末	期末	期末	期中與期末	期末	期末	期末	期末
何地實施	室內	室內	室內	室內	室內	室內	室內	室內	網路*
由誰主持	任課教師或班代	系助理或班代	班代	學藝股長或班代	系助理或班代	任課教師	任課教師	系助理	學生本人
如果在室內實施，則實施的時間	下課前二十分鐘	下課前十分鐘	下課前十分鐘	中間休息時間	中間休息時間	上課後或下課前十分鐘	下課前	下課前二十分鐘	無限
評鑑單位是否當面清點送回的評鑑表的數量		∨		∨	∨				電腦檢查

註：*花蓮師院於八十八學年度起試辦評鑑網路化一年。在這之前，其實施方式則是在室內舉行，由班代主持，且回收之後沒有清點。

年起，也將直接做資料處理，不再清點數量。至於唯一以網路來
實施評鑑的花蓮師院，則規定學生必須在學期結束前，進入網
站，完成該學期所有選讀科目的評鑑工作，否則下學期無法選
課。

第三節　各校所採用的評鑑工具

有關各校所採用的「學生評鑑教師教學」評鑑工具，則分為
四部分來討論，第一部分為工具的編製；第二部分是工具的名
稱；第三部分是工具題目的類型與數量；最後一部分則是工具的
內容。

工具的編製

表 7-3-1 是有關各師範學院「學生評鑑教師教學」評鑑工具
編製的情形。以下就表格所列之項目，分別說明。

一、編製工具的負責單位

就編製工具的負責單位而言，台北市立師院由於是採取各系
自行決定是否實施評鑑的政策，所以工具的編製就由各系所自行
負責。新竹師範學院則由該校的教學與學校評鑑研究中心負責，
也是唯一由專門單位來負責問卷編製的學校。另外台中師範學院
則是由教務處、人事室及教師代表（需要升等的教師）組成小組
來編製工具。花蓮師院則是由教師評鑑委員會負責編製。除了上
述幾所學校外，其餘各校都由教務處負責編製。因為教務處的行
政業務與教學評鑑有直接的關係，所以由教務處負責編製。

表7-3-1　各師範學院「學生評鑑教師教學」評鑑工具編製情形

項目	市師	北師	竹師	中師	嘉師	南師	屏師	東師	花師
哪一單位負責編製	各系	教務處	評鑑中心	教務處人事室教師代表	教務處	教務處	教務處	教務處	教評會
編製小組是否有學生代表									
工具的信度（內部一致性）				v				v	v
工具的內容效度	v	v	v	v	v	v	v		
工具的效標關聯效度									
工具的建構效度									
實施至今，工具曾被修訂次數	*	2	1	0	2	0	0	1	0
目前所使用的工具需要修改	v	v	v	v		v	v		v

註：＊由各系自行決定。

二、編製小組是否有學生代表

　　就評鑑工具的編製小組是否包含學生代表而言，各校都沒有學生代表。「學生評鑑教師教學」的評鑑者是學生，被評鑑者是教師，而評鑑的使用者是行政人員（如教務處、人事室）。然而學生卻沒有任何代表參與評鑑的編製工作，也就是評鑑者是處於被動的角色，而被評鑑者與評鑑使用者則處於編製問卷的主動地位。

三、工具信、效度考驗

　　在評鑑工具的信度內部一致性考驗分析方面，除了台中師

院、台東師院與花蓮師院之外，其餘學校所使用的工具都沒有經過信度的考驗分析。而就效度方面，九所師院都認為學校所使用的工具應該有相當程度的內容效度，各校或者各系所用的評鑑工具都是經過教師代表參考其他學校的評鑑工具以及多次討論所編製而成，應該有相當程度的內容效度。除此之外，各校也表示所使用的評鑑工具都沒有進一步建立效標關聯效度或者建構效度。因為這兩種效度的建立都必須要透過測驗及統計的複雜公式來計算，所以各校都沒有進行這方面的考驗。

四、修訂經驗及計畫

　　至於各校實施「學生評鑑教師教學」制度以來，是否修訂過評鑑工具，有些學校已經修訂過兩次，如台北師院、嘉義師院；有些學校修訂過一次，如新竹師院、台東師院；也有些學校從實施至今未作任何修改，如台中師院、台南師院、屏東師院、花蓮師院。修訂的原因大都是來自教師的建議，如新竹師院教師曾建議在評鑑工具上，增列開放性題目，使學生能提供文字上的建議供教師參考。

　　當問及未來是否有修訂評鑑工具的計畫，除了嘉義師院及台東師院表示沒有，其餘學校都計畫修訂。嘉義師院表示由於該校於西元2000年2月與嘉義技術學院合併為嘉義大學，所以有關評鑑工具的修訂，必須要等到合併之後再決定。台東師院則表示，學校所使用的調查表以三年修訂一次為原則，若評鑑委員會或校務會議有特殊要求，則會在該學年度做適當的檢討與修改。各校未來修訂評鑑工具的方向如**表7-3-2**。有關目前各校評鑑工具內容之分析於本節第肆部分討論。

　　由**表7-3-2**得知，除了修訂題目內容之外，有部分學校計畫未來修訂評鑑工具為考驗工具的信、效度，如新竹師院、台南師

表7-3-2　各師範學院未來修訂該校評鑑工具之方向

學校名稱	未來修訂的方向
市師	由各系自行決定修訂的內容。
北師	題目不要太多，統一及個別問卷兩種，前者由校方主導，後者則由各系決定。
竹師	改進評鑑工具的信、效度。
中師	將原有共同的十六題濃縮爲八題。這八題是針對教師教學績效與升等成績而設置。未來工具的內容將更明確指出老師表現優良的部分，同時指出老師可以充實加強的部分，使評鑑更具人性。
嘉師	目前沒有明確方向。2000年2月與嘉義技術學院合併爲嘉義大學之後，再決定修訂的方向。
南師	信效度考驗。有些題目改爲開放性題目，獲得更深入的資料。
屏師	某些學系建議修改某些題目內容。
東師	學校所使用的調查表以三年修訂一次爲原則，若評鑑委員會或校務會議有特殊要求，則會在該學年度做適當的檢討與修改。
花師	將依照教師反映，修改部分題目的內容，使問卷內容更合乎實際教學情況。並考驗工具的信、效度。

院與花蓮師院；有些學校則將濃縮題目，達到精簡的效果，如台北師院與台中師院；有些學校計畫在工具上面，增列開放性題目，使教師得到更深入的資料，如台南師院；有些學校則往統一及個別兩種問卷方向發展，如台北師院。

工具的名稱

本書共蒐集了九所學校十五種評鑑工具，有關各學校或各系所使用的評鑑工具請參閱附錄七。表7-3-3是各師範學院「學生評鑑教師教學」評鑑工具的全稱。從這些名稱中，發現有幾項特點，有些是大部分學校共同特點，有些則是某一學校個別特點，茲分別論述如下。

一、共同特點

(一)避免使用「評鑑」一詞

九所師範學院中，除了台北市立師院特殊教育系的工具名稱包含「教學評鑑」一詞，以及台北市立師院音樂教育系的工具名稱包含「教學評量」一詞，其餘各學校或學系都使用「教學反映意見」、「教學情況」、「教學意見反映」等名詞來取代「教學評鑑」。可能是因為「評鑑」二個字給人的壓力較大且較負面的感覺，所以各校改以中性或一般人較能接受的「教學意見調查」等相關名詞來緩和教師的壓力。這和國外的評鑑工具非常不同，國外的評鑑工具大都將評等第（rating）或評鑑（evaluation）等詞語直接放入評鑑工具中，如Endeavor Instructional Rating System、Students' Evaluation of Educational Quality。

(二)教師都只有一種選擇

大部分的學校都只有一種評鑑工具，雖然台北市立師院和台北師院都有兩種以上的評鑑工具，但對教師而言，還是只有一種。台北市立師院因為是採取由各系自行決定是否實施評鑑的政策，所以各系教師採用各系所編製的工具，而同樣由各系自行決定的屏東師院及教師自由決定的台南師院兩所學校，都提供校方統一編製的評鑑工具，所以教師也只有一種選擇。至於台北師院因為學科與術科分開，所以有兩種評鑑工具，但就教師而言還是只有一種，因為術科教師用術科評鑑工具，學科教師用學科評鑑工具。

(三)以校名或學系名稱領銜

在評鑑工具的名稱方面，除了台南師院和屏東師院沒有加上自己學校的全銜以外，其餘各校或各系都加入自己單位的名稱。台南師院和屏東師院所用的名稱一樣，都是「教學意見調查

表」。其實兩校的政策也類似，都是由各系或教師自行決定。

其他七所師院對於評鑑工具都加上學校或學系的全稱，這種現象不只發生在師範學院，國內其他大學也都類似。這一點和國外的情形不太相同，國外的量表雖然也有連校名一起出現，如 Purdue Rating Scale of Instruction、The University of Washington Instructional Assessment System。但是大部分都不包含學校名稱。作者認為可能有兩個原因：一、國內的評鑑工具大都由學校教務處或各系負責，所以編製的目的就是讓該校教師或該系教師使用，而國外的評鑑工具大多由測驗學者、專家或中心所編製，其目的在於適用於各大學的需求；二、可能是語文的使用習慣不同，中文名稱不加上使用單位的全稱，感覺上比較不完整，而且無法與其他工具區分。而英文則以縮寫來凸顯評鑑工具的名稱，如 Marsh（1984）所設計的 Students' Evaluation of Educational Quality 簡稱 SEEQ，就是最好的說明。

二、個別特點

（一）學科與術科分開

在九所師院中，唯一一所學校將學科、術科的問卷分開的是台北師院。台北師院是全校統一實施評鑑的學校，其評鑑工具由學校統一編製，分為學科和術科兩種，至於兩種工具內容有哪些相同或相異之處，則在本節第肆部分討論。

（二）包含學生在內

九所師院中，只有台北師院的評鑑工具名稱是清楚標明「師生教學狀況調查表」，其餘各校工具都未標明是針對教師或學生，只是以「教學意見」或「教學反映」等字眼來間接說明評鑑工具的用途。台北師院問卷編製小組認為如此才能凸顯該校工具真正的用途，也就是除了用來評鑑教師的「教導」之外，也用來

提供學生對「學習」的自我評鑑。

（三）涵蓋學年度

　　台北市立師院音樂教育學系針對大班課所設計的評量工具，其名稱爲「台北市立師範學院八十七學年度下學期音樂教育學系大班課教學評量」。把學年度及學期名稱加入評鑑工具名稱裡面，在一般的「學生評鑑教師教學」評鑑工具上，是比較少見，該系如此的作法，可能是因爲比較容易辨識，而且易於歸檔保存。不過其缺點是每學期都需要重新印製評鑑表，即使工具的內容和題數和前一學期都一樣。

表7-3-3　各師範學院「學生評鑑教師教學」評鑑工具的全稱

學校或學系	各學校或學系評鑑工具全稱
市師初教系	台北市立師範學院初等教育學系教學意見調查表
市師社教系	台北市立師範學院社會科教育學系教學意見調查表
市師幼教系	台北市立師範學院幼兒教育學系教學意見調查表
市師語教系與應用語文所	台北市立師範學院語文教育學系、應用語言文學研究所教學狀況問卷調查表
市師特教系	台北市立師範學院特殊教育學系教師教學評鑑表
市師音教系	台北市立師範學院87學年度下學期音樂教育學系大班課教學評量
北師—學科	國立台北師範學院師生教學狀況調查表（學科乙卷）
北師—術科	國立台北師範學院師生教學狀況調查表（術科乙卷）
竹師	國立新竹師範學院教學意見反映調查表
中師	國立台中師範學院教學情況調查問卷
嘉師	國立嘉義師範學院教學意見調查問卷
南師	教學意見調查表
屏師	教學意見調查表
東師	國立台東師範學院教學調查表
花師	國立花蓮師範學院教學反映意見調查表

工具題目的類型與數量

一、結構式題目數量

　　一般而言，評鑑工具題目類型不外乎結構式與非結構式，也就是封閉式題目和開放式題目。各師範學院「學生評鑑教師教學」評鑑工具題目形式與數量整理如**表7-3-4**。由表得知，九所師院所使用的評鑑工具都包含結構式題目，其中以屏東師院的題目最多，共有三十三題結構式題目，其次是嘉義師院有二十八題。結

表7-3-4　各師範學院「學生評鑑教師教學」評鑑工具題目形式與數量

工具來源之學校名稱	結構式							開放式	合計
	複選題	二選一	三選一	四等	五等	六等	小計		
市師初教系					21*		21	3	24
市師社教系					21*		21	3	24
市師幼教系					22*		22	3	25
市師語教系與應用語文所	3				15		18	2	20
市師特教系					16		16	1	17
市師音教系					25		25	0	25
北師－學科				1	14		15	1	16
北師－術科				1	14		15	1	16
竹師					20		20	1	21
中師					20		20	0	20
嘉師					28		28	0	28
南師					10		10	1	11
屏師		2			31*		33	1	34
東師			1			21*	22	4**	26
花師					20		20	1	21

　　註：＊表示除了等第的選項外，另有「無法作答」的選項。＊＊台東師院將四題開放式題目放在另一份問卷。

構式題目最少的是台南師院,只有十題。就結構式題目的選項形式來分析,大部分的學校所用的評鑑工具都採取李克特式的五等第題目,除此之外,台北市立師院語文教育系與應用語言文學研究所使用的工具有三題複選題,屏東師院有二題二選一的題目,台東師院有一題三選一的題目和二十一題六等第的題目,台北師院學科與術科則有一題四等第的題目。

　　台北市立師院初等教育系、台北市立師院社會科教育系、台北市立師院幼兒教育系、屏東師院、台東師院五個學校或學系的評鑑工具在結構式題目的選項設計上,除了一般的反映等第選項之外,還備有「無法作答」的選項,以供學生使用。不過Arreola(1995)建議評鑑工具的題目最好避免無法作答或中立意見的選項,因為這些答案可能對教師教學的改進,幫助不大。

二、非結構式題目數量

　　九所師院十五種評鑑工具中,除了台北市立師院音樂教育系、台中師院、嘉義師院所使用的評鑑工具沒有包含開放式題目,其餘各校的評鑑工具都包含一至四題的開放式(非結構式)題目,其中以台東師院的評鑑工具包含四題最多。不過台東師院將這四題開放式題目,另外編製成一份問卷,稱為「國立台東師範學院教學意見調查開放式問卷」(詳如附錄七)。

三、評鑑工具總題數

　　就評鑑工具總題數而言,以台南師院的評鑑工具題數最少,共十一題;屏東師院的評鑑工具題數最多,有三十四題,其次是嘉義師院評鑑工具有二十八題,第三則為台東師院評鑑工具,有二十六題。

工具的內容

一、基本資料

有關各師院評鑑工具所涵蓋的基本資料內容分析摘要，整理於**表7-3-5**。說明如下：

就科目名稱方面，除了台北師院及嘉義師院的評鑑工具之外，其餘各校的評鑑工具基本資料項目都包含科目名稱。讓學生很清楚知道這分評鑑工具所要評鑑的科目或課程名稱。台北師院

表7-3-5　各師範學院「學生評鑑教師教學」評鑑工具基本資料內容分析摘要

工具來源之學校名稱	科目名稱	教師姓名	系別班別	上課時段	學生性別	學生年級	公自費生	必修選修	學分數	填答日期
市師初教系	∨		∨							
市師社教系	∨	∨	∨							∨
市師幼教系	∨	∨	∨							∨
市師語教系與應用語文所	∨		∨							
市師特教系	∨	∨	∨						∨	∨
市師音教系	∨	∨								
北師－學科					∨					
北師－術科					∨					
竹師	∨*				∨	∨				
中師	∨*	∨*								
嘉師					∨	∨	∨			
南師	∨	∨								
屏師	∨		∨		∨	∨	∨	∨		
東師	∨	∨								
花師	∨*	∨*	∨*							

註：＊表示以代碼處理。

和嘉義師院則是在工具的回收資料袋上註明科目名稱。另外，新竹師院、台中師院及花蓮師院，由於是採用電腦讀卡的方式，所以科目名稱完全以代碼處理，也就是學生必須填入科目的數字代碼。另外花蓮師院從八十八學年度起，試辦評鑑網路化，所以學生無須填入任何科目基本資料，直接從網路上點選要評鑑的科目即可。

就任課教師姓名而言，有些學校要求學生填入任課教師姓名，如台北市立師院四個學系、台南師院、台東師院。有些學校則是填入教師代號，如台中師院、花蓮師院。除此之外，其他學校並未在評鑑工具上，要求學生填寫任課教師的姓名或代號。

就系別或班別名稱而言，有些學校要求學生填入班別或系別名稱，如台北市立師院五個學系、嘉義師院、屏東師院，至於花蓮師院則是請學生填入班別代碼。其餘學校都未要求學生填寫任何有關班別或系別的資料，而是在工具資料袋上面註明。

以上三項基本資料是大部分學校都具有的項目，即使沒有在評鑑工具上出現，也會在資料袋上註明，以便行政作業的實施，同時也讓學生知道所評鑑的科目、教師。

其他基本資料項目，則因為學校不同，所包含的項目就不同，如台北師院包含上課時段；屏東師院包含公自費生身分、科目的必選修性質；台北市立師院特殊教育系包含科目學分數，另外有三個系包含填答日期等。另外值得注意的是新竹師院、嘉義師院、屏東師院三所學校的評鑑工具都包含學生性別及學生年級，可能是為了提供教師能瞭解男女生以及不同年級學生對教學的看法有何不同，以調整自己的教學，但是如果班上只有一兩位男生或者女生，那麼可能就會影響他們填答的意願或者真實性。同樣的，如果班上只有一兩位不同年級的學生（如重修生），那麼也可能會影響這幾位學生填答的意願或者真實性。

二、評鑑的內容

　　為了比較及分析各師範學院的評鑑工具內容之異同，必須先將題目依其內容加以歸類，有關各校的評鑑工具題目內容歸類請參閱附錄八。各師院評鑑工具題目所涵蓋的層面及層面的題數，整理如**表7-3-6**。以下就針對各校評鑑工具內容加以說明：

　　整體而言，各校的評鑑工具內容都包含教學內容與教學方法兩個層面，畢竟這兩點是教學評鑑的重點。就教學內容而言，所有學校的評鑑工具都包含該層面，題目最多的有五題，如台北市立師院音樂教育系、嘉義師院；最少有兩題，如台北市立師院三

表7-3-6　各師範學院「學生評鑑教師教學」評鑑工具題目內容分析摘要

工具來源之學校名稱	教學準備	教學內容	教學方法	教學態度	學習評量	師生關係	專業知識	教師整體	科目整體	教師自選	其他建議	學生自評	合計
市師初教系	3	2	4	4	2	2		1	1		3	2	24
市師社教系	3	2	4	4	2	2		1	1		3	2	24
市師幼教系	3	2	4	4	3	2		1	1		3	2	25
市師語教系與應用語文所	2	3	2	1	3	1		1	1		1	5	20
市師特教系	3	4	6	2		1					1		17
市師音教系	4	5	7	2		5			2				25
北師－學科	4	2	5		1	2			1				16
北師－術科	4	2	5		1	2			1				16
竹師	2	4	4	1	3	1	1		1		1	3	21
中師	4	2	3	1	2	2		1	1	4			20
嘉師		5	5	5	5		5		3				28
南師	1	2	3		1	2			1		1		11
屏師	1	4	15	4	6			1	2		1		34
東師	1	2	6	3	4				3		4	3	26
花師	3	3	2	2					3		1	6	21

註：表格中的數字代表題目數量。

個學系、台北師院、台中師院、台南師院、台東師院。題目的內容大都包括授課教材內容配合教學目標與學生實際需求。就教學方法而言，所包含的題目內容，如教師教學時口齒清晰、生動有趣、經常給學生發問的機會等。其中題目最多的是屏東師院，有十五題與教學方法有關之題目，其次是台北市立師院音樂教育系，有七題。也有些學校只有兩題，如台北市立師院語文教育學系、應用語言文學研究所和花蓮師院。

其他層面如教學準備、教師教學態度、學習評量等，也涵蓋在大部分的工具裡面。另外部分學校將學生自評也包含在評鑑工具中，如台北市立師院四個學系、新竹師院、台東師院、花蓮師院。也有一些學校將教師的專業知識列爲評鑑的項目，如新竹師院及嘉義師院。在整體性評鑑方面，幾乎所有學校的評鑑工具都包含對科目整體性評鑑，但是針對教師整體性評鑑，則只有台北市立師院四個學系、台中師院及屏東師院有類似的題目，可能是因爲直接標明對教師教學整體性評鑑，對教師的壓力較大。而以科目的整體性評鑑，比較給人一種「對事不對人」的客觀性感覺。

比較特殊還有兩個學校的評鑑工具，一個是台北師院，其工具分爲術科及學科，但是問卷的內容除了第四題之外，其他題目完全一樣。而台中師院的評鑑工具共有二十題，前十六題由學校統一規定題目，後四題則由各系自行決定，是兼顧學校要求及各系特色的一個作法。

第四節　各校對評鑑資料的處理與應用

評鑑資料的分析

　　一般而言，「學生評鑑教師教學」結束之後，行政人員會立即處理資料，然後將評鑑結果通知教師，以便做爲改進教學之參考。有關各師院對於評鑑結果的分析報表請參閱附錄九。由於台南師院由教師自行決定，台北市立師院和屏東師院由各系自行決定是否辦理「學生評鑑教師教學」，在評鑑資料的分析及呈現方面，都由各系決定，沒有全校統一的規準，所以這三所學校都希望研究者不要將他們學校的評鑑資料分析及呈現方式列入本研究的分析內容。其他各校評鑑資料處理及呈現情形，整理如**表7-4-1**。以下就各校評鑑結果較爲特殊的方式，加以討論。

一、選課人數

　　就班級選課人數而言，大多數學校都包含全班選課的人數，另外有些學校的報告表還包括有效填答問卷人數，如台北師院、花蓮師院等。一般而言，有效填答問卷人數可能會等於或少於選課人數，因爲填答問卷當天，可能有學生缺席請假，或者填錯教師或科目代碼，如阿拉伯數字的０和英文字母的O頗爲相近，容易讓學生誤填，而導致部分問卷成爲無效問卷，最後造成選課人數多於有效填答問卷的人數。

表7-4-1　各師範學院「學生評鑑教師教學」評鑑資料處理及呈現情形

項目	市師	北師	竹師	中師	嘉師	南師	屏師	東師	花師
全班選課人數	NA	✓			✓	NA	NA	✓	✓
全班有效填答問卷人數	NA	✓	✓	✓	✓	NA	NA		✓
每一個題目選項填答的人數	NA	✓			✓	NA	NA	✓	✓
每一個題目選項填答的百分比	NA	✓			✓	NA	NA	✓	✓
全班每一個題目的平均數	NA	✓	✓	✓		NA	NA		✓
全班每一個題目的標準差	NA	✓	✓			NA	NA		
提供每一個評鑑工具層面的平均分數	NA	✓				NA	NA		
科目的總平均數	NA	✓	✓	✓		NA	NA	✓	✓
全校同一科目的平均數	NA	✓				NA	NA	✓	
同一學系所有教師的平均數	NA	✓				NA	NA	✓	
全校所有科目的總平均數	NA	✓			✓	NA	NA	✓	
開放性問題的處理，由行政人員重新打字	NA	✓	✓	✓	✓	NA	NA	✓	✓

註：NA表示由教師或各系自行決定評鑑政策，所以不便提供資料。

二、各題分析

　　就各題目的分析方面，有些學校包含各題選項填答的人數，及該人數占該題填答的百分比，如台北師院、花蓮師院等。有些學校則呈現各題目的平均數，讓教師清楚瞭解全班在各題的分數，以做為改進的方向，如台北師院、新竹師院、台中師院及花

蓮師院。台北師院和新竹師院都包含各題目的標準差，讓教師瞭解全班學生對在某一題評鑑內容的反應，是否一致性。如果標準差很大，表示同學對教師的教學反映是比較傾向兩極端，也就是有些人很喜歡，有些人很不能接受。

三、各層面分析

雖然各校的評鑑工具都包含不同的層面，但除了台北師院呈現各層面的平均分數（如教師教學態度平均分數、教學互動平均分數）之外，其餘各校都沒有呈現各層面的平均分數。新竹師院雖在報表上面，列出各層面的名稱及各層面所包含的題目的平均分數，但是並沒有統計各層面的平均分數（詳如附錄九）。

四、整體性分析

就某一科目的整體平均數而言，則六所學校都有包含這一分數。這一個分數也是學校用來做為教師人事決策參考的依據。而教師第一個想要知道的也是這個分數。因為它可以很快提供教師有關於學生對整個學期教學的反映。

除了科目的總平均分數之外，台北師院及台東師院還包含了其他三種平均分數，分別是全校同一科目的平均分數、同一學系所有教師的平均分數以及全校所有科目的總平均分數。同一科目的平均分數（如同一學期的所有大一英文科目的平均分數），這樣的訊息，可以提供教師做另一種教學的參考，也就是讓教師瞭解學生對教師所任教的科目，其普遍的反映是如何，如所有大一普通數學課的評鑑分數都很低，那麼可能表示學生對該科目的興趣不濃，而不是教師教學不力。至於同一學系的平均數及全校所有科目的總平均數都可以提供教師作一個參考比較，讓教師瞭解自己所得的評鑑分數與同一學系其他教師或學校其他教師的相對

關係情形,以做爲調整或修訂自己教學的動力。

五、開放性題目的資料處理

有關開放性題目的資料處理,各校爲了確實保護學生的權利及隱私,都將學生在開放性問題所塡寫的意見,重新編號,並以電腦打字處理之後,再行印製,供教師參考。有關各校對開放性問題資料的呈現方式,請參閱附錄七。

結果的應用

有關評鑑結果的應用情形大致可以從教師、學生及行政人員的角度來分析。**表7-4-2**是各校對評鑑結果的應用情形。

一、教師教學方面

所有學校都個別通知教師有關自己教學的評鑑結果,以作爲教師教學改進的參考。從本節第壹點的敘述,台北師院及台東師院還通知教師有關全系及全校的評鑑平均分數。各校目前爲止都沒有針對評鑑結果較差的教師提供教學諮詢服務的小組或制度。評鑑的結果除了個別通知教師之外,所有的學校都至少保存一份,只是保存的單位不同,有些學校是由教師所屬的學系保留一份,如台北市立師院、台南師院、屛東師院、花蓮師院;新竹師院則是評鑑中心及教務處各保留一份;另外台北師院及台東師院則是校長室保留一份。

二、學生選課方面

目前各校都沒有將評鑑結果公布在學校刊物或網路上,即使學生私下想瞭解某一門課或教師的評鑑結果,學校也無法同意,

表7-4-2　各師範學院「學生評鑑教師教學」評鑑結果應用情形

項目	市師	北師	竹師	中師	嘉師	南師	屏師	東師	花師
個別通知教師，改進教學	v	v	v	v	v	v	v	v	v
是否提供教學諮詢服務				未來					
其他單位是否留存一份	各系	校長室教務處	評鑑中心教務處	教務處	學系教務處	各系	各系	校長室	各系
做為獎勵教師的參考				未來				v	v
續聘的參考									
升等的參考		v（？）	v（？）	v（30）		v（？）		v（10）	v（20）
選課的參考									
公布在學校刊物上									
個別提供給學生									

註：括弧內數字表示占教學績效分數的百分比，（？）表示沒有固定的比例。

換句話說，學生無法將評鑑的結果，做為他們選課的參考。各校之所以沒有公布「學生評鑑教師教學」的結果，主要是來自於教師的反對。

三、人事決策方面

　　台東師院及花蓮師院表示學校會將評鑑結果做為獎勵教師教學的參考資料，但是沒有一定的百分比，只是當做附加的參考資料。而台中師院則表示，未來學校會考慮將評鑑結果列為獎勵教師教學的參考。就續聘方面，則所有師院都表示目前並沒有把評

鑑結果做為續聘教師的參考。至於升等的參考,則台北市立師院、屏東師院及嘉義師院表示沒有將評鑑結果,做為教師升等的參考,前兩者由於各系自行決定,所以不便將評鑑結果硬性規定做為升等的參考資料之一,至於嘉義師院,則表示將與嘉義技術學院合併,所以有關評鑑結果列為升等的參考資料議題則待合併為大學之後再討論。其他六所學校都表示將評鑑結果做為教師升等的參考,但是所占的百分比則各校不一,有些學校只表示供參考,但沒有固定的比例,如台北師院、新竹師院、台南師院。有些學校則有固定的比例,如花蓮師院規定評鑑結果占教學績效的20%;台東師院是10%;台中師院則占30%。

第五節　「學生評鑑教師教學」系統比較規準

國內學者徐超聖(1997)曾綜合分析美國三種不同的「學生評鑑教師教學」系統,並從評鑑工具設計、結果報告與行政管理三方面,提出有關「學生評鑑教師教學」系統的規準,茲將其所提出的規準陳述如下:

評鑑工具設計方面

題目的種類應有三種類型:一、整體類的題目,以便從整體的評比分數,互相比較;二、一般類的題目,以便確認教學者和科目在某些層面的一般優缺點;三、診斷類的題目,以便明確而詳細描述出特定的教學問題,提供教學診斷的資訊。題目的範圍至少應包含的層面有課程管理(如有關溝通技巧、作業、評分、功課負擔等)、教學型態(如有關溝通技巧、教材知識、演講、

熱忱等）、教學者特質、社會關係（如有關師生關係等）、教學情境和綜合意見和建議。

題目的來源應儘可能多元，可包括學生、教學者、系所和學校。因此，爲了教學診斷，教學者可選診斷類的題目，爲了學生選課的參考，學生亦可提出若干題目，併入教學評鑑表內。學校及系所爲了行政上的決定，亦可列入適於評鑑教學績效的題目。因此，評鑑題目因不同的目的而有不同的來源，如教學改進、人事決定及學生選課等。爲了適應不同的教學需要及不同的目的，評鑑表的題目應有多種不同的類型。有的是教學者從評鑑題庫中自選組合的，有的則是事先設計好的標準題目，而爲了能彈性適用於各種情境，教學評鑑系統應有不同的選課題目。題目的回答方式應兼採封閉式與開放式，避免有中間或不知道的選項。

結果報告方面

結果報告方面應表格化或摘要，並做文字的解釋，不可將學生的意見未經處理即歸還給教學者。處理時應注意：一、應計算加權分數，以反映理想的反應傾向；二、提供基本的描述統計資料；結果應分類呈現，如班級、系、學院等；三、假如結果要公開，儘可能只公布表現優良者；四、對結果的解釋應依比較性（常模性）的量化資料，並提供文字性的解釋，如可陳述如下：「任何科目的平均數低於1.00以下，其意爲表現非常差，改進工作必須進行。」爲了幫助教學者解釋報告結果，應出版結果解釋手冊供參考。

行政管理方面

　　為了有效實施評鑑系統，出版相關手冊是必需的，如說明實施時機、實施的注意事項（技術面及倫理面）等。而系統本身亦三年或每七年到十年修正更新題目，後續研究（如系統的效能、題目的信度和效度）應不斷實施。

　　依照上述的說明，評鑑的規準應符合下列原則：一、多樣性原則：指題目類型、題目來源與目的、題目範圍、題本類別與回答方式是多樣而具彈性；二、支持性原則：指系統的管理是否提供必要而實用的手冊資料及是否提供質的文字的解釋，是否建立常模資料，以助於比較性的解釋；三、主動性原則：指系統是否能持續研究，提供最新的常模、信度和效度等資料。

　　Aleamoni（1995）也建議學校在應用「學生評鑑教師教學」時，除了對結果的解釋之外，學校或系所應該提供教師教學諮詢的對象或小組，以協助評鑑結果較為不佳的教師。而研究也顯示，經過諮商協助的教師其教學評鑑的結果比沒有諮商協助的老師更為進步。

第六節　本章小結

結論

　　綜合上述，九所師範學院實施「學生評鑑教師教學」制度的目的大都以改進教學、師生溝通、反映績效、升等參考為主。除

了新竹師院由教學與評鑑研究中心負責，其餘各校均由教務處負責。

工具編製方面，各校也以教務處負責居多，且編製小組沒有學生代表。在工具的信度考驗分析方面，除了台中師院、台東師院與花蓮師院以外，其餘學校所使用的工具都沒有經過信度考驗分析。就效度方面，九所師院所使用的評鑑工具都認為自己的工具頗具有內容效度，但是都沒有建立效標關聯效度或者建構效度。除了台北市立師院特殊教育系及音樂教育系在評鑑工具名稱上，使用「教學評鑑」及「教學評量」一詞，其餘各校都以「教學意見調查表」類似的名稱。各校或各系都只有一種評鑑工具供教師使用。

就評鑑工具題數而言，台南師院的評鑑工具題數最少，共十一題；屏東師院的評鑑工具題數最多，有三十四題。就題目類型而言，所有學校使用的工具都包含結構式的題目，至於開放式題目，除了台北市立師院音樂教育系、台中師院、嘉義師院，其餘各校或各系所使用的評鑑工具都包含一題以上的開放式題目。

各校的評鑑工具內容都包含教學內容與教學方法兩個層面，其他層面如教學準備、學習評量、教師教學態度等，也涵蓋在大部分的工具裡面。在整體性評鑑方面，幾乎所有學校的評鑑工具都包含對科目整體性評鑑，但是針對教師整體性評鑑，則只有台北市立師院四個學系、台中師院及屏東師院有類似的題目。

在評鑑結果資料分析方面，六所全校性實施「學生評鑑教師教學」的學校，都包含科目的總平均數。台北師院及台東師院還包含了其他三種平均分數，分別是全校同一科目的平均分數、同一學系所有教師的平均分數及全校所有科目的總平均分數。

所有學校都個別通知教師有關自己教學的評鑑結果，以做為教師教學改進的參考。不過各校目前都沒有將評鑑結果公布在學

校刊物上，也沒有提供教學諮詢服務給評鑑結果較為不佳的教師。

　　台東師院及花蓮師院將評鑑結果做為獎勵教師教學的參考，但是沒有固定比例。就教師續聘而言，沒有學校把評鑑結果做為續聘教師的參考。至於升等的參考，則台北市立師院、嘉義師院及屏東師院表示沒有將評鑑結果，做為教師升等的參考，其他六所學校都表示將評鑑結果做為教師升等的參考，但是所占的百分比則各校不一，有些學校只表示供參考，沒有固定的比例；如台北師院、新竹師院、台南師院；有些學校則有固定的比例，如花蓮師院規定評鑑結果占教學績效的20%；台東師院是10%；台中師院則占30%。

建議

　　根據九所師範學院的「學生評鑑教師教學」制度以及徐超聖（1997）所提出的規準，作者做以下的建議：

一、建立評鑑工具的信度與效度

　　「學生評鑑教師教學」也是一種測驗，所以測驗中所強調工具的信度及效度，也應該在「學生評鑑教師教學」中被重視。不過目前各校所使用的評鑑工具，除了內容效度外，都沒有經過建構效度的考驗。而信度方面，也只有幾所學校在編製工具的同時，有進行信度的考驗分析。工具的信、效度建立可以讓評鑑工具更完整，所得的分數將更具代表性，所以建議今後各校在編製或修訂評鑑工具時，能同時進行信、效度的考驗分析，以建立更具正確性的評鑑工具。

二、編製小組可以考慮包含學生代表

「學生評鑑教師教學」的評鑑者是學生，不過就目前九所師範學院所使用的評鑑工具都由教務處或教師評鑑委員會編製而成，而這些編製小組並沒有任何學生代表。雖然評鑑者未必是評鑑工具的編製者，但是如果評鑑者事先都不知道要評鑑什麼，或者只是被動的參與，對於評鑑的實施，自然有不利的影響，所以建議評鑑工具的編製小組應包含學生代表，會讓工具的內容更具代表性。

三、工具的編製應各系所統一

目前九所師範學院都各有不同的系所，而各系所的性質並不相同，所以「學生評鑑教師教學」的評鑑工具內容應該要反映出各系所科目的特色及符合教師的需求，如此評鑑出來的結果才能做為教師改進教學的參考。如果是全校統一使用一種評鑑工具，則評鑑題目較容易傾向一般概念性的內容，而無法針對各系的特色或教師需求。同時，教師與學生都傾向由各系所統一使用一種工具，所以建議各校的評鑑工具應系所統一，而不是全校統一。

四、評鑑結果應用於人事決策上，應有明確的比例

目前九所師範學院將「學生評鑑教師教學」用於人事決策的情形並不普遍。即使有，也都只是供參考居多，並未有明確的比例。建議將評鑑結果應用於人事決策上面，應該有具體的比例，如此才能讓教師與學生都有明確的觀念，並正視這套評鑑制度。至於應用於哪一方面的人事決策，以及所占的比例是多少，則各校可以透過不同的會議，建立師生的共識。

五、學校需要提供教學諮詢服務，並鼓勵教師成立教學成長團體

　　九所師範實施「學生評鑑教師教學」，都以改進教師教學為主要實施的目的，但是所有學校並沒有針對評鑑結果提供教學諮詢服務，所以即使有心改進自己教學的教師，也沒有諮詢的小組或對象來提供協助。所以建議學校應積極成立教學諮詢服務小組或教師教學成長團體，提供教師教學技巧、資訊經驗的分享，並由小組或成長團體來輔導教師依照評鑑結果改進教學。

六、以網路評鑑來取代傳統紙筆評鑑

　　花蓮師院目前已在網路上實施學生評鑑。評鑑網路化加上一些配套措施，具有非常多的優點，如提供學生填寫及思考的時間、高回收率。另外也可以節省學校製作評鑑表的經費以及儲存評鑑表的空間。當然評鑑網路化之後，所面臨的最大爭議就是效度問題。也就是傳統的紙筆評鑑和網路評鑑結果其效度有何差異，這將是關心「學生評鑑教師教學」的研究者將來可進行的研究之一。

師生態度部分

☐ 教師對「學生評鑑教師教學」的態度

☐ 學生對「學生評鑑教師教學」的態度

☐ 師生對「學生評鑑教師教學」的態度之比較

第八章　教師對「學生評鑑教師教學」的態度

　　在「學生評鑑教師教學」的實施過程中，除了要注意評鑑的工具、實施的過程以及結果的應用外，對於教師與學生的態度，更不可忽略。因為，在這項措施中，教師與學生分別扮演著兩個重要的角色：被評鑑者與評鑑者。前者雖然是被動地接受學生的評鑑，但是，教師是否能接受評鑑的制度，主動且積極的參考評鑑結果，以改進教學，則是決定這項措施成敗的關鍵。而後者是評鑑資料的來源，如果不能獲得學生重視與合作，則將影響評鑑結果的眞實性。

　　作者曾於西元1998年接受行政院國家科學委員會委託進行「師範學院師生對『學生評鑑教師教學』態度之研究」。此項研究於西元1999年10月完成，共調查了台灣地區九所師範學院，四百五十六位教師及九百五十四位學生對「學生評鑑教師教學」的態度，調查的工具為「師範學院教師對『學生評鑑教師教學』態度調查問卷」（詳如附錄十）及「師範學院學生對『學生評鑑教師教學』態度調查問卷」，教師與學生問卷除了在個人基本資料不同之外，其餘則相同。問卷主要內容包含評鑑目的、評鑑內容、負面影響、結果應用、可能影響評鑑結果的因素、實施技術問題等。從本章開始至第十章，將依據這項研究的結果，做重點的分析報告。本章探討教師對「學生評鑑教師教學」的態度。全章共分為三節，第一節為教師對「學生評鑑教師教學」各項重點的同意度；第二節為教師對「學生評鑑教師教學」贊成與反對的理由；第三節是教師對「學生評鑑教師教學」的建議；第四節則

爲本章小節。

第一節　教師對「學生評鑑教師教學」各項重點的同意度

　　如前所述，作者曾於西元 1999 年 4 至 6 月期間，調查台灣地區九所師範學院教師對「學生評鑑教師教學」的態度。本節則根據調查結果，簡要分析教師對「學生評鑑教師教學」的目的、評鑑內容、負面影響、結果應用、可能影響評鑑結果的因素以及實施技術等重點的態度。

對評鑑目的的態度

　　表 8-1-1 是教師對「學生評鑑教師教學」的各項重點的同意度，由表 8-1-1 得知，在爲何實施「學生評鑑教師教學」的七個目的中，全體教師平均達到同意的項目，亦即是平均分數在 3.51 分以上（M＞3.51）的項目共有四項，分別是「激勵教師改進教學」、「提供師生民主訓練的機會」、「增進師生在教學上的溝通」，以及「提供教師自我評鑑的機會」，至於其他三項則爲中立意見（3.50＞M＞2.51）。本研究的發現和 Kerlinger（1971）、Costin、Greenough 和 Menges（1971）、陳舜芬（1984）的研究發現類似。陳舜芬的研究發現超過一半以上的受訪教師認爲實施「學生評鑑教師教學」能激勵教師改進教學，同時也是一種民主的訓練。

　　若以標準差的角度來分析全體教師對各評鑑項目看法的一致性，則教師們對評鑑目的在於「提供教師自我評鑑的機會」的看法最爲一致（SD = .69）；對「提高學生學習的動機」（SD =

1.01）與「做為教師升等之參考」的看法最不一致（SD ＝ 1.11）。可見教師對於「學生評鑑教師教學」的目的是否能做為教師升等參考或者提高學生學習的動機，意見較為分歧。

全體教師對這七個評鑑目的所排出的等第順序，以「提供教師自我評鑑的機會」為第一，其餘依序「激勵教師改進教學」、「增進師生在教學上的溝通」、「提供師生民主訓練的機會」、「反映教師教學績效」、「做為教師升等之參考」、「提高學生學習的動機」。由此可知，教師們認為「學生評鑑教師教學」的最大目的在於提供自己評鑑的機會進而激勵自己改進教學。

對評鑑內容的態度

全體教師針對問卷所提出的九項內容平均達到同意程度的題目有八項，依序為「教師的教學方法」、「教師教學整體性的評量」、「教材內容」、「科目整體性評量」、「學生自我的評量」、「學生學習的評量」、「師生關係」、「教師個人特質」。至於「學生的學業成績」一項，教師們保持中立意見（M ＝ 3.50）。就對各評鑑內容看法的一致性而言，所有項目的標準差都在 1 以下，可見教師對評鑑內容看法都頗為一致，尤其是對「教師的教學方法」應列為評鑑內容的看法最為一致（SD ＝ .58）。

教師同意的前四項是教材、教法、教師整體性以及科目整體性評量，這是教學最基本也是最重要的關鍵，因而教師會將之列為前四項評鑑的內容。而從第七章各師院的工具內容分析中，也發現各師院的教學評鑑工具都包含教學內容及教學方法。至於教師整體性評鑑，雖然只有台北市立師院、台中師院以及屏東師院三所學校的工具包括這個項目，但是大部分的教師卻非常同意將這個項目列為評鑑的內容，可能是教師認為對教師整體性的評

鑑，可以讓自己更容易瞭解自己的教學表現。而就評鑑的形成性
與總結性功能而言，教師認爲教材與教法應該列爲評鑑的重要內
容，可能是居於形成性評鑑的功能的考量，而教師整體性及科目
整體性評鑑則可歸爲總結性評鑑的功能。本研究的發現和
Schmelkin等人（1997）的研究發現類似，Schmelkin等人發現教
師們都希望學生評鑑能涵蓋形成性與總結性的功能。

　　至於學生的學業成績，可能關係到學生的隱私權，所以教師
則傾向保持中立意見居多。

對評鑑可能產生負面影響的態度

　　就評鑑可能帶來的六項負面影響而言，全體教師達到同意的
程度只有一項：「認眞教學的教師未必獲得高的評鑑分數」（M =
4.03），其餘五個項目則爲中立意見。認眞教學的教師未必獲得較
高的評鑑分數，針對這一點，研究者認爲有可能是一般人對評鑑
的印象，其實不只是「學生評鑑教師教學」的制度，任何一種評
鑑制度，都有可能會讓教師有如此的感受，而「學生評鑑教師教
學」也不例外。

　　教師六個項目的同意順序爲「認眞教學的教師未必獲得高的
評鑑分數」、「結果不一致導致教師無所依循」、「教師之間關係
緊張」、「降低對學生的要求」、「降低教學熱忱」、「影響師生
之間的感情」。就教師態度的一致性而言，則教師們對「認眞教
學的教師未必獲得高的評鑑分數」的看法最爲一致（SD =
.81）；但是對「降低教學熱忱」（SD = 1.01）以及「降低對學生
的要求」（SD = 1.04）的看法最不一致。由此可知，部分的教師
認爲「學生評鑑教師教學」可能會帶來「降低教學熱忱」以及
「降低對學生的要求」的負面影響，部分教師則不認爲自己會因

為評鑑的制度而「降低教學熱忱」或「降低對學生的要求」。

對評鑑結果應用的態度

就問卷上所列有關評鑑結果應用的六個項目中，全體教師達到同意的項目只有一項：「個別通知教師改進教學」（M = 4.13），而不同意的也只有一項：「公布在學校刊物上」（M = 2.42），其餘四項都是中立意見。這和蔡美玲（1989）調查中央警官學校教師、賴明芸等人（1990）調查醫學院教師的研究結果類似。由此可知，師範學院的教師對於「學生評鑑教師教學」結果的應用與其他學校的教師類似，都是最同意「私下」通知教師本人來改進教學，至於「公開」的將評鑑結果呈現在學校刊物上，教師都不表同意。

就態度的一致性而言，教師們對評鑑結果應用於「個別通知教師改進教學」的看法最為一致（SD = .71）；對「獎勵教學優良教師的參考」（SD = 1.01）、「公布在學校刊物上」（SD = 1.04）、「續聘的參考資料」（SD = 1.05）、以及「升遷的參考資料」（SD = 1.08）的看法都相當不一致。由此可知，只要評鑑結果的應用與人事決策有關，則教師的態度則傾向不一致。

至於六個項目同意的順序，依序為「個別通知教師改進教學」、「獎勵教學優良教師的參考」、「學生選課的參考資料」、「升遷的參考資料」、「續聘的參考資料」、「公布在學校刊物上」。由此可知，教師們對於評鑑的結果還是不願意讓學校其他師生知道。不過值得注意的是，教師對「學生選課的參考資料」一項保持中立偏同意的態度（M =3.33），換句話說，教師們也不反對將評鑑的結果做為學生選課的參考，但是他們卻又不同意將評鑑的結果公布在學校刊物上，所以如何讓學生可以參考評鑑的

資料，但又不是從學校刊物上得知，那麼就有待進一步研究。

對可能影響評鑑結果的因素的態度

影響「學生評鑑教師教學」的因素很多，有些因素與教師的教學效能沒有直接的關係，或者不是教師所能掌控，以下僅就教師、學生、科目、教學環境設備及填寫情境五個因素加以探討。

一、教師因素

就可能影響評鑑結果的十一項教師因素中，全體教師達到同意的有三項，分別是「教師的幽默感」（M = 4.08）、「教師給學生分數的高低」（M = 3.80）以及「教師的儀表」（M = 3.64），在其他八個項目則傾向中立意見。全部十一項依照平均數高低排為「教師的幽默感」、「教師給學生分數的高低」、「教師的儀表」、「教師在學術界的名氣地位」、「教師擁有的行政資源」、「教師職位不同（專兼任）」、「教師學位不同」、「教師經歷（出國求學經驗）不同」、「教師職級不同」、「教師年資的深淺」、「教師的性別」。可見教師普遍認為自己的幽默感會提升評鑑結果，這就是所謂的 "the Dr. Fox effect" 的效應。另外，教師也同意自己給學生分數的高低會影響評鑑的結果，這可能也是為什麼其他研究中提到有部分的教師可能給學生高分來取得較高的評鑑分數（Koshland, 1991; Nimmer & Stone, 1991）。至於教師的屬性變項，如教師性別、教學年資等，一般教師則認為不會影響評鑑的結果，可能是教師們認為這些變項與教學的關係不大。

二、學生因素

就可能影響評鑑結果的三項學生因素中，教師達到同意的只

有「學生尚未修讀該科目前起始動機與興趣」一項（M = 3.62），其餘兩項則為中立意見。全部三項依其平均數高低排列，為「學生尚未修讀該科目前起始動機與興趣」、「學生的年級」、「學生的性別」。可見教師們大都認為學生的事先對該科目的興趣與動機會影響「學生評鑑教師教學」的結果，而從過去的實徵研究也發現，學生對科目的興趣可以有效地預測「學生評鑑教師教學」的結果（Chang, 2000a）。

三、科目因素

就可能影響評鑑結果的四項科目因素中，教師達到同意的只有「科目的困難度」一項（M = 3.87），其餘三項則為中立意見。換句話說，教師們認為「科目的困難度」不但會影響評鑑的結果，而且是最有影響力的科目因素之一，這一點和過去的實徵研究發現頗能呼應，不少研究者都發現就與科目相關的因素而言，科目的困難度對評鑑結果的影響最大（Chang, 2000a; Marsh, 1980），而教師也是如此的認為。全部四項科目因素依其平均數高低排列，為「科目的困難度」、「科目的選讀性質（必修或選修）」、「任教科目的層級（初級或高級）」，「科目性質（數理或文學）」最後。就教師態度的一致性而言，教師仍然對「科目的困難度」會影響評鑑結果的看法最為一致（SD = .76）。

四、教學環境設備因素

就可能影響評鑑結果的五項教學環境因素中，教師達到同意的只有「學校的教學設備」一項，其餘四項則為中立意見。亦即是教師認為「學校的教學設備」的充足與否會影響學生評鑑他們教學的結果。全部五項依其平均數高低排列，則為「學校的教學設備」、「班級學生人數的多寡」、「教室的環境」、「學校的圖

書資源」、「教師上課的時段」。

五、填寫情境因素

就可能影響評鑑結果的四項填寫情境因素中，教師達到同意的有三項，依序排列分別爲「教師如在場，會使學生受到影響」、「周遭同學會影響學生填寫」、「學生填寫教學反映調查表時會有顧慮」。至於「學生會確實填寫教學反映調查表」一項，教師們則持中立意見。由此可知，教師們也同意學生在填寫教學反映意見調查表時，會因爲教師或周遭同學在場而受到影響，而不少實徵研究也顯示教師在場，則評鑑的分數較高（Centra, 1993; Feldman, 1979），可見教師的態度與實徵研究的發現是一致。

綜合「評鑑目的」、「評鑑內容」、「負面影響」、「評鑑結果應用」以及「可能影響評鑑結果的因素」五個因素等評鑑重點，共有五十五個項目，從**表8-1-1**的R_2（所有題目的同意度排序）得知，教師最同意的前五個項目依序是「教師的教學方法」、「教師教學整體性的評量」、「個別通知教師改進教學」、「教材內容」、「科目整體性評量」。這五項當中，除了「個別通知教師改進教學」是屬於「結果應用」；其餘四項都來自「評鑑內容」。至於排序最後的五項，則依序是「教師經歷不同」、「教師職級不同」、「教學年資的深淺」、「教師的性別」、「公布在學校刊物上」。這五項當中，除了「公布在學校刊物上」是屬於「結果應用」；其餘四項皆來自「可能影響評鑑結果的教師因素」。由此可知在所有五十五個項目中，教師最同意的項目是評鑑內容要包含「教師的教學方法」，而最不同意的項目則是將評鑑結果「公布在學校刊物上」。

表8-1-1 全體教師在各重點題目平均數、標準差及排序之摘要表

重點	題目內容	N	M	SD	R₁	R₂
評鑑目的	激勵教師改進教學	444	3.94	0.81	2	11
	提供師生民主訓練的機會	444	3.73	0.85	4	17
	增進師生在教學上的溝通	443	3.84	0.81	3	13
	反映教師的教學績效	443	3.44	0.99	5	26
	做為教師升等之參考	443	3.02	1.11	6	42
	提高學生學習的動機	443	2.93	1.01	7	46
	提供教師自我評鑑的機會	444	3.99	0.69	1	10
評鑑內容	教師個人特質	442	3.57	0.90	8	21
	教材內容	443	4.11	0.59	3	4
	師生關係	443	3.77	0.79	7	16
	教師的教學方法	441	4.17	0.58	1	1
	學生學習的評量	441	4.00	0.71	6	9
	學生自我評量	442	4.05	0.72	5	7
	學生的學業成績	439	3.50	0.94	9	23
	教師教學整體性的評量	439	4.14	0.64	2	2
	科目整體性評量	438	4.08	0.64	4	5
負面影響	教師之間關係緊張	440	3.07	1.00	3	39
	認真教學的教師未必獲得高的評鑑分數	439	4.03	0.81	1	8
	降低教學熱忱	441	2.95	1.01	5	45
	結果不一致導致教師無所依循	441	3.22	0.98	2	36
	降低對學生的要求	449	3.07	1.04	3	39
	影響師生之間的感情	450	2.85	0.92	6	49
評鑑結果應用	個別通知教師改進教學	442	4.13	0.71	1	3
	獎勵教學優良教師的參考	448	3.40	1.01	2	30
	續聘的參考資料	450	3.04	1.05	5	41
	升遷的參考資料	450	3.08	1.08	4	38
	學生選課的參考資料	449	3.33	0.99	3	33
	公布在學校刊物上	448	2.42	1.04	6	55
教師因素	教師在學術界的名氣地位	450	3.46	0.90	4	25
	教師給學生分數的高低	450	3.80	0.83	2	15
	教師職位不同	448	2.91	0.93	6	47
	教師職級不同	448	2.68	0.90	9	52
	教師學位不同	449	2.79	0.94	7	50

（續）表8-1-1　全體教師在各重點題目平均數、標準差及排序之摘要表

重點	題目內容	N	M	SD	R₁	R₂
教師因素	教師經歷不同	443	2.74	0.92	8	51
	教學年資的深淺	449	2.65	0.86	10	53
	教師的性別	450	2.62	0.83	11	54
	教師擁有的行政資源	450	3.02	0.96	5	42
	教師的幽默感	450	4.08	0.58	1	5
	教師的儀表	449	3.64	0.75	3	18
學生因素	學生的年級	445	3.47	0.89	2	24
	學生尚未修讀該科目前起始動機與興趣	443	3.62	0.80	1	19
	學生的性別	444	2.99	0.86	3	44
科目因素	科目性質	449	3.36	0.98	4	31
	科目的選讀性質	447	3.44	0.94	2	26
	科目的困難度	445	3.87	0.76	1	12
	任教科目的層級	441	3.43	0.91	3	29
教學環境設備因素	班級學生人數的多寡	450	3.44	0.91	2	26
	教師上課的時段	449	3.18	0.95	5	37
	教室的環境	449	3.31	0.91	3	34
	學校的教學設備	445	3.51	0.83	1	22
	學校的圖書資源	445	3.31	0.87	3	34
填寫情境因素	學生填寫教學反映調查表時會有顧慮	442	3.36	0.94	3	31
	學生會確實填寫教學反映調查表	441	2.91	0.90	4	47
	周遭同學會影響學生填寫	445	3.60	0.76	2	20
	教師如在場，會使學生受影響	445	3.84	0.70	1	13
對「學生評鑑教師教學」的同意度		456	4.03	0.85	NA	NA

註：N：填答人數；量表的全距為5；M＜2.50：表示不同意；2.51≦M ≦3.50：中立意見；M≧3.51：同意；R₁:各重點內題目的同意度排序；R₂：所有題目的同意度排序；NA：不列入排序。

對評鑑實施技術的態度

　　學生評鑑工作是否能落實，最重要的工作之一就是實施技術。有關學生評鑑教師教學的實施技術，大致可分為下列幾方面來探討，分別是誰被評鑑、由誰評鑑、由誰編製評鑑工具、工具使用的統一性、何時評鑑、何地評鑑、由誰主持等七方面。**表8-1-2**是全體教師對「學生評鑑教師教學」實施技術意見的摘要表。

一、誰被評鑑

　　學生評鑑教師教學中，最重要的角色之一就是誰被評鑑。由**表8-1-2**得知，有72.5%的教師認為如果學校實施「學生評鑑教師教學」，則全校教師都需要接受評鑑；13.2%的教師認為特定教師需要接受評鑑，如新進教師或要提出升等申請的教師；另外14.3%的教師則認為可由教師自己決定。可見絕大多數的教師認為如果要實施「學生評鑑教師教學」，那麼應該全體教師一起來。之所以如此認為，可能的原因有三點：一、是基於公平的理由：教師們可能認為一個學校當中，有些教師需要被評鑑，有些教師可免，這是不公平的；二、行政實施方便性的考量：如果一個學校當中，有些教師需要被評鑑，有些教師可免，那麼行政人員、教師本人及學生可能都搞不清楚，哪些教師需要評鑑，哪些教師可免，只是增加行政作業的麻煩與困擾；三、基於改進教學的理由：既然「學生評鑑教師教學」的目的之一在於提供教師改進教學，那麼應該是所有的任課教師都可以透過「學生評鑑教師教學」的方式，來改進自己的教學。

表8-1-2　全體教師對「學生評鑑教師教學」實施技術意見摘要表

變項	類別	N	百分比
誰被評鑑	全校教師	325	72.5%
	特定教師	59	13.2%
	教師自行決定	64	14.3%
由誰評鑑	本學期學生	212	46.5%
	前一學期學生	59	13.0%
	畢業校友	8	1.8%
	本學期和前一學期學生	57	12.6%
	本學期和畢業校友	24	5.4%
	前一學期學生和畢業校友	25	5.5%
	三者都要	53	11.6%
由誰編製評鑑工具	教務處	90	23.0%
	各系所	114	29.2%
	教評會	177	45.3%
	學生自治會	10	2.6%
工具使用	全校統一	102	24.1%
	全系所統一	180	42.6%
	數套供選	141	33.3%
何時評鑑	學期初	12	2.8%
	學期中	33	7.7%
	學期末	315	73.4%
	學期初和學期中	1	0.2%
	學期初和學期末	7	1.6%
	學期中和學期末	54	12.6%
	學期初、中、末都實施	7	1.6%
何地評鑑	教室內	249	57.8%
	不限地點	142	32.9%
	網路上	40	9.3%
由誰主持	任課教師	30	6.9%
	系行政助理	131	30.1%
	教務處派人	54	12.4%
	班代主持	220	50.6%

註：有效樣本為456，部分背景變項因為遺失值的關係，所以總數小於456。

二、由誰評鑑

「學生評鑑教師教學」中，另一個重要的角色就是評鑑者。「學生評鑑教師教學」的評鑑者當然是學生，一般而言，可以評鑑教師教學的學生可分為三種：本學期修課的學生、前一學期修課的學生，以及修過課的畢業校友。而這三種學生就評鑑者的角度而言，並沒有互相排斥，所以可能有七種組合。由**表8-1-2**得知，有46.5%的教師認為「學生評鑑教師教學」只要由本學期正在修課的學生來擔任評鑑者即可，有13.0%的教師則認為由前一學期修過課的學生來擔任評鑑者，只有1.8%的教師同意只要讓畢業校友來擔任評鑑者。至於教師在其他任何兩組學生組合的同意比例都不高，甚至同意讓本學期、前一學期學生及畢業校友三者一起來評鑑教師教學的比例也只有11.6%。

教師們傾向只要本學期學生來擔任評鑑者，可能是因為教師們認為由本學期的學生來反映教學，較能達到教學改進及評鑑的效果，另外在行政上也可以減少不必要的麻煩。至於讓前一學期的學生或畢業校友來擔任評鑑者，雖然可以避免學生擔心自己的分數會受到影響而不敢真實的填寫評鑑表的好處，但如前所述，在教學上，無法立即提供教師回饋；而且在行政上，又有實施技術的困難。所以大部分的教師只選擇由本學期正在修課的學生來評鑑教師教學。

三、由誰編製評鑑工具

除了被評鑑者及評鑑者對學生評鑑教師教學的制度，是兩種關鍵人物，另一個重要的角色就是由誰來編製評鑑工具。有45.3%的教師認為應由學校教師評鑑委員會來設計工具，其次是各學系或研究所自行設計，占29.2%；第三是教務處，占

23.0％；只有2.6％的教師認爲「學生評鑑教師教學」的工具應由學生自治會來設計。大多數教師贊成由學校教師評鑑委員會來設計工具，可能是教師們認爲由學校教師評鑑委員會設計出來的評鑑工具，較具代表性也較有公平性，而且教師評鑑委員會的主要功能之一就是考核教師的教學績效。

四、工具使用的統一性

至於對評鑑工具的使用方面，大多數的教師傾向由全學系或研究所使用同一種工具，占42.6％；其次是學校備有數套，由教師選用，占33.3％；最後則是由全校統一，占24.1％。由此可知，近半數的教師認爲評鑑工具的統一性應該以學系或研究所爲單位，而不是全校只有一種評鑑工具。這和葉重新（1987）的研究發現相同。可能是教師們認爲評鑑工具針對各學系來設計，如此評鑑內容才能符合各系的特色與需求。

五、何時評鑑

一般而言，「學生評鑑教師教學」實施的時間可分爲三種，分別是學期初、學期中及學期末。由表8-1-2得知，只有2.8％的教師同意在學期初進行評鑑即可，有7.7％的教師認爲在學期中實施就好，大部分的教師則認爲在學期末實施最好，占73.4％。至於同意學期初、學期中、學期末三個時段都實施評鑑的教師只有1.6％。大部分教師不同意在學期初實施的原因可能是因爲學期才剛開始，學生與教師並不熟悉，或者師生彼此之間都在適應對方，所以不同意在學期初就進行評鑑。至於同意在學期中進行評鑑的教師比例也不高，不同意的原因也可能因爲教師擔心學期才過了一半，學生尚無法完全瞭解教師的教學表現，所以不同意在學期中就實施學生評鑑教師教學。大多數教師還是比較同意只要

在學期末進行評鑑即可，可能原因如下：一、與現行的制度有關，目前各師範學院（無論是全面實施或者各系自行決定）實施學生評鑑教師教學都規定在學期結束前兩周，教師與學生都已經習慣了這個時機；二、教師認為學期末實施學生的評鑑教師教學，評鑑的結果較有整體的代表性；三、目前所謂的學生評鑑教師教學都是以正式的形式進行，所以教師們可能認為正式的評鑑，一學期一次即可，而且應該在學期末舉行。

六、何地評鑑

就評鑑實施的地點而言，有57.8％的教師同意在教室內實施，其次是不限地點，占32.9％，至於網路上實施，則占9.3％。由此可知，大部分的教師們較希望執行評鑑的地點是教室內，這可能和各校所實施的方式有關，目前所有的學校都在教室內實施❶。另一個可能原因是考慮到實施的方便性，因為如果在教室內實施，多半是利用任課教師上課前或結束之後的十分鐘，所以執行起來較為方便。

七、由誰主持

至於由誰來主持評鑑這個議題必須要建立在一個大前提下，就是評鑑的實施必須在教室內統一實施，如果在教室外或者在網路上實施，則評鑑的主持人就不重要，甚至不需要了。由**表8-1-2**得知，超過半數的教師（50.6％）同意由班級代表來主持評鑑，其次是系行政助理，占30.1％，第三則是教務處派人，占12.4％，至於由任課教師親自主持，只有6.9％的教師同意。大部分教師同意評鑑應由班級代表來主持，其可能的原因是由班級代表來執行，就人力、物力、時間、經費上而言，都比其他人員主持更為可行。

第二節　教師對「學生評鑑教師教學」贊成與反對的理由

表8-1-1的最後一項是有關教師對「學生評鑑教師教學」的同意度，由表8-1-1可知，全體教師的態度是同意的（M = 4.03），而且彼此之間的態度頗為一致（SD = .85）。雖然教師們對「學生評鑑教師教學」的同意度不低，但是同意或不同意的理由卻不一樣。表8-2-1是教師對「學生評鑑教師教學」同意或反對的理由、人次以及內容摘要。因為老師同意或反對的理由可能不只一種，所以在計算次數時，不再以教師為單位，而是以填答的內容為分析單位，稱為人次，如一位教師贊成實施「學生評鑑教師教學」的理由可能有兩種，那麼就在這兩種理由分別各計算一人次。

贊成的理由

由表8-2-1得知，同意評鑑的共有72人次，包含完全同意41人次以及部分同意31人次。完全同意「學生評鑑教師教學」的教師，他們最大理由是可以協助教師改進教學，共有26人次，其次是可以提供學校人事的參考，計10人次，另外也有5人次認為「學生評鑑教師教學」可以增進師生之間的溝通。部分同意的教師所持的原因是可以將評鑑的結果用來做為教學的參考，但是不要挪作他用，計24人次，或者建議如果做為人事或教學績效之參考，也必須以配合其他評鑑方法，計7人次，且以學生評鑑的結果為輔。換句話說，把「學生評鑑教師教學」的評鑑結果當做人事的輔助參考資料之一。

表8-2-1　教師對「學生評鑑教師教學」同意或反對的理由、人次及內容摘要

態度	理由	人次	主要內容摘要
完全同意 （41）	改進教學	26	「如此教師才能戰戰兢兢授課」、「提供教師改進教學」、「教師可以看出自己」、「受益最大者是教師」、「有警惕作用」、「瞭解教師自己的教學」、「迫切需要，以督促教師改進教學且避免只顧升等不管教學的教師」、「可以督促教師改進教學」、「可約束教師少缺課」。
	人事參考	10	「做爲獎勵或升等的參考依據」、「做爲升等續聘的參考」。
	增進溝通	5	「師生互動的重要參考因素」、「師生溝通的另一種管道」。
部分同意 （31）	僅供教學參考	24	「未必客觀，但是還是需要有學生來反映教師的教學」、「可以用來做爲教學參考，但是不能當做其他用途」。
	輔助資料	7	「以單位主管考核爲主，以學生評鑑爲輔」、「需要配合其他的考核辦法」、「要加上晤談」。
反對 （38）	流於形式	10	「學生要輕鬆又高分，評鑑的意義就不大」、「每學期一次，很煩瑣」、「學生勾選不實」、「依據評鑑結果來做爲教師升等之參考，是極爲嚴重的邏輯錯誤，最好放棄這種不實際的念頭」、「方式過於草率」、「評鑑問卷內容，沒有眞正問到重點，流於形式」。
	有損師道	9	「惡意批評教師」、「無法建立國民道德修養」、「對缺乏教學自信者，會有更大的挫折」、「教師之間不被歡迎」，「評鑑好的，不覺什麼；不好的則影響情緒很大」、「可以被尊重，而不能被評鑑」、「教師自我有覺察能力，不必另以評鑑表的形式來評鑑」、「大學生自己好逸惡勞，有何資格評在台上比他認眞十倍的教師」、「教師成爲犧牲者」。
	反教學效果	6	「使學生容易打混」、「成爲學生求高分的利器」、「教師會討好學生」、「造成很多教師不敢管學生，學生也目中無人」、「不一定能改進教學，通常教師都知道自己教學的優缺點」、「迎合學生，適得其反」、「反淘汰」。

（續）表8-2-1　教師對「學生評鑑教師教學」同意或反對的理
　　　　　　由、人次及內容摘要

態度	理由	人次	主要內容摘要
反對 （38）	無法落實	4	「無法與國外大學一樣處理評鑑不佳的教師，導致效果不佳」、「無法改進較差者，效果不佳」、「即使被評鑑結果不好的教師，校方卻無法依結果處理，使下屆修課的學生壓力更大」。
	學生缺乏能力	5	「學生判斷力不足」、「學生對科目內容瞭解不夠」、「學生既然有個別差異、又如何期望學生全然的公正」、「學生心智成熟嗎？」。
	未必客觀眞實	4	「無記名、無法判斷其眞實性」、「做爲教師升等未必客觀」、「課程內容涵蓋差異很大；很多選項不能一概使用」、「曾有過本人感到教得好，學生也感覺不錯的科目，評出來卻很差；本人感到教得不好的科目，評出來卻很理想」。

反對的理由

　　相對的，有很多塡答者是持反對的立場，總共38人次。反對的原因很多，有10人次提到評鑑已流於形式，沒有存在的必要。也有部分教師認爲「學生評鑑教師教學」是有損師道尊嚴的做法，應該廢止（9人次）。有些教師認爲「學生評鑑教師教學」的制度，不但沒有提升教師的教學品質，反而造成反教學效果，因爲老師爲了得高的評鑑分數，反而降低對學生的要求標準（6人次）。另外有一些教師則認爲評鑑的結果無法落實，無法達到評鑑應有的功能，所以建議不如不做（4人次）。有5人次的教師認爲學生心智未必成熟，所以反對由學生來評鑑教師教學。當然也有一些質疑評鑑的可靠性及眞實性等問題，所以不贊成有這種制度（4人次）。

　　其實，國內學者簡成熙（1989）曾綜合整理國內外研究有關

教師贊成與反對「學生評鑑教師教學」的理由，茲將其歸納的結果呈現於**表8-2-2**。

　　總之，無論的作者的研究發現或者簡成熙（1989）的文獻分析結果，都可以確定的是「學生評鑑教師教學」雖歷經七十多年的歷史，多數的教師都能接受，但是反對的聲浪仍然不小，而且

表8-2-2　贊成與反對「學生評鑑教師教學」的理由

重點	贊成理由	反對理由
評鑑理念	1.績效責任，重視教學效能之提升。 2.民主思潮、重視學生權利。	1.違反傳統尊師重道的精神。 2.侵犯課堂教師隱私、學術自由。
行政目標	1.避免受行政主管個人好惡。 2.升遷、考核有客觀的依據。 3.有助於學校瞭解教師，而順利掌握教師效能、推動校務。	1.各學門不同，沒有一定標準。 2.由學生決定教師升遷，造成教師不平。 3.造成教師間排序、猜忌、破壞學校團結。
教師目標	1.隨時掌握學生回饋，改進教學。 2.督促教師，日新又新。 3.多方瞭解學生，增進師生關係。	1.特意討好學生，給分寬鬆。 2.降低教師意願，增加精神負擔。 3.造成師生相互逢迎、猜忌、對立與衝突。
學生目標	1.能參與教學，易培養學習動機。 2.給學生有表達的機會，較能滿足不同的需求。 3.民主方式的教育。	1.易心生厭煩，多此一舉。 2.不同特質的學生，對評鑑結果產生偏差。 3.學生以此為手段，牽制教師。
實施方法	1.現有的研究已可支持量表之信、效度。 2.可透過方法控制偏差。	1.無確切的保證。 2.無法控制各種對評鑑結果可能產生的偏差。

資料來源：引自簡成熙（1989）：〈國民中學實施「學生評鑑教師教學」可行性之研究——學生評鑑教師之影響因素暨教師與行政主管態度之探討〉。國立高雄師範學院教育研究所碩士論文（未出版）。

不容忽視。不過從反對者的理由來看，教師們擔心的是這套制度被誤用，如行政單位以此做為教師的排名、教師為了討好學生，給分寬鬆、學生以此為手段，牽制教師等。所以學校如何在實施之前取得全校教師的共識及信任，就顯得非常重要，而在實施的過程中，如何修正與調整實施的技術，以減除教師的疑慮，可說是這項措施成敗重要的關鍵之一。所以身為被評鑑者的教師到底對於「學生評鑑教師教學」有任何建議嗎？其建議為何？將於下節討論。

第三節　教師對「學生評鑑教師教學」的建議

表8-3-1是受訪教師針對如何落實「學生評鑑教師教學」所提供的意見。由表8-3-1得知，教師們的意見大都集中在對評鑑實施技術的建議，雖然有些建議的人次不多，甚至只有一個人，但是本研究基本上在提供教師對「學生評鑑教師教學」的態度及不同的看法，所以將所有教師的意見都整理於表8-3-1。以下就整理分析之結果加以說明。

由誰評鑑

有16人次提到有關由誰評鑑的建議，包含全體修課的學生、全勤的學生，或者班上推派公正人士、畢業的學生，甚至有教師建議反映兩極端的評鑑問卷應該剔除或被當的學生不宜參加評鑑。從這些建議當中，可以發現教師們的重點在於評鑑結果的客觀性，如主張全體學生都參加評鑑的，就是希望所有學生的意見都能有所代表，才具客觀性；相對的，其他主張的教師也是在意

表8-3-1　教師對「學生評鑑教師教學」的建議

重點	人次	主要內容摘要
由誰評鑑	16	全體修課學生（3）、缺席過多的學生不能參加（3）、選擇全勤學生做評鑑（2）、除去兩極端的問卷（2）、缺課三次者不能評鑑（2）、由班上選出公正人士（1）、畢業後再評鑑較客觀（1）、班上推派公正人士（1）、被當的學生不宜參加（1）。
結果應用	16	公布結果（5）、應該單純化，不做其他用途（4）、不可以對外公開（3）、做為升等的依據（2）、做為續聘的依據（2）。
評鑑內容	14	包含學生用功程度（2）、教師的出席狀況（3）、要多元化（2）、教學設備及資源（2）、包含教師氣質（1）、幽默感（1）、班級經營（1）、學生修課成績也列入參考（1）、作業指定（1）。
工具格式	8	應包含開放性的問題（4）、避免否定句（2）、評鑑表不要太長（1）、不宜採用開放題方式，以免學生給予教師難堪的文句（1）。
工具來源	2	由任課教師自行設計（2）。
工具使用	10	依科目設計（7）、可以建立題庫（1）、評鑑同一科目要以二年為準（1）、要建立信、效度（1）、選必修課分開計算（1）。
何時評鑑	2	一學期一次即可（1）、期末成績送交之後，再進行評鑑（1）。
何地評鑑	2	可以在網路上實施（2）。
由誰主持	2	由第三者主持（1）、不要由教師主持（1）。
其他	15	宜將評鑑的目的講明白（3）、宜採不計名方式（3）、宜對師生說明程序（2）、要求學生署名以示負責（1）、辦法要力求周延（1）、要有審慎計畫執行（1）、填答時間要夠（1）、承辦人員要有正確觀念（1）、保密性（1）、先嚴格要求學生（1）。
相關議題	7	反對期末勾選的方式，贊成平時的溝通（1）、加入晤談（1）、分析錄影帶（1）、教師自行評鑑即可（1）、以主管的考核為主，參考學生的評鑑為輔（1）。authentic assessment（1）、改採多元評量的方式，包含教師研究報告、學生筆記、教師教材、教師上課資料（1）。

註：括弧內的數字為該項內容之人次。

客觀性，因爲他們擔心缺課太多的人給的評鑑分數客觀嗎？兩極
端的人或者被當的學生，所評鑑出來的分數，也可能會有學生個
人主觀的偏差。

評鑑結果應用

也有16人次針對結果應用提出建議，包含結果要公布、只做
教學參考、不要對外公布、做爲升等、續聘依據。這四項建議剛
好是兩兩相對的意見，有人主張公開，有人主張不公開；有人主
張做爲人事參考，有人認爲只供教學，不可挪爲他用。主張公開
者可能認爲如此一來，學生才會認眞做，教師也才有壓力而認眞
教學。主張不公開的教師可能認爲評鑑的客觀性有待商榷，貿然
公開結果對教師無疑是一種不公平，同時也會造成師生或教師之
間關係的緊張。至於贊成或反對做爲人事參考的可能原因和前面
相同。

評鑑工具

有不少教師針對評鑑工具提出建議，包含評鑑工具的內容、
格式、應由誰設計，以及如何使用等。其中14人次是針對評鑑內
容提出建議，包括評鑑內容要有學生用功程度、教師出席狀況、
要多元化、教學設備及資源、教師氣質等，甚至有人建議評鑑內
容要列入教師的幽默感。另外8人次針對工具的格式提出不同的
看法，有人建議格式應有開放性題目，有人卻擔心開放性題目，
會讓學生大放厥辭而反對，有人建議避免否定句，另外有人提醒
評鑑表不要太長，以免影響作答。至於評鑑工具的使用方面，老
師們的建議是必須依照科目來設計，最好能夠建立信、效度，並

建立題庫，而且同一科目至少要評鑑三年爲基準。

評鑑的時、地及主持人

有關評鑑的時、地及由誰主持方面，也有教師提供意見，但是不多，其中何時評鑑方面，有人主張一學期一次即可，有人建議一定要教師成績送到註冊組之後才實施。可能是基於保護學生的立場。另外在評鑑的地點方面，有教師則建議在網路上做，可以節省不少資源。至於如果需要有人主持，那麼有人建議第三者，換句話說，不是學生，也不是任課教師，以免有失公正；另外也有人建議不要由教師來主持。

其他

另外還有一些其他的建議包含學校要把評鑑的目的、程序、方式跟全校師生說清楚講明白，有人建議評鑑辦法要周延、計畫要審愼，有人建議承辦人員要有正確的評鑑觀念，注意評鑑的保密性，也有人認爲學校要先有一組配套措施來嚴格要求學生學習，然後再做「學生評鑑教師教學」，如此才可能提升學校的教與學的品質。

相關議題

另外也有一些教師是針對與評鑑相關的議題提出建議，有人反對期末勾選的方式，但希望教師平時就和學生溝通，有人認爲如果要瞭解教師的教學績效，應該包含與學生晤談、分析錄影帶、教師自評、主管考核，甚至有教師建議以 authentic assessment 和多元評量的方式來瞭解教師的教學品質。

第四節　本章小結

　　整體而言，大多數的師範學院教師都同意學校實施「學生評鑑教師教學」制度，且認為「學生評鑑教師教學」具有「激勵教師改進教學」、「提供師生民主訓練的機會」、「增進師生在教學上的溝通」，以及「提供教師自我評鑑的機會」等目的。至於「學生評鑑教師教學」是否具有提供學校有關教師升等的參考資料或者提高學生學習動機的目的，教師則持著中立的態度。

　　在評鑑內容方面，除了「學生的學業成績」一項，教師們保持中立意見，其餘評鑑內容，教師都表示同意。教師同時也認為「認真教學的教師未必獲得高的評鑑分數」。

　　在評鑑結果應用方面，教師同意「個別通知教師改進教學」，但是不同意「公布在學校刊物上」，至於用在學校人事決策上，如「獎勵教學優良教師的參考」、「續聘的參考資料」、「升遷的參考資料」，或者提供「學生選課的參考資料」，教師則表示中立意見。

　　就可能影響評鑑結果的教師因素而言，教師認為「教師的幽默感」、「教師給學生分數的高低」以及「教師的儀表」會影響評鑑的分數，至於其他方面，教師則持中立意見。在可能影響評鑑結果的學生因素方面，教師認為「學生尚未修讀該科目前起始動機與興趣」會影響評鑑結果，其餘方面，教師則持中立意見。就可能影響評鑑結果的科目因素而言，教師認為「科目的困難度」會影響評鑑結果，其餘方面，教師則持中立意見。在可能影響評鑑結果的教學環境設備因素方面，教師認為「學校的教學設備」

會影響評鑑結果，其餘項目，教師則持中立意見。就可能影響評鑑結果的填寫情境因素而言，教師同意「教師如在場，會使學生受到影響」、「周遭同學會影響學生填寫」以及「學生填寫教學反映調查表時會有顧慮」等都會影響評鑑結果。至於學生是否會確實填寫教學反映調查表，教師們則持中立意見。

在評鑑實施技術方面，就「誰被評鑑」而言，大部分教師同意全校教師應接受評鑑。以「由誰評鑑」分析，教師同意由本學期學生來評鑑。就「由誰編製評鑑工具」而言，教師同意由學校教評會來設計。從「工具使用的統一性」分析，教師都同意由系所統一。就「何時評鑑」而言，教師同意在學期末才評鑑。以「何地評鑑」分析，教師同意在教室內實施。從「由誰主持」探討，則教師同意由班代來主持。

綜合教師對評鑑的建議，在「評鑑結果應用」方面，有些教師提到評鑑結果應該公布，但相對也有教師認為不應該公布，可見評鑑結果公布與否在教師之間有兩極端的意見。在「評鑑工具」方面，教師建議題目要包含開放性問題，而且不要太多。另外針對「何時評鑑」方面，有些教師強調一定要在教師將學生成績送出之後，才進行評鑑。至於「評鑑地點」，則有教師提議可以在網路上實施。最後是相關議題方面，教師們都強調多元評量的重要性，也希望除了「學生評鑑教師教學」之外，學校能有其他評鑑的方式一起配合實施。

本章註釋

❶花蓮師院已於八十八學年度上學期起（2000年1月），實施「學生評鑑教師教學」網路化，但是本研究教師與學生態度調

查期間為1999年4月至6月期間，當時花蓮師院是在教室內舉
行評鑑。

第九章　學生對「學生評鑑教師教學」的態度

本章主要是探討學生對「學生評鑑教師教學」的態度。作者根據1999年期間，針對台灣地區九所師範學院九百五十四名學生所作的調查，做簡要的分析。全章共分為三節，第一節為學生對「學生評鑑教師教學」各項重點的同意度；第二節則是學生對「學生評鑑教師教學」贊成與反對的理由；第三節是學生對「學生評鑑教師教學」的建議；第四節是本章小結。

第一節　學生對「學生評鑑教師教學」各項重點的同意度

本節主要是針對探討師範學院學生對「學生評鑑教師教學」各項重點的同意度，內容則包含評鑑目的、評鑑內容、負面影響、結果應用、可能影響評鑑結果的因素以及實施技術。

對評鑑目的的態度

由表9-1-1得知，在為何實施「學生評鑑教師教學」的七個目的中，全體學生達到同意的項目，亦即是平均分數在3.51分以上（M＞3.51）的項目共有五項，依序為「提供教師自我評鑑的機會」、「提供師生民主訓練的機會」、「激勵教師改進教學」、「增進師生在教學上的溝通」以及「反映教師的教學績效」，至於其他二項「提高學生學習的動機」以及「做為教師升等之參考」

表9-1-1　全體學生在各重點題目平均數、標準差及排序之摘要表

重點	題目內容	N	M	SD	R_1	R_2
評鑑目的	激勵教師改進教學	915	3.92	0.82	3	10
	提供師生民主訓練的機會	913	3.96	0.69	2	6
	增進師生在教學上的溝通	912	3.89	0.77	4	11
	反映教師的教學績效	911	3.76	0.88	5	15
	做爲教師升等之參考	909	3.26	1.00	7	29
	提高學生學習的動機	910	3.30	0.92	6	28
	提供教師自我評鑑的機會	908	4.02	0.66	1	5
評鑑內容	教師個人特質	907	3.76	0.76	8	15
	教材內容	907	4.10	0.52	3	3
	師生關係	907	3.80	0.76	7	14
	教師的教學方法	907	4.13	0.54	1	1
	學生學習的評量	904	3.95	0.63	5	7
	學生自我評量	905	3.89	0.64	6	11
	學生的學業成績	904	3.25	0.92	9	30
	教師教學整體性的評量	905	4.12	0.56	2	2
	科目整體性評量	908	4.04	0.57	4	4
負面影響	教師之間關係緊張	907	3.12	1.01	3	34
	認眞教學的教師未必獲得高的評鑑分數	908	3.85	0.87	1	13
	降低教學熱忱	906	2.96	1.00	4	41
	結果不一致導致教師無所依循	906	3.23	0.99	2	31
	降低對學生的要求	882	2.76	0.94	6	47
	影響師生之間的感情	883	2.82	0.92	5	46
評鑑結果應用	個別通知教師改進教學	878	3.93	0.71	1	8
	獎勵教學優良教師的參考	879	3.71	0.86	2	17
	續聘的參考資料	879	3.56	0.90	4	22
	升遷的參考資料	880	3.34	0.91	5	27
	學生選課的參考資料	881	3.66	0.86	3	19
	公布在學校刊物上	881	3.05	1.06	6	39
教師因素	教師在學術界的名氣地位	877	3.08	1.00	4	38
	教師給學生分數的高低	879	3.43	0.95	3	25
	教師職位不同	879	2.62	0.98	5	49
	教師職級不同	879	2.42	0.94	8	52
	教師學位不同	878	2.40	0.94	10	54

（續）表9-1-1 全體學生在各重點題目平均數、標準差及排序之摘要表

重點	題目內容	N	M	SD	R_1	R_2
教師因素	教師經歷不同	877	2.41	0.95	9	53
	教學年資的深淺	880	2.52	0.96	7	51
	教師的性別	876	2.35	0.91	11	55
	教師擁有的行政資源	879	2.58	1.02	6	50
	教師的幽默感	880	3.93	0.70	1	8
	教師的儀表	877	3.49	0.89	2	24
學生因素	學生的年級	888	3.09	0.99	2	37
	學生尚未修讀該科目前起始動機與興趣	885	3.59	0.86	1	21
	學生的性別	883	2.71	1.00	3	48
科目因素	科目性質	880	3.02	1.02	3	40
	科目的選讀性質	879	2.89	1.04	4	43
	科目的困難度	888	3.63	0.85	1	20
	任教科目的層級	881	3.12	0.97	2	34
教學環境設備因素	班級學生人數的多寡	874	2.93	0.99	3	42
	教師上課的時段	880	2.84	1.01	5	45
	教室的環境	880	2.86	1.02	4	44
	學校的教學設備	887	3.23	0.96	1	31
	學校的圖書資源	888	3.11	0.98	2	36
填寫情境因素	學生填寫教學反映調查表時會有顧慮	886	3.52	1.01	2	23
	學生會確實填寫教學反映調查表	886	3.13	0.95	4	33
	周遭同學會影響學生填寫	887	3.39	0.97	3	26
	教師如在場，會使學生受影響	888	3.70	1.00	1	18
對「學生評鑑教師教學」的同意度		893	4.29	0.71	NA	NA

註：N：填答人數；量表的全距為5；M＜2.50：表示不同意；2.51≦M
≦3.50：中立意見；M≧3.51：同意；R_1：各重點內題目的同意度排
序；R_2：所有題目的同意度排序；NA：不列入排序。

則為中立意見。若以標準差的角度來分析全體學生對各評鑑項目看法的一致性，則學生們對評鑑目的在於「提供教師自我評鑑的機會」的看法最為一致（SD = .66），對「做為教師升等之參考」的看法最為分歧（SD = 1.00）。

對評鑑內容的態度

就評鑑內容所涵蓋的九個項目而言，全體學生表示同意的八項，依序為「教師的教學方法」、「教師教學整體性的評量」、「教材內容」、「科目整體性評量」、「學生學習的評量」、「學生自我評量」、「師生關係」、「教師個人特質」。至於「學生的學業成績」一項，學生們則持中立意見（M = 3.25）。就對各評鑑內容看法的一致性而言，則全體學生對「教師的教學方法」的同意度最為一致（SD = .54）；對「學生的學業成績」的看法最不一致（SD = .92）。

學生同意的前四項基本上就是教材與教法的總和，也可以說是教學的重點。至於學生的學業成績，大部分的學生並不完全同意但也不反對將之列為評鑑內容，可能是因為這個項目關係到學生的隱私權，所以學生自己也認為沒有必要將之列入評鑑內容，但是又覺得不能完全捨棄，所以保持在中立意見者居多。

對評鑑可能產生負面影響的態度

就評鑑可能帶來的負面影響，全體學生達到同意的程度只有一項：「認真教學的教師未必獲得高的評鑑分數」（M = 3.85），其餘五個項目則為中立意見。六個項目的順序為「認真教學的教師未必獲得高的評鑑分數」、「結果不一致導致教師無所依循」、

「教師之間關係緊張」、「降低教學熱忱」、「影響師生之間的感情」、「降低對學生的要求」。就學生態度的一致性而言，則學生們對「認眞教學的教師未必獲得高的評鑑分數」的看法最爲一致（SD = .87）；對「教師之間關係緊張」的看法最不一致（SD = 1.01）。由此可知，部分的學生認爲「學生評鑑教師教學」可能會帶來「教師之間關係緊張」的負面影響，部分學生則不認爲教師會因爲評鑑的制度而和同事之間有任何緊張的關係產生。

對評鑑結果應用的態度

就問卷上所列有關評鑑結果應用的六個項目中，全體學生達到同意的項目有四項，依序爲「個別通知教師改進教學」、「獎勵教學優良教師的參考」、「學生選課的參考資料」以及「續聘的參考資料」，其餘二項則是中立意見，分別是「升遷的參考資料」與「公布在學校刊物上」。就態度的一致性而言，學生們對評鑑結果應用於「個別通知教師改進教學」的看法最爲一致（SD = .71）；對「公布在學校刊物上」的看法最不一致（SD = 1.06）。由此可知學生們對於將評鑑教師教學的結果公布在學校刊物上的作法意見較爲分歧。

對可能影響評鑑結果的因素的態度

從文獻中得知，教師、學生、科目、教學環境設備以及塡寫情境等因素都有可能會影響「學生評鑑教師教學」的結果，但是學生眞的會如此認爲嗎？以下就分析學生對這五個因素可能會影響評鑑結果的看法。

一、教師因素

就可能影響評鑑結果的十一項教師因素中，全體學生達到同意的只有一項，中立意見的有六項，但是不同意的也有四項。同意的一項是「教師的幽默感」，而不同意的四項分別是「教師職級不同」、「教師經歷（出國求學經驗）不同」、「教師學位不同」以及「教師的性別」。可見學生普遍認為教師的幽默感會提升評鑑結果，這與 Abrami 等人（1982）以及 Waters（1988）的實徵研究發現相同。至於「教師的儀表」及「教師給學生分數的高低」雖然未達到同意的分數，但是也被學生列為是第二和第三個可能會影響評鑑結果的教師因素。

二、學生因素

就可能影響評鑑結果的三項學生因素中，全體學生達到同意的只有「學生尚未修讀該科目前起始動機與興趣」一項（M=3.59），其餘兩項則為中立意見。全部三項依其平均數高低排列，則為「學生尚未修讀該科目前起始動機與興趣」、「學生的年級」、「學生的性別」。可見學生們自己也認為事先對該科目的興趣與動機會影響自己給教師的評鑑分數。

三、科目因素

就可能影響評鑑結果的四項科目因素中，全體學生達到同意的只有「科目的困難度」一項（M=3.63），其餘三項則為中立意見。換句話說，學生們認為「科目的困難度」不但會影響評鑑的結果，而且是最有影響力的科目因素之一。全部四項科目因素依其平均數高低排列，則為「科目的困難度」、「任教科目的層級（初級或高級）」、「科目性質（數理或文學）」、「科目的選讀性

質（必修或選修）」。就學生態度的一致性而言，全體學生仍然對「科目的困難度」會影響評鑑結果的看法最為一致（SD =.85），對「科目的選讀性質（必修或選修）」最不一致（SD = 1.04）。

四、教學環境設備因素

就可能影響評鑑結果的五項教學環境因素中，全體學生都維持在中立意見。亦即是多數學生認為即使教學環境設備會影響評鑑的結果，但影響的程度也不會太大，甚至不確定問卷所列的這些因素是否會影響評鑑的結果。五個教學環境設備因素依其平均數高低排列，則為「學校的教學設備」、「學校的圖書資源」、「班級學生人數的多寡」、「教室的環境」、「教師上課的時段」。

五、填寫情境因素

就可能影響評鑑結果的四項填寫情境因素中，全體學生達到同意的有二項，依序是「教師如在場，會使學生受到影響」以及「學生填寫教學反映調查表時會有顧慮」。其餘二項，學生則保持中立意見。由此可知，學生們認為教師在場最容易影響他們填寫評鑑表，其次是學生自己本身的顧慮，至於周遭的同學也可能會影響自己填寫評鑑表，但是不如教師在場來得明顯。

綜合「評鑑目的」、「評鑑內容」、「負面影響」、「評鑑結果應用」以及「可能影響評鑑結果的因素」五個因素等評鑑重點，共有五十五個項目，從**表 9-1-1**的 R_2（所有題目的同意度排序）得知，全體學生最同意的前五個項目依序是「教師的教學方法」、「教師教學整體性的評量」、「教材內容」、「科目整體性評量」以及「提供教師自我評鑑的機會」。這五項當中，除了「提供教師自我評鑑的機會」是屬於「評鑑目的」，其餘四項皆來自「評鑑內容」。至於排序最後的五項，則依序是「教學年資的

深淺」、「教師職級不同」、「教師經歷不同」、「教師學位不同」以及「教師的性別」。這五項全部屬於「可能影響評鑑結果的教師因素」。由此可知，在所有五十五個項目中，學生最同意的項目是「評鑑內容」要包含「教師的教學方法」，而最不認為的則是「教師的性別」會影響學生評鑑的結果。

對評鑑實施技術的態度

有關學生評鑑教師教學的實施技術，大致可分為誰被評鑑、由誰評鑑、由誰編製評鑑工具、工具使用的統一性、何時評鑑、何地評鑑、由誰主持等七方面來探討。**表 9-1-2** 是全體學生對「學生評鑑教師教學」實施技術意見的摘要表。

一、誰被評鑑

就誰需要被評鑑而言，有 89.3% 的學生認為如果學校實施「學生評鑑教師教學」，則全校教師都需要接受評鑑；7.4% 的學生認為特定教師需要接受評鑑，如新進教師或要提出升等申請的教師；另外 3.3% 的學生則認為可由教師自己決定。可見絕大多數的學生認為如果要實施「學生評鑑教師教學」，那麼應該全體教師一起來，之所以如此認為，可能的原因有三：一、基於公平的理由：學生們可能認為一個學校當中，有些教師需要被評鑑，有些教師可免，會造成學校教師之間緊張的氣氛，而且也不公平；二、行政實施方便性的考量：如果一個學校當中，有些教師需要被評鑑，有些教師可免，那麼行政人員、教師本人及學生可能都搞不清楚，哪些教師需要評鑑，哪些教師可免，徒增不必要的行政作業困擾；三、基於反映教學的理由：既然「學生評鑑教師教學」的目的之一在於反映教師的教學績效，那麼應該是所有的學

生選的課，都可以透過「學生評鑑教師教學」的方式，來反映教師的教學績效，以做爲教師改進教學之參考。

二、由誰評鑑

「學生評鑑教師教學」的評鑑者當然是學生，但是由本學期正在修課的學生、前一學期修課的學生，還是已經修過課的畢業校友呢？以下就受訪學生對這三種評鑑者的看法加以分析。

由**表9-1-2**得知，有35.5%的學生認爲「學生評鑑教師教學」只要由本學期正在修課的學生來擔任評鑑者即可，有21.1%的學生則認爲由前一學期修過課的學生來擔任評鑑者，只有2.2%的學生同意只要讓畢業校友來擔任評鑑者。至於學生在其他任何兩組學生組合的同意程度，則以本學期學生和前一學期學生的組合最高，達26.6%，其他組合則不高。甚至同意讓本學期、前一學期學生及畢業校友三者一起來評鑑教師教學的比例也只有9.9%。

學生們傾向只要本學期學生來擔任評鑑者，可能是因爲他們認爲由本學期的學生來反映教學，較能達到直接反映教師教學的績效及提供教師改進教學的意見，另外在行政上也可以減少不必要的麻煩。至於讓前一學期已修過課的學生或畢業校友來擔任評鑑者，雖然可以避免擔心自己的分數會受到影響而不敢眞實的填寫評鑑表的好處，但如前所述，在教學上，無法立即提供教師回饋；在行政上，又有實施技術的困難。所以大部分的學生只選擇由本學期正在修課的學生來評鑑教師教學，或者本學期和前一學期的學生一起來評鑑教師教學。

三、由誰編製評鑑工具

就誰來編製或設計評鑑工具而言，有40.0%的學生認爲應由學校教師評鑑委員會來設計工具；其次是學生自治委員會，占

33.6%；第三是各學系或研究所自行設計，占20.0%；只有6.4%的學生認為「學生評鑑教師教學」的工具應由教務處來設計。大多數學生認為評鑑工具應由學校教師評鑑委員會來設計，可能是因為他們認為由學校教師評鑑委員會設計出來的評鑑工具，較具代表性及公平性。不過值得注意的是，也有超過三成的學生認為評鑑工具應由學生自治委員會來編製或設計，贊成的原因可能是因為這些學生認為「學生評鑑教師教學」的評鑑者既然是學生，就應該由學生來設計工具，因為學生最清楚什麼內容需要納入評鑑的範圍，否則學生在整個評鑑工具的編製中，永遠是處於被動的狀態。

四、工具使用的統一性

至於對評鑑工具的使用方面，超過半數的學生贊成由全學系或研究所使用同一種工具，占51.6%；其次是全校統一一種工具，占32.1%；第三則是學校備有數套，供教師自由選擇，占16.3%。由此可知，超過半數的學生認為評鑑工具的統一性應該以學系或研究所為單位，再不然就是全校統一。至於由學校提供數套評鑑表，供教師自由選擇的方式，學生們可能認為可行性不大或者無法比較教師彼此之間的教學績效，所以只有一成六左右的學生贊成這種方式。

五、何時評鑑

由表9-1-2得知，只有3.3%的學生同意在學期初進行評鑑即可，有14.6%的學生認為在學期中實施就好，大部分的學生則認為在學期末實施最好，占63.2%。至於同意學期初、學期中、學期末三個時段都實施評鑑的學生只有1.7%。大部分學生不同意學期初實施評鑑的原因，可能是學期才剛開始，學生與教師並不熟

表9-1-2　全體學生對「學生評鑑教師教學」實施技術意見摘要表

變項	類別	N	百分比
誰被評鑑	全校教師	787	89.3%
	特定教師	65	7.4%
	教師自行決定	29	3.3%
由誰評鑑	本學期學生	313	35.5%
	前一學期學生	186	21.1%
	畢業校友	19	2.2%
	本學期和前一學期學生	234	26.6%
	本學期和畢業校友	13	1.5%
	前一學期學生和畢業校友	29	3.3%
	三者都要	87	9.9%
由誰編製評鑑工具	教務處	54	6.4%
	各系所	169	20.0%
	教評會	337	40.0%
	學生自治會	283	33.6%
工具使用	全校統一	277	32.1%
	全系所統一	445	51.6%
	數套供選	141	16.3%
何時評鑑	學期初	29	3.3%
	學期中	127	14.6%
	學期末	551	63.2%
	學期初和學期中	0	0.0%
	學期初和學期末	28	3.2%
	學期中和學期末	122	14.0%
	學期初、中、末都實施	15	1.7%
何地評鑑	教室內	412	46.7%
	不限地點	258	29.3%
	網路上	212	24.0%
由誰主持	任課教師	41	4.6%
	系行政助理	107	12.1%
	教務處派人	97	11.0%
	班代主持	639	72.3%

悉，或者師生彼此之間都在適應對方，所以不同意在學期初就進行評鑑。至於贊成在學期中進行評鑑的學生也不多，不同意的原因也可能因為擔心學期才過了一半，學生尚無法完全瞭解教師的教學表現，所以不同意在學期中就實施學生評鑑教師教學。大多數的學生還是比較同意只要在學期末進行評鑑即可，可能原因如下：一、與現行的制度有關，目前各師範學院（無論是全面實施或者各系自行決定）都規定在學期結束前兩周實施學生評鑑教師教學，教師與學生都已經習慣了這段時間實施；二、學生認為學期末實施學生的評鑑教師教學，評鑑的結果較有整體的代表性；三、目前所謂的學生評鑑教師教學都是以正式的形式進行，所以學生們可能認為正式的評鑑，一學期一次即可，而且應該在學期末舉行。

六、何地評鑑

就評鑑實施的地點而言，有46.7%的學生同意在教室內實施，其次是不限地點，占29.3%，至於網路上實施，則占24.0%。由此可知，學生們較希望執行評鑑的地點是教室內，可能和各校所實施的地點有關，本研究調查期間，各校都在教室內實施評鑑。不過學生同意在教室內實施評鑑的另一個可能原因是考慮到實施的方便性，因為如果在教室內實施，多半是利用任課教師上課前或結束之後的十分鐘，所以執行起來較為方便。至於教室以外的地點（含不限地點或網路上），則有超過五成的學生同意。可能是學生覺得教室以外的地點，可以免除教師或同學在旁時，帶給自己填寫評鑑表的困擾。

七、由誰主持

至於由誰來主持評鑑這個議題必須要建立在一個大前提下，

就是評鑑的實施必須在教室內統一實施，如果在教室外或者在網路上實施，則評鑑的主持人就不重要，甚至不需要了。目前九所師範學院當中，除了花蓮師範學院從八十八學年度起試辦在網路上實施學生評鑑教師教學一年以外，其餘各校都是在教室內實施，所以本題的分析仍然以所有的受訪學生一起分析。

大多數的學生（72.3%）同意由班級代表來主持評鑑；其次是系行政助理，占12.1%；第三則是教務處派人，占11.0%，至於由任課教師親自主持，只有4.6%的學生同意。大部分學生同意由班級代表來主持評鑑，可能是因為由班級代表來執行，就人力、物力、時間、經費上而言，都比其他人員主持更為可行，而且可以免除教師或行政人員在場所帶來的壓力與困擾。

第二節　學生對「學生評鑑教師教學」贊成與反對的理由

表9-1-1的最後一項，有關學生對「學生評鑑教師教學」的同意度，由表9-1-1可知，全體學生的態度是同意（M = 4.29），而且彼此之間的態度頗為一致（SD =.71）。這個研究和蔡美玲（1989）、賴明芸（1990）、Costin（1971）、Dwinell 和 Higbee（1993）、Marlin（1987）的研究發現相同，可見學生普遍都同意學校實施「學生評鑑教師教學」的制度。

表9-2-1是填答學生對「學生評鑑教師教學」同意或反對的理由、人次以及內容摘要。和教師一樣，學生對於評鑑的同意度也大致分為三種：完全同意、部分同意以及反對。以完全同意的人次最多，為74人次，他們同意評鑑的第一個原因是改進教學，共有40人次；其次是人事參考，有16人次，接著是增進師生之間的溝通，共12人次；第四個原因是維護學生基本權利，共有6

表9-2-1 學生對「學生評鑑教師教學」同意或反對的理由、人次及內容摘要

態度	理由	人次	主要內容摘要
完全同意 （74）	改進教學	40	「教師可以知道改進方向」、「可以提供教師教學參考」、「讓教師知道自己教學的優缺點」、「激勵教師不斷學習，並充實教學內容」。
	人事參考	16	「可以讓那些只顧升等的教師有所警惕」、「可以淘汰教學不認眞的教師」、「至少比其他的評鑑方法客觀」、「教師也需要一些被考評，而不是只有一味的考評學生」。
	增進溝通	12	「增進師生之間的溝通管道」、「學生有個機會可以表示對教學的看法」、「讓老師可以瞭解學生的想法」。
	學生權利	6	「這應該是學生的權利」、「同意，師院生已經太乖了，如果連這一點權利都沒有，那麼教師們更是爲所欲爲了」。
部分同意 （48）	公布結果	25	「如果將結果公布出來，那麼我是贊成的」、「評鑑結果要讓學生知道」、「同意但是要將結果公布出來」。
	建立共識	10	「學校先建立師生對此制度的共識，否則無法執行」、「不少教師根本搞不清楚評鑑的目的」、「如果學校能加強宣導評鑑的目的及方法，評鑑才有意義」。
	只供教學參考	8	「僅供教師參考，但不要公布」、「不要公開排名」、「供教師參考，但不要做爲人事升等的考量」、「太主觀了，可以供教師教學參考，不要供行政單位參考」。
	眞實回答	5	「如果學生可以眞實回答」、「同意但是要給學生有足夠的安全感」。
反對 （52）	流於形式	25	「對教師毫無影響」、「老師教學內容毫無改進」、「學生沒有意願協助調查」、「評鑑表的內容不切實際」、「題目不具體」、「形式上只是欺騙學生，內地裡保護老師」、「整分表格淪爲無用」。

（續）表9-2-1　學生對「學生評鑑教師教學」同意或反對的理由、人次及內容摘要

態度	理由	人次	主要內容摘要
反對 （52）	反評鑑 效果	17	「降低要求的老師得高分」、「淪爲學生要求高分的工具」、「會搞笑、逗學生或威嚇學生的老師得高分」、「學生喜歡花招多、好玩的老師，但不一定有教學效果」、「可能使老師討好學生」。
	未必客觀 眞實	10	「同學敷衍了事，沒有意義」、「老師和同學對評鑑的觀念不清楚，無法達到評鑑的目的」、「同學都不敢說實話」。

人次。有些學生是部分同意「學生評鑑教師教學」的制度，因爲他們有附帶條件，如25人次認爲如果要做評鑑，就要公布結果，否則就不要做。有10人次學生認爲，要先建立師生對評鑑的共識，否則就不要做。相對的，也有一些學生同意實施評鑑，但是評鑑結果只能供教學參考，不可以做爲人事升等或公布出來，因爲他們認爲評鑑的結果不夠客觀，持這種看法的學生共有8人次。另外也有少數學生認爲，如果學生可以眞實回答，那麼評鑑才可以實施，如何讓學生眞實回答呢？那就增加學生填寫評鑑表的安全感及保密性。

　　反對評鑑制度的學生共有52人次，他們的意見大致分爲三種，以流於形式最多，共有25人次，其次是反評鑑效果，有17人次認爲評鑑的制度會使教師降低對學生的要求標準，或淪爲學生要求高分的利器。第三種反對評鑑的原因是評鑑的結果未必客觀眞實，有10人次認爲學生都敷衍了事，所填的結果不能反映眞實的教學結果，或者因爲師生觀念不清楚，所以對評鑑的態度都不愼重，導致結果不正確。

第三節　學生對「學生評鑑教師教學」的建議

　　表 9-3-1 是受訪學生針對如何落實「學生評鑑教師教學」所提供的意見。由表 9-3-1 得知，學生們的意見大致集中在評鑑結果的應用、評鑑工具以及其他。以下就表 9-3-1 加以分析說明。

誰被評鑑、由誰評鑑

　　有兩位學生提到，先調查教師被評鑑的意願，然後再實行，這個意見，其實就是被評鑑者不再是全校所有教師而是由教師自己決定。至於評鑑者方面，也有 2 人次表示應該由前一學期的學生來評鑑，可能的原因是可以使評鑑更為完整，而且避免學生因擔心期末分數，而不敢真實填寫。

評鑑結果應用

　　有 104 人次的學生認為「學生評鑑教師教學」要落實就要從評鑑結果的應用著手，大部分的學生意見是希望學校能真正重視評鑑的結果，但是沒有標明如何才是他們所謂的重視。不過有 20 人次的學生表示一定要公布評鑑結果，另外有 14 人次表示要個別通知教師，有少數建議要做為人事的參考，不過也有 2 人次表示不要公開，即使要公開，則需要給教師說明的機會。換句話說，學生也替教師擔心萬一評鑑結果不好，而被公布出來，也應該給教師一個說明的機會。

表9-3-1 學生對「學生評鑑教師教學」的建議

重點	人次	主要內容摘要
誰被評鑑	2	先調查教師的意願（2）
由誰評鑑	2	前一學期的學生（2）
結果應用	104	學校要重視評鑑結果（63）、結果要公開（20）、個別通知教師（14）、做為升等、續聘的參考（3）、不要公開出來（2）、若公布結果，允許教師有說明的機會（2）。
評鑑內容	29	內容要具體（25）、對於人身攻擊無建設性的題目要刪除（3）、增加教師優缺點各一項（1）。
工具格式	23	可用開放性（12）、題目不要太多（8）、類似的問題不要重複出現（2）、題目多寡要適當（1）。
工具來源	4	由校方、教師與學生共同擬定（4）。
工具使用	24	各系所統一（15）、依照科目來設計（7）、評鑑表的可信度要注意（2）。
何時評鑑	2	教師送成績單之後（2）。
何地評鑑	8	網路評鑑（8）。
由誰主持	9	老師不要在場影響學生（5）、學生評鑑不要受到教師影響（4）。
其他	59	保密性（16）、應先建立共識（10）、要給學生安全感（8）、加強老師重視評鑑結果（7）、加強學生對評鑑的重視（7）、學校要告知評鑑的用途（5）、師生的心胸都要敞開（3）、要尊重學生（2）、希望選課的空間更自由（1）。
相關議題	4	多元方式來評量（3）、成立委員會來評鑑教師（1）。

註：括弧內的數字為該項內容之人次。

評鑑工具

　　和教師一樣，有不少人針對評鑑的工具提出建議，包含評鑑工具的內容、格式、應由誰設計，以及如何使用等。其中29人次是針對評鑑內容提出建議，包括評鑑內容要具體，可惜也未註明所謂具體是怎麼樣的題目才是具體不籠統，另外有一些學生認

為應刪除或避免牽涉教師人身攻擊的題目，還有學生建議不妨加入一項「教師教學優缺點各一項」，既可以鼓勵又可以建議教師的教學。

在評鑑工具的格式上，有學生建議可多採用開放性的題目，同時題目不要太多，以免因做不完，而草率填寫，另外有學生提醒評鑑的題目不要重複，而且題數多寡要適中，不過也沒有提及到底多少題目或幾分鐘做完才適中。

有關評鑑工具的來源，有學生建議可以由校方、教師與學生共同擬定，這一點建議與教師不同，教師方面的建議只是由教師來設計，而學生的意見是希望學校、教師與學生三方面共同出力完成評鑑表。在工具的使用方面，大部分的學生建議各系所統一，其次是由依照科目設計，而且還有人建議要注意評鑑表的信度。

評鑑的時、地與主持人

有關評鑑的時、地及由誰主持方面，有人主張教師在成績單送交之後，才實施，同樣的意見也出現在前面教師的部分。至於何地實施，提供建議者，全部中意評鑑網路化，這一點也有教師提及相同的看法。至於由誰主持，學生的意見則是只要不受教師干擾，亦即是只要不是教師主持，其他人應該都可以接受，或者就是在教室以外，才可以避免教師在場的干擾。

其他與相關議題

另外還有一些其他的建議，不過重點都在加強評鑑的保密性、要給學生安全感、尊重教師及學生等，同時要建立師生的共

識，把評鑑的目的用意說清楚，讓教師與學生都能敞開心胸，而且給學生選課的空間要更自由，如此一來評鑑才有可能落實。當然也有一些學生提到，評鑑應該要多元化，最好有評鑑委員會，這一點意見和教師所提到的多元評量頗為類似。

第四節　本章小結

整體而言，大多數的學生都同意學校實施「學生評鑑教師教學」制度，且認為「學生評鑑教師教學」具有「提供教師自我評鑑的機會」、「提供師生民主訓練的機會」、「激勵教師改進教學」、「增進師生在教學上的溝通」，以及「反映教師的教學績效」等目的。至於「學生評鑑教師教學」的目的是否在於提高學生學習的動機、做為教師升等之參考，學生則持著中立的態度。

在評鑑內容方面，除了「學生的學業成績」一項，學生保持中立意見，其餘評鑑內容，學生都表示同意。但是學生也認為「認真教學的教師未必獲得高的評鑑分數」是「學生評鑑教師教學」所帶來最大的負面影響。

至於在評鑑結果應用方面，學生同意「個別通知教師改進教學」，但是不同意「公布在學校刊物上」、「獎勵教學優良教師的參考」、「續聘的參考資料」以及提供「學生選課的參考資料」。至於是否將評鑑結果做為「升遷的參考資料」或者「公布在學校刊物上」，學生則表示中立意見。

就可能影響評鑑結果的教師因素而言，學生認為「教師的幽默感」會影響評鑑的分數，但不認為「教師職級不同」、「教師經歷不同」、「教師學位不同」、「教師的性別」會影響他們評鑑教師時的分數。在可能影響評鑑結果的學生因素方面，學生認為

「學生尚未修讀該科目前起始動機與興趣」會影響評鑑結果，其
餘方面，學生則持中立意見。就可能影響評鑑結果的科目因素而
言，學生認為「科目的困難度」會影響評鑑結果，其餘方面，學
生則持中立意見。對於可能影響評鑑結果的教學環境設備因素方
面，學生對所有項目都持中立意見。就可能影響評鑑結果的填寫
情境因素而言，學生同意「教師如在場，會使學生受到影響」以
及「學生填寫教學反映調查表時會有顧慮」而影響評鑑結果。

在評鑑實施技術方面，就「誰被評鑑」而言，大部分學生同
意全校教師應接受評鑑，且由本學期正在修課的學生來評鑑。就
「由誰編製評鑑工具」而言，學生認為由學校教評會來設計較具
公平性，同時評鑑工具的統一性應以各系所為單位，較具代表
性。就舉行的方式，則大部分學生同意於學期末在教室內由班代
主持。不過也有不少比例的學生認為應該是不限地點或者在網路
上實施評鑑。

第十章 師生對「學生評鑑教師教學」的態度之比較

本章主要是比較師範學院教師與學生對「學生評鑑教師教學」態度的差異性。全章共分爲三節，第一節是以量化的資料分析師生對「學生評鑑教師教學」各項重點同意度的異同；第二節是訪談結果之分析；第三節則爲本章小結。

第一節 以量化的資料分析

本節主要是以量化資料的角度來比較師範學院教師與學生對「學生評鑑教師教學」態度的差異性。比較的重點包含評鑑目的、評鑑內容、負面影響、評鑑結果應用、可能影響評鑑結果的因素、整體同意度以及實施技術等。**表 10-1-1** 與**表 10-1-2** 是教師與學生對「學生評鑑教師教學」上述內容與整體同意度之意見摘要表，以下就各重點加以說明。

評鑑目的

由**表 10-1-1** 得知，就教師而言，傾向同意的項目有四個，分別是「激勵教師改進教學」、「提供師生民主訓練的機會」、「增進師生在教學上的溝通」與「提供教師自我評鑑的機會」，其餘三個項目則傾向中立意見。而學生方面則有兩個項目傾向中立意見，分別是「做爲教師升等之參考」與「提高學生學習的動

表10-1-1　教師和學生在「學生評鑑教師教學」各題得分之比較

重點	身分	教師 N=456		學生 N=954		t	rsp
	人數						
	統計數 項目內容	M S	R	M S	R		
評鑑目的	激勵教師改進教學	3.94 0.81	2	3.92 0.82	3	0.405	.857*
	提供師生民主訓練的機會	3.73 0.85	4	3.96 0.69	2	-5.255***	
	增進師生在教學上的溝通	3.84 0.81	3	3.89 0.77	4	-1.047	
	反映教師的教學績效	3.44 0.99	5	3.76 0.88	5	-6.074***	
	做爲教師升等之參考	3.02 1.11	6	3.26 1.00	7	-3.895***	
	提高學生學習的動機	2.93 1.01	7	3.30 0.92	6	-6.685***	
	提供教師自我評鑑的機會	3.99 0.69	1	4.02 0.66	1	-0.890	
評鑑內容	教師個人特質	3.57 0.90	8	3.76 0.76	8	-4.000***	.983**
	教材內容	4.11 0.59	3	4.10 0.52	3	0.396	
	師生關係	3.77 0.79	7	3.80 0.76	7	-0.813	
	教師的教學方法	4.17 0.58	1	4.13 0.54	1	1.458	
	學生學習的評量	4.00 0.71	6	3.95 0.63	5	1.303	
	學生自我評量	4.05 0.72	5	3.89 0.64	6	4.158***	
	學生的學業成績	3.50 0.94	9	3.25 0.92	9	4.548***	
	教師教學整體性的評量	4.14 0.64	2	4.12 0.56	2	0.543	
	科目整體性評量	4.08 0.64	4	4.04 0.57	4	1.129	

（續）表10-1-1　教師和學生在「學生評鑑教師教學」各題得分之比較

重點	身分 人數 統計數 項目內容	教師 N=456 M S	R	學生 N=954 M S	R	t	rsp
負面影響	教師之間關係緊張	3.07 1.00	3	3.12 1.01	3	-0.909	.861*
	認真教學的教師未必獲得高的評鑑分數	4.03 0.81	1	3.85 0.87	1	3.488**	
	降低教學熱忱	2.95 1.01	5	2.96 1.00	4	- 0.115	
	結果不一致導致教師無所依循	3.22 0.98	2	3.23 0.99	2	- 0.070	
	降低對學生的要求	3.07 1.04	3	2.76 0.94	5	5.542***	
	影響師生之間的感情	2.85 0.92	6	2.82 0.92	6	0.584	
評鑑結果應用	個別通知教師改進教學	4.13 0.71	1	3.93 0.71	1	4.834***	.943**
	獎勵教學優良教師的參考	3.40 1.01	2	3.71 0.86	2	- 5.822***	
	續聘的參考資料	3.04 1.05	5	3.56 0.90	4	- 9.505***	
	升遷的參考資料	3.08 1.08	4	3.34 0.91	5	- 4.551***	
	學生選課的參考資料	3.33 0.99	3	3.66 0.86	3	6.274***	
	公布在學校刊物上	2.42 1.04	6	3.05 1.06	6	- 10.459***	
教師因素	教師在學術界的名氣地位	3.46 0.90	4	3.08 1.00	4	6.817***	.891**
	教師給學生分數的高低	3.80 0.83	2	3.43 0.95	3	6.943***	
	教師職位不同	2.91 0.93	6	2.62 0.98	5	5.274***	

（續）表10-1-1　教師和學生在「學生評鑑教師教學」各題得分之比較

重點	身分	教師 N=456		學生 N=954		t	rsp
	人數	M S	R	M S	R		
	統計數 項目內容						
教師因素	教師職級不同	2.68 0.90	9	2.42 0.94	8	4.768***	.891**
	教師學位不同	2.79 0.94	7	2.40 0.94	10	7.051***	
	教師經歷不同	2.74 0.92	8	2.41 0.95	9	6.040***	
	教學年資的深淺	2.65 0.86	10	2.52 0.96	7	2.357*	
	教師的性別	2.62 0.83	11	2.35 0.91	11	5.294***	
	教師擁有的行政資源	3.02 0.96	5	2.58 1.02	6	7.627***	
	教師的幽默感	4.08 0.58	1	3.93 0.70	1	3.909***	
	教師的儀表	3.64 0.75	3	3.49 0.89	2	3.094**	
學生因素	學生的年級	3.47 0.89	2	3.09 0.99	2	6.879***	1.000**
	學生尚未修讀該科目前起始動機與興趣	3.62 0.80	1	3.59 0.86	1	0.588	
	學生的性別	2.99 0.86	3	2.71 1.00	3	4.941***	
科目因素	科目性質	3.36 0.98	4	3.02 1.02	3	5.926***	.400
	科目的選讀性質	3.44 0.94	2	2.89 1.04	4	9.406***	
	科目的困難度	3.87 0.76	1	3.63 0.85	1	4.919***	
	任教科目的層級	3.43 0.91	3	3.12 0.97	2	5.617***	

（續）表10-1-1　教師和學生在「學生評鑑教師教學」各題得分之比較

重點	身分	教師		學生		t	rsp
	人數	N=456		N=954			
	統計數	M	R	M	R		
	項目內容	S		S			
教學環境設備因素	班級學生人數的多寡	3.44 0.91	2	2.93 0.99	3	9.165***	.821
	教師上課的時段	3.18 0.95	5	2.84 1.01	5	6.020***	
	教室的環境	3.31 0.91	3	2.86 1.02	4	7.857***	
	學校的教學設備	3.51 0.83	1	3.23 0.96	1	5.240***	
	學校的圖書資源	3.31 0.87	3	3.11 0.98	2	3.696***	
填寫情境因素	學生填寫教學反映調查表時會有顧慮	3.36 0.94	3	3.52 1.01	2	- 2.799**	.800
	學生會確實填寫教學反映調查表	2.91 0.90	4	3.13 0.95	4	- 3.954***	
	周遭同學會影響學生填寫	3.60 0.76	2	3.39 0.97	3	3.912***	
	教師如在場，會使學生受影響	3.84 0.70	1	3.70 1.00	1	2.563*	
整體同意度		4.03 0.85		4.29 0.71		-5.924***	

註：量表的全距為5；M＜2.50：表示不同意；2.51≦M≦3.50：中立意見；M≧3.51：同意；* p＜.05；** p＜.01；*** p＜.001；M：mean；S：standard deviation；R：ran；rsp：Spearman rank correlation coefficient.

機」；其餘五個項目則傾向同意。就教師和學生在各題平均數的差異而言，達到統計顯著水準共有四項，分別是「提供師生民主訓練的機會」（M師 = 3.73＜M生 = 3.96）、「反映教師的教學績效」（M師 = 3.44 ＜ M生 = 3.76）、「做爲教師升等之參考」（M師 = 3.02＜M生 = 3.26）以及「提高學生學習的動機」（M師 = 2.93＜M生 = 3.30），而且學生在這四個項目的平均分數都高於教師的平均分數。由此可知，學生比教師更肯定「學生評鑑教師教學」的目的。

教師與學生對評鑑目的七個項目的優先排列順序，態度頗爲一致（rsp = .857）。他們都認爲「提供教師自我評鑑的機會」爲評鑑的首要目的，但教師認爲「激勵教師改進教學」爲評鑑的第二目的，學生則認爲「提供師生民主訓練的機會」爲第二目的。至於最後兩個目的，教師和學生的意見也一致，分別是「做爲教師升等之參考」以及「提高學生學習的動機」。

評鑑內容

評鑑內容對學生評鑑教師教學可說是非常重要的一環，它關係整個評鑑的效度。由**表 10-1-1**得知，教師除了在「學生的學業成績」傾向中立意見外，其餘八個項目都傾向同意。而學生方面的意見也和老師一樣，除了「學生的學業成績」傾向中立意見外，其餘八個項目都傾向同意。就教師和學生在各題平均數的差異而言，達到統計顯著水準有三項，分別是「教師個人特質」（M師 = 3.57＜M生 = 3.76）、「學生自我評量」（M師 = 4.05＞M生 = 3.89）、「學生的學業成績」（M師 = 3.50＞M生 = 3.25），除了在「教師個人特質」，學生的態度分數高於教師的分數，其餘兩個項目，則教師高於學生。由此可以看出，與教師有

關的內容，則學生同意的程度明顯高於教師；相對的，與學生有關的內容，如學業成績及學生自評，則教師的同意度比學生高。

　　教師與學生對「學生評鑑教師教學」評鑑內容項目的優先排列順序，非常一致（rsp = .983）。他們都認為「教師的教學方法」為評鑑內容之首要，「教師教學整體性的評量」其次，「教材內容」第三，「科目整體性評量」第四。他們同時也將「教師個人特質」以及「學生的學業成績」列為最後的兩個項目。就教學評鑑的角度來分析，教師與學生將「教師個人特質」以及「學生的學業成績」列為評鑑內容的最後兩個項目，是可以理解的，畢竟教師個人特質是否列為教師教學成效的指標之一，有待討論。而影響學生學業成績的表現有很多因素，學生成績表現好，未必是教師教學成效所致，同樣的，學生成績低落，也未必完全歸咎於教師的教學。可見愈具爭議性的內容，教師與學生愈不考慮列為評鑑的內容。

負面影響

　　教師除了在「認真教學的教師未必獲得較高的評鑑分數」的項目傾向同意以外，其餘五個項目傾向中立意見。而學生方面的意見也和老師一樣，除了「認真教學的教師未必獲得較高的評鑑分數」的項目傾向同意外，其餘都傾向中立意見。就教師和學生在各題平均數的差異而言，教師在「認真教學的教師未必獲得較高的評鑑分數」（M師 = 4.03 ＞ M生 = 3.85）與「降低對學生的要求」（M師 = 3.07 ＞ M生 = 2.76）的平均分數都顯著高於學生的平均分數。換句話說，在這兩方面，教師都比學生同意「學生評鑑教師教學」會對教師的教學帶來負面的影響。

　　教師與學生對「學生評鑑教師教學」可能造成負面影響的六

個項目，優先排列順序，頗為一致（rsp = .861）。他們都認為
「認真教學的教師未必獲得較高的評鑑分數」為第一，「結果不
一致導致教師無所依循」其次，「教師之間關係緊張」第三。他
們同時也將「影響師生之間的感情」列為最後的項目。本研究發
現與 Stevens（1978）的研究發現相同，教師與學生都認為「認真
教學的教師未必獲得較高的評鑑分數」是「學生評鑑教師教學」
所帶來最大的負面影響。「認真教學的教師未必獲得較高的評鑑
分數」不只是「學生評鑑教師教學」所面臨的問題，也是任何一
種教學評鑑方法都會面臨的問題。畢竟評鑑如同測驗，其所涵蓋
的誤差無法避免，所以評鑑的實施者及應用者在處理或解釋評鑑
結果時都要非常謹慎小心。

評鑑結果應用

就評鑑結果的應用方面，教師同意「個別通知教師改進教
學」；不同意將結果「公布在學校刊物上」，至於其他四個項
目，則傾向中立意見。而學生方面，除了「升遷的參考資料」以
及「公布在學校刊物上」傾向中立意見外，在其他四個項目上則
傾向同意。就教師與學生彼此之間意見的差異性而言，所有六個
項目都達到顯著水準。但值得注意的是，除了「個別通知教師改
進教學」（M師 = 4.13 > M生 = 3.93）一項，教師的平均分數顯
著高於學生的平均分數，其餘五個項目都是學生的平均分數顯著
高於教師的平均分數，這五個項目分別是「獎勵教學優良教師的
參考」（M師 = 3.40 < M生 = 3.71）、「續聘的參考資料」（M師
= 3.04 < M生 = 3.56）、「升遷的參考資料」（M師 = 3.08 < M生
= 3.34）、「學生選課的參考資料」（M師 = 3.33 < M生 = 3.66）
以及「公布在學校刊物上」（M師 = 2.42 < M生 = 3.05）。

　　本研究發現與賴明芸等人（1990）的研究發現相同，教師比較傾向評鑑結果個別通知教師，而學生則傾向公布及用於人事方面。但是與Dent 和Nicholas（1980）、Stevens（1978）的研究結果不同，這兩篇國外的研究都顯示教師比學生更同意將評鑑結果用於人事決策方面，造成本研究與國外研究結果不同的原因，可能是國外教師對評鑑的觀念較為開放，而國內較為保守；另一個可能的原因是師範學院的教師對評鑑應用於人事的觀念比普通大學教師更為保守。

　　教師與學生對「學生評鑑教師教學」結果應用的順序性看法頗為一致（rsp = .943）。他們都一致認為「個別通知教師改進教學」第一，「獎勵教學優良教師的參考」其次，「學生選課的參考資料」第三。他們同時也將「公布在學校刊物上」列為最後的項目。可見教師與學生都認為將評鑑結果「個別通知教師改進教學」，是最重要的，畢竟「學生評鑑教師教學」的第一功能就是改進教師教學，所以個別通知教師，讓教師瞭解自己教學的情況，做為改進教學的依據。另一個可能的原因是「個別通知教師改進教學」最無爭議性，所以教師與學生都將這個項目列為第一，而「公布在學校刊物上」對教師的影響最大，爭議性也最多，所以教師與學生自然就將它列為最後的應用方式。

可能影響評鑑結果的因素

　　影響「學生評鑑教師教學」的因素很多，有些因素與教師的教學效能沒有直接的關係，或者不是教師所能掌控，以下僅就教師、學生、科目、教學環境設備及填寫情境五個因素加以探討。

一、教師因素

由**表 10-1-1** 得知，教師在「教師給學生分數的高低」、「教師的幽默感」以及「教師的儀表」三個項目傾向同意，在其他八個項目則傾向中立意見。而學生方面，只有同意「教師的幽默感」一項，但不同意的則有四項，分別是「教師職級不同」、「教師學位不同」、「教師經歷不同」以及「教師的性別」。比較教師與學生彼此之間意見的差異性，則全部十一項與教師有關的因素都達到顯著水準。但值得注意的是，教師的平均分數在所有十一個項目都顯著高於學生的平均分數。由此可知老師比學生更相信教師的因素會影響「學生評鑑教師教學」的結果。

教師與學生對教師十一項因素的順序性看法頗為一致（rsp = .891）。他們都認為「教師的幽默感」第一，「教師給學生分數的高低」及「教師的儀表」則分別列為二、三，而「教師的性別」則同時被他們列為最後的項目。

二、學生因素

教師與學生在「學生尚未修讀該科目前起始動機與興趣」的項目都傾向同意，在其他兩個項目則傾向中立意見。就教師與學生彼此之間意見的差異性而言，教師在「學生的年級」（M 師 = 3.47 ＞ M 生 = 3.09）與「學生的性別」（M 師 = 2.99 ＞ M 生 = 2.71）兩個項目的平均分數都顯著高於學生的平均分數。

教師與學生對學生的三項因素的順序性看法完全一致（rsp = 1.000），分別是「學生尚未修讀該科目前起始動機與興趣」第一，「學生的年級」第二，「學生的性別」最後。由此可知，和教師性別一樣，學生性別也被列為最不會影響評鑑的結果的學生因素。

三、科目因素

教師與學生在「科目的困難度」的項目傾向同意，其餘項目則是中立意見。就教師與學生彼此之間意見的差異性而言，所有四個項目都達到顯著水準，而且都是教師的平均分數高於學生的平均分數。而且教師與學生對「可能影響評鑑結果的科目因素」的項目順序性看法不一致。雖然他們都將「科目的困難度」列為最會影響評鑑結果的因素，但是對於其他三項，教師與學生的看法就不同，如教師所教的科目的選讀性質，教師認為是第二，但是學生認為最後。

四、教學環境設備因素

教師除了在「學校的教學設備」一項，表示同意以外，其餘四個項目則保持中立意見；而學生則是在所有五個項目的分數都反映出中立意見。就教師與學生彼此之間意見的差異性而言，所有五個項目都達到顯著水準，而且都是教師的平均分數高於學生的平均分數。

教師與學生對「可能影響評鑑結果的教學環境設備因素」的項目順序性看法還算一致。他們都一致將「學校的教學設備」列為最會影響評鑑結果的環境因素，而「學校的圖書資源」及「班級學生人數的多寡」則分列二或三。

五、填寫情境因素

教師在「周遭同學會影響學生填寫」以及「教師如在場，會使學生受影響」的項目傾向同意，其餘兩個項目則傾向中立意見。而學生方面，也有兩個項目是同意，分別是「教師如在場，會使學生受影響」與「學生填寫教學反映調查表時會有顧慮」，

其他兩項則傾向中立意見。就教師與學生彼此之間意見的差異性而言，所有四個項目都達到顯著水準，不過在「學生填寫教學反映調查表會有顧慮」（M師 = 3.36＜M生 = 3.52）與「學生會確實填寫教學反映意見調查表」（M師 = 2.91＜M生 = 3.13）兩項，學生顯著高於教師，而在「周遭同學會影響學生填寫」（M師 = 3.60＞M生 = 3.39）以及「教師如在場，會使學生受到影響」（M師 = 3.84＞M生 = 3.70）兩項則是教師顯著高於學生的平均分數。由此可知，與學生有關的原因，如填寫時有顧慮以及是否會確實填寫方面，可能是學生自身就是評鑑者，有填寫的經驗，所以同意的程度比教師高。而與外在有關的因素，如教師在場及周遭同學，可能是教師本人也是屬於外在因素之一，所以同意度比學生高。

教師與學生對「可能影響評鑑結果的填寫情境因素」的項目順序性看法還算一致。他們都一致將「教師如在場，會使學生受到影響」列為最會影響評鑑結果的填寫情境因素。

綜合上述，除了填寫情境因素，有兩項是學生的平均分數高於教師，其餘達到顯著的項目，包含教師因素、學生因素、科目因素、教學環境設備因素以及另外兩項填寫情境因素，都是教師的平均分數高於學生。畢竟評鑑結果影響最大還是教師本人，所以教師會比學生（亦即是評鑑者）擔心這些可能會影響評鑑結果的因素，是可以理解與預期的。

整體同意度

就整體同意度而言，學生贊成「學生評鑑教師教學」的程度比教師高（M師 = 4.03 ＜ M生 = 4.29）。但從兩組的平均數分析，兩組都同意學生可以評鑑教師教學，只是學生贊成的程度比

教師贊成的程度高。本研究結果與賴明芸（1990）、Dent 和 Nicholas（1980）、Stevens（1978）的研究結果相同。造成師生態度差異的原因，可能是有部分教師比較排斥或不能接受「學生評鑑教師教學」，而且受評鑑的是教師，評鑑結果對教師直接影響較大。而學生方面，因爲是評鑑者，所以壓力不會比被評鑑者來得大，而且評鑑結果對自己的影響也不大（目前各校都尚未將「學生評鑑教師教學」的評鑑結果公布，以供學生選課參考），所以學生同意的程度就比教師高。

實施技術

「學生評鑑教師教學」的工作是否能落實，最重要的就是實施的技術。有關「學生評鑑教師教學」的實施技術，大致可分爲下列幾方面來探討：誰被評鑑、由誰評鑑、由誰編製評鑑工具、工具使用的統一性、何時評鑑、何地評鑑、由誰主持等。

一、誰被評鑑

學生評鑑教師教學中，最重要的角色就是誰被評鑑。由表 10-1-2 得知，在全部的受訪教師中，有72.5％認爲「全校教師」都需要接受學生評鑑，而另有13.2％的教師認爲只有「特定教師」需要評鑑（如新任教師、想要申請升等的教師等），也有14.3％的教師認爲應該「由教師自行決定」是否需要接受學生評鑑。而學生方面，則有89.3％認爲「全校教師」都需要接受學生評鑑，有7.4％的學生認爲只有「特定教師」需要評鑑，只有相當少數的學生（3.3％）認爲可以「由教師自行決定」是否需要接受學生評鑑。

雖然教師與學生贊成全校教師接受評鑑的比例最高，但是教

表10-1-2　教師與學生對「學生評鑑教師教學」實施技術意見摘要表

變項	類別	教師			學生			X²	φ C V
		N	%	AR	N	%	AR		
誰被評鑑	全校教師	325	72.5	-7.8	787	89.3	7.8	71.973**	.233**
	特定教師	59	13.2	3.4	65	7.4	-3.4		
	教師自行決定	64	14.3	7.4	29	3.3	-7.4		
由誰評鑑	本學期學生	212	48.4	4.5	313	35.5	-4.5	69.094***	.222***
	前一學期學生	59	13.5	-3.4	186	21.1	3.4		
	畢業校友	8	1.8	-.4	19	2.2	.4		
	本學期和前一學期學生	57	13.0	-5.6	234	26.6	5.6		
	本學期和畢業校友	24	5.5	4.1	13	1.5	-4.1		
	前一學期和畢業校友	25	5.7	2.1	29	3.3	-2.1		
	三者都要	53	12.1	1.2	87	9.9	-1.2		
由誰編製評鑑工具	教務處	90	23.0	8.5	54	6.4	-8.5	182.827**	.385**
	各系所	114	25.9	3.5	169	20.0	-3.5		
	教評會	177	45.3	1.8	337	40.0	-1.8		
	學生自治會	10	2.6	-11.9	283	33.6	11.9		
工具使用	全校統一	102	24.1	-3.0	277	32.1	3.0	48.272**	.194**
	全系所統一	180	42.6	-3.0	445	51.6	3.0		
	數套供選	141	33.3	6.9	141	16.3	-6.9		
何時評鑑	學期初	12	2.8	-.5	29	3.3	.5	22.266**	.126**
	學期中	33	7.7	-3.5	127	14.6	3.5		
	學期末	315	73.4	3.7	551	63.2	-3.7		
	學期初和學期中	1	0.2	1.4	0	0.0	-1.4		
	學期初和學期末	7	1.6	-1.7	28	3.2	1.7		
	學期中和學期末	54	12.6	-.7	122	14.0	.7		
	學期初、中、末都實施	7	1.6	-.1	15	1.7	.1		
何地評鑑	教室內	249	57.8	3.7	412	46.7	-3.7	41.177**	.177**
	不限地點	142	32.9	1.4	258	29.3	-1.4		
	網路上	40	9.3	-6.4	212	24.0	6.4		
由誰主持	任課教師	30	6.9	1.7	41	4.6	-1.7	76.804**	.241**
	系行政助理	131	30.1	8.0	107	12.1	-8.0		
	教務處派人	54	12.4	.8	97	11.0	-.8		
	班代主持	220	50.6	-7.8	639	72.3	7.8		

註：*p < .05；**p < .01。φ: phi coefficient；C：Pearson's contingency coefficient；V：Cramer's V coefficient；%：指各類樣本在各變項選項的百分比。AR：校正後標準化殘差（adjusted standardized residual）。

師與學生對誰被評鑑的意見仍然達到顯著性的差異，且呈現正相
關（V = .233）。顯示受訪者身分與誰被評鑑的看法有相互的關聯
性存在，由校正後標準殘差值得知，學生贊成「全校教師」應接
受評鑑的比例比教師顯著得多，而教師同意「特定教師」或「教
師自行決定」的比例則顯著高於學生的比例。

二、由誰評鑑

　　「學生評鑑教師教學」中，另一個重要的角色就是評鑑者。
評鑑者當然是學生，就問卷上所包含的七種評鑑者組合而言，教
師與學生在由誰評鑑的意見達到顯著差異，且相關係數（V =
.222）也達顯著水準。教師部分，有48.4%同意只要由本學期正
在修課的學生來評鑑即可，13.5%同意由前一學期學生，只有
1.8%同意由畢業校友來擔任，另外有13.0%的教師同意由本學期
和前一學期學生共同擔任，至於同意三種學生都擔任評鑑者的教
師也占12.1%。學生方面，則有35.5%贊成只要由本學期正在修
課的同學來評鑑教師教學，21.1%同意由前一學期學生，只有
2.2%同意由畢業校友來擔任，但同意由本學期和前一學期學生共
同擔任的有26.6%，至於同意三種學生都擔任評鑑者的學生只占
9.9%。

　　由上可知，大部分教師與學生都同意只要由本學期學生來評
鑑教學即可，但是教師同意的比例顯著得高於學生的比例，而相
對的，學生同意「前一學期學生」或「本學期學生和前一學期學
生」的比例都比教師高。造成差異的原因，可能是教師擔心由前
一學期學生來評鑑，那麼同學是否還完全記得教師前一學期的教
學表現呢？其準確性堪慮，另一個原因也許是因為教師會認為如
果讓前一學期學生來評鑑，那麼評鑑的形成性功能可能就無法達
到。至於學生方面，之所以比較同意由前一學期修過課的學生來

評鑑，可能是因爲可以避免給老師低的評鑑分數而擔心學期分數
受影響的壓力。

三、由誰編製評鑑工具

　　除了被評鑑者及評鑑者對學生評鑑教師教學的制度，是兩種
關鍵人物，另一個重要的角色就是由誰來編製評鑑工具。教師與
學生在這方面的意見如何呢？由**表 10-1-2** 得知，就問卷所列的四
種不同團體而言，教師較同意「教師評鑑委員會」（45.3%）來編
製評鑑工具，其次是「各系所」自行設計（25.9%），「教務處」
（23.0%）第三，最後是「學生自治委員會」（2.6%）。而學生方
面，最同意的仍然是「教師評鑑委員會」（40.0%）來編製評鑑工
具，其次則是「學生自治委員會」（33.6%），「各系所」自行設
計（20.0%）第三，最後是教務處（6.4%）。

　　教師與學生在這方面的意見達到顯著差異，呈現正相關（V
= .385）。由此可知，雖然大多數教師與學生同意由教師評鑑委員
會來設計評量的工具，但是也有超過三成的受訪學生認爲可由學
生自治委員會來設計工具。而教師方面，同意由學生自治委員會
來設計工具的卻不到 3%。近三成的學生選擇由學生自治委員會
來編製評鑑工具，可見部分學生認爲評鑑者，亦即是學生也應該
有參與編製評鑑工具的責任與權利，而不只是一位被動的評鑑
者。

四、工具使用的統一性

　　至於對評鑑工具的統一性，教師與學生的意見又如何呢？由
表 10-1-2 得知，就問卷所列的三種不同的實施方式而言，教師較
同意「全系所統一」（42.6%），其次是「學校備有數套，供教師
自由選擇」（33.3%），第三則爲「全校統一」的方式（24.1%）。

而學生方面，最同意的也是「全系所統一」（51.6%），其次則是「全校統一」（32.1%），至於「學校備有數套，供教師自由選擇」的意見只有16.3%的學生同意。教師與學生對評鑑工具的統一性都保持「中間」的意見，可能是因為他們都覺得如果採用全校統一，似乎沒有顧及各系所科目不同，評鑑的內容應該有所不同；但如果由教師自行選擇，他們可能又擔心評鑑結果的公平性會遭到質疑，因而選擇由各系所統一。

就卡方考驗而言，教師與學生在這方面的意見達到顯著差異，呈現低正相關（V = .194）。由此可知，受訪者身分和對評鑑工具的使用意見上有低微的關聯性。雖然大多數教師與學生同意評鑑工具的使用應該是全系所統一，但是也有超過三成的教師認為學校應該備有數套評鑑工具，讓教師自由選擇，而學生方面，卻有三成以上認為應該由全校統一。

五、何時評鑑

何時實施「學生評鑑教師教學」？就問卷所包含的七種評鑑時間的組合，教師與學生的意見達到顯著差異，相關係數為.126。就教師部分，贊成只要在期末實施評鑑的比例最高，占73.4%，其次是學期中和學期末一起，占12.6%，第三則是只要在學期中，占7.7%，其他四種情形，教師贊成的比例都很低。至於學生方面，也是贊成只要在期末實施評鑑的比例最高，占63.2%，其次是只要在學期中實施，占14.6%，第三則是學期中和學期末都要，占14.0%，其他四種情形，學生贊成的比例都很低。

大多數教師與學生同意只要在學期末實施教學評鑑，可能的原因有二：一是目前各師範學院（無論是全面實施或者各系自行決定）實施學生評鑑教師教學都規定在學期結束前兩周，教師與

學生都已經習慣了這個時間實施；第二個可能的原因是，教師與學生認為學期末實施學生的評鑑教師教學，評鑑的結果較有整體的代表性。

六、何地評鑑

就評鑑實施的地點而言，超過半數的教師（57.8%）同意在教室內實施，其次是不限地點（32.9%），至於網路上實施，僅有少於一成的老師（9.3%）同意。而學生方面則有近半數的人（46.7%）同意在教室內實施，其次是不限地點（29.3%），不過也有超過二成的學生認為可以在網路上實施學生評鑑教師教學。

受訪者身分在「何地評鑑」的意見上達到顯著水準，相關係數為 .177，顯示受訪者在這一項目的意見稍微受到身分的影響。雖然大多數的教師與學生仍然傾向在教室內實施，但是老師同意的比例比學生高。至於在網路上實施，則學生的比例比教師高出一倍以上。可能是因為學生認為在網路實施評鑑可以省去不少的人力及物力，同時不會因教師或同學在場而受到影響。

七、由誰主持

超過半數的教師（50.6%）同意由班級代表來主持評鑑，其次是系行政助理（30.1%），第三則是教務處派人（12.4%），只有少數教師（6.9%）同意由任課教師親自主持。學生方面，超過七成的人（72.3%）同意由班級學生代表來主持，其次是系行政助理（12.1%），第三還是教務處派人（11.0%），同意由任課教師親自主持的人最少（4.6%）。

受訪者身分在由誰主持評鑑的意見上達到顯著水準，相關係數為 .241，顯示受訪者的身分對由誰主持評鑑的看法有影響。至於為什麼大多數的人，尤其是學生同意由班級代表來主持評鑑比

教師高，可能是因爲由班級代表來主持比任課教師親切，沒有壓迫感。而學生似乎也同時認爲若由任課教師親自主持評鑑，可能會影響學生塡寫的眞實性，所以學生同意由任課教師來主持的比例又比教師低。

綜合分析

表10-1-3是綜合教師與學生對「學生評鑑教師教學」各重點態度之同意性、差異性及一致性摘要表。由表得知，就「評鑑目的」七個項目而言，教師同意的有四項，學生則有五項，二者達到顯著差異的有四項，對七個項目的優先排列順序，教師與學生的態度達到一致性。以「評鑑內容」九個項目分析，教師同意的有八項，學生也有八項，二者達到顯著差異的只有三項，對九個項目的優先排列順序，教師與學生的態度達到一致性。從「負面影響」六個項目探討，教師同意的只有一項，學生也只有一項，二者達到顯著差異的則有二項，對六個項目的優先排列順序，教師與學生的態度達到一致性。就「評鑑結果應用」六個項目而言，教師同意的只有一項，學生則有四項，教師與學生在這六個項目全部達到顯著差異，不過對六個項目的優先排列順序，二者的態度則爲一致。

就「可能影響評鑑結果的教師因素」十一個項目而言，教師同意的有三項，學生只有一項，教師與學生在這十一個項目全部達到顯著差異，不過對全部項目的優先排列順序，二者的態度則爲一致。以「學生因素」三個項目分析，教師同意的有一項，學生只有一項，二者達到顯著差異的項目有二項，教師與學生對這三個項目的優先排列順序，態度則爲一致。就「科目因素」四個項目而言，教師同意的有一項，學生也只有一項，但二者在這四

項全部達到顯著差異。從「教學環境設備因素」探討，教師同意的只有一項，學生則無，但二者在這五項全部達到顯著差異。就「填寫情境因素」四個項目而言，教師同意的有二項，學生也有二項，但二者在這四項全部達到顯著差異。

　　由上述的綜合分析得知，教師與學生對「評鑑內容」及「負面影響」兩個重點的態度差異性較小，但是對「評鑑結果應用」及「可能影響評鑑結果的所有因素」兩個重點的態度差異性就比較大。

　　在評鑑實施技術方面，就「誰被評鑑」而言，教師與學生都同意全校教師應接受評鑑，只是學生的同意的比例比教師高，且達到顯著水準。以「由誰評鑑」分析，教師與學生都同意由本學期學生來評鑑，不過教師同意的比例顯著高於學生同意的比例。就「由誰編製評鑑工具」而言，教師與學生都同意由學校教評會來設計，不過教師的比例高於學生。從「工具使用的統一性」分析，教師與學生都同意由全系所統一，但是學生同意的比例高於教師的比例，且達到顯著水準。就「何時評鑑」而言，教師與學生都同意在學期末才評鑑，不過教師同意的比例顯著高於學生同意的比例。以「何地評鑑」分析，教師與學生都同意在教室內實施，不過教師同意的比例比學生高，且達到顯著水準。從「由誰主持」探討，則教師與學生都同意由班代來主持，只是學生的同意的比例顯著高於教師的比例。

　　綜合上述可知，教師與學生對評鑑實施的各項技術，在類別的選擇上，完全相同，只是教師同意的比例與學生同意的比例互有高低，而這些比例的不同都達到統計上顯著的差異。

　　就對評鑑的「整體同意度」而言，教師與學生都同意學校實施「學生評鑑教師教學」，不過學生同意的程度顯著高於教師的程度。

表 10-1-3 師生對「學生評鑑教師教學」各重點態度之同意性、差異性及一致性摘要表

| 變項 | 評鑑目的 | 評鑑內容 | 負面影響 | 評鑑結果應用 | 可能影響評鑑結果的因素 | | | | | 實施技術 | | | | | | | 整體同意度 |
					教師	學生	科目	教學環境設備	填寫情境	誰被評鑑	由誰評鑑	由誰編製評鑑工具	工具使用	何時評鑑	何地評鑑	由誰主持	
教師同意項目的數量或類別%	4/7	8/9	1/6	1/6	3/11	1/3	1/4	1/5	2/4	全校教師	本學期學生	校教評會	全系所統一	學期末	教室內	班代	同意
										72.5	48.4	45.3	42.6	73.4	57.8	50.6	4.03
學生同意項目的數量或類別%	5/7	8/9	1/6	4/6	1/11	1/3	1/4	0/5	2/4	全校教師	本學期學生	校教評會	全系所統一	學期末	教室內	班代	同意
										89.3	35.5	40.0	51.6	63.2	46.7	72.3	4.29
師生態度差異的項目數量或情形	4/7	3/9	2/6	6/6	11/11	2/3	4/4	5/5	4/4	*	*	*	*	*	*	*	*
師生態度一致性或相關性	✓	✓	✓	✓	✓	✓				*	*	*	*	*	*	*	*

註：分母部分表示各重點的全部項目數量，分子部分表示同意的項目數量或達到顯著差異的項目數量。

　　✓表示師生對各重點項目優先順序排列，達到顯著的一致性。

　　*表示達到顯著差異或者顯著相關。

　　斜字體的數字為該類別之百分比；畫底線的數字為平均數（全距為5）。

第二節 以訪談結果之分析

　　本節主要以實地訪談教師與學生的「學生評鑑教師教學」的意見。訪談的對象為花蓮師範學院十位教師以及二十位學生。其

中男、女教師各五位，分別來自五個不同的任教領域：初幼教育、語文教育、社會教育、數理教育及藝能教育；而男、女學生各十位，也分別來自上述五個不同的學習領域，每一領域男、女生各兩位。**表10-2-1**是受訪教師與學生所屬領域、性別及職級（年級）及編碼的一覽表。

　　為了便於辨識受訪者，將每位受訪教師依照其任教領域、性別、職級加以編碼，如「初男副01」表示第一位受訪者是初幼教育領域男副教授；「語女副07」表示第七位受訪者是語文教育領域女副教授。學生部分的編碼方式也類似，如「初男一01」表示第一位受訪者是初幼教育領域一年級男學生；「社女三15」表示第十五位受訪者是社會教育領域三年級女生。以下就受訪者的意見加以歸納分析：

表10-2-1　受訪教師與學生所屬領域、性別及職級（年級）及編碼的一覽表

受訪教師				受訪學生									
序號	領域	性別	職級	編碼	序號	領域	性別	年級	編碼	序號	領域	性別	年級	編碼
01	初幼	男	副教授	初男副01	01	初幼	男	一	初男一01	11	初幼	女	三	初女三11
02	語文	男	教授	語男教02	02	初幼	男	二	初男二02	12	初幼	女	四	初女四12
03	社會	男	副教授	社男副03	03	語文	男	三	語男三03	13	語文	女	三	語女三13
04	數理	男	教授	數男教04	04	語文	男	四	語男四04	14	語文	女	二	語女二14
05	藝能	男	教授	藝男教05	05	社會	男	一	社男一05	15	社會	女	三	社女三15
06	初幼	女	講師	初女講06	06	社會	男	二	社男二06	16	社會	女	四	社女四16
07	語文	女	副教授	語女副07	07	數理	男	三	數男三07	17	數理	女	二	數女二17
08	社會	女	副教授	社女副08	08	數理	男	四	數男四08	18	數理	女	二	數女二18
09	數理	女	講師	數女講09	09	藝能	男	二	藝男二09	19	藝能	女	三	藝女三19
10	藝能	女	副教授	藝女副10	10	藝能	男	二	藝男二10	20	藝能	女	一	藝女一20

評鑑目的

一、教師意見

　　受訪教師大部分都知道「學生評鑑教師教學」的目的是爲了反映教師的教學，進而改進教學，甚至做爲學校人事的參考，但從回答的語氣中，似乎也發現部分教師認爲這是學校基於教育部的要求及時代潮流的衝擊，迫不得已的做法。

　　「我知道啦！還不是爲了什麼提升教師的教學！」（藝男教05）

　　「可以知道學生對我教學的看法，其實我以前就做了，滿可以反映自己教學的現象。」（語女副07）

　　「學校把他拿來做爲升等的分數，不是嗎？如果我不想升等呢？」（初女講06）

　　另外也有兩位教師認爲評鑑的目的可以提供教師和學生之間的溝通或教師有管道瞭解學生到底在想什麼？

　　「我一直以爲我的教學不錯，天曉得學生還給我一些我從未注意過的建議。」（初男副01）

　　「我喜歡學生在開放性問題，給我建議，有時候也是一種鼓勵。」（社女副08）

二、學生意見

　　對於「學生評鑑教師教學」的目的，學生的反應和教師差不多，也大多集中在改進教學以及做爲學校人事的參考。

　　「務必確實將評鑑結果通知任課教師，做爲教師改進教學之參考，並比較連續數年之教學評鑑結果，看教學是否有改進。」

（數男三07）

「希望問卷調查表的評鑑結果能讓教師知道他的缺點，並給予改進的機會，以此作為續聘的參考。」（藝女三19）

「可以暢通師生溝通的管道。」（初女三11）

評鑑內容

一、教師意見

教師認為評鑑表的內容應該強調實際上課的情況、題目要完備、客觀並能反映出科目的差異性，同時建議增加開放性的題目。

「第一題是『按時上下課且缺席有適當安排』，我認為不妥，如果一位老師認真上課，晚了五分鐘下課，他就不算是準時下課了，可是實際上，他是很認真的老師。」（社男副03）

「內容不夠周延，如實驗、參觀時間、觀測、田野調查、野外、媒體使用等應列入評鑑內容。」（數男教04）

「現今的調查表是以學生的滿意度為調查重點，日後應以教師實際的付出做為調查重點。」（初男副01）

「評鑑的內容難以反映教學情況，多以開放性的題目，少用條例式的問卷題目。」（語女副07）

「有些題目僅適合少數或大班級的科目，而且以勾選的方式容易流於形式。」（藝女副10）

二、學生意見

學生方面的意見則表示評鑑表的題目過於僵化、內容太籠統、不清楚，而且也有人建議把有關學生自評的部分刪除。另

外，和教師一樣，學生們也希望多增加開放性的題目。

「有一題提到『評量過程公平合理嗎？』，我怎會知道老師公不公平，只有教師自己知道。」（藝男二10）

「內容要再修正，有些題目眞敎人不知如何回答。」（社男二06）

「評鑑的項目內容有待修正，在期末，敎師對學生的成績評量結果尙未出來，如何詢問學生認爲評量是否公平？」（初女四12）

「有些問題有些模糊，而且問學生對自己的表現有何看法，這有什麼用呢？」（初女三11）

「有一題爲：『你是認眞學習的嗎？』，誰會不同意呢？我認爲調查表中有關學生的部分可以省略。沒有什麼意義。」（初女三11）

「有關評鑑學生的部分可刪除，因爲這是給敎師的敎學反映！」（數男四08）

「學生未必確實勾選，不妨以開放性的評鑑，會有比較佳的效果。」（藝男二10）

「評鑑是敎學的輔助工具，所以我認爲『開放性』的問題，比較能刺激學生的思考，藉由題目的客觀引導，也許能較客觀呈現敎學品質的某些面向。」（社女三15）

「除圈選答案外，每一題下面都應該留一些空白，問學生爲什麼同意或不同意的原因在哪裡？」（數男三07）

「如果我是老師，我會更希望看到學生用一些文字告訴我如何改進敎學，而不只是數字。」（語女二14）

負面影響

一、教師意見

部分教師認為評鑑會影響教師與學生的關係，因為有些學生會利用評鑑建議的部分，以情緒化或攻擊性的語言批評教師，教師收到評鑑結果之後，明知一、二位學生非理性的意見不足以代表全班，但是對教師教學上的士氣卻產生很大的挫折感。

「少數學習上有障礙的學生會因為討厭該門課（如普通數學）就將所有項目的分數均打最低分，或在意見表上惡意的批評老師，而且是昧著良心說瞎話。而學校當局是把學生的意見（其實只有一個人如此說）一字不漏的打字下來拿給受評鑑的老師看，看到後幾乎要吐血（因定力太差），如此評鑑不但無法幫助老師改進教學，甚至打擊老師的教學士氣，我想此非評鑑的本意，故宜正視此問題。」（數女講09）

「若教學評鑑的目的，在於建議教師的教學方式，建議以文字性的敘述取代表格。又學生一、二人的文字評語，並不代表全班，若學生非以建設性的態度來評鑑，對教學者而言，是不合適的、不公平的。」（初女講06）

「極少數學生情緒化之反映意見，應要求其說明理由或舉出明確之事實，讓老師有申訴的機會，否則，不宜列入評鑑結果紀錄中，其評鑑分數不列入統計，以免打擊教師之教學士氣。」（數男教04）

二、學生意見

學生表示有些教師在收到評鑑結果之後會在課堂上發洩不滿

的情緒，因而使得學生心生恐懼或不滿，影響師生間的互動與上課情緒，甚至不敢據實填寫評鑑表。

「有老師以此結果在全班上課時責罵之。」（社男二06）

「有些老師很沒風度，被給低分數，不但無法接受還要罵學生。」（初女三11）

「有老師拿出爐的評鑑結果找學生開刀，讓學生受到壓力與不平。」（社女三15）

「學校應注意老師的反映，因為有的老師被學生評鑑得不太好，就質問同學，為什麼把他評鑑得那麼差，還把我們的分數打的很低，如果我們的誠意卻換來老師的怨恨，以後我們都不敢照實說了！」（語女三13）

「如某老師說他已經不在乎我們寫的東西，反正他已經升到最高，沒必要再升上去了，態度惡劣，即使評鑑成績差，也不見得對他有影響。」（初女三11）

「有些老師根本不會去理會這些意見調查表，藉著上學期調查表的建議去約束學生或抱怨、不滿上學期學生的態度，甚至開罵。」（語男三03）

有些學生認為學校在這兩年來並沒有針對評鑑有所改進，教師與學校都不重視評鑑的結果。

「因為我們在填問卷時常會覺得有填沒填都一樣，教師並不會因此改善。」（語男三03）

「對教師根本一點用都沒有，他依然我行我素。」（語男四04）

「學校根本不重視評鑑結果，這樣的評鑑只是空有形式而已。」（藝男二09）

「我是很認真提供教師意見，但是老師可能覺得他永遠是對的，所以沒有什麼改進，評鑑只是一種形式罷了！」（數女二18）

「總覺得無力感，但還是在做，而做了又覺得是白做！」（初女四 12）

「老師自己不怎麼樣，學校也不敢對老師怎麼樣，而我們又能怎麼樣！」（藝男二 10）

評鑑結果應用

一、教師意見

教師對於評鑑結果的應用，都是希望個別通知教師，同時要注意教師個人的隱私權。也有教師提到如果評鑑能具有高的信效度，可以將評鑑的結果結合該科目的教學計畫表，一起放在圖書館，供師生參考，尤其是評鑑結果得優的教師，更應該被公布出來。另外也有教師提到學校可以設立教學輔導小組或是成立教學建議箱，幫助評鑑結果較差的教師，改進其教學。

「應設教師教學建議箱，提供全校學生作為對全體授課教師的建議或個別單科任教老師之意見，以暢通師生之教學績效溝通管道。」（社男副 03）

「成立教學輔導小組，針對評鑑不好的教師給予協助。」（初女講 06）

「如果評鑑的的信效度很高，那麼我覺得可以公布教師評鑑的結果，並且和他的科目教學計畫表，一起裝訂起來，放在圖書館，供學生參考，尤其是評鑑較優的教師。」（初男副 01）

二、學生意見

受訪的學生也大都希望評鑑的結果能夠告知教師讓他們改進教學，有些同學認為學校應該主動和被評鑑較差的老師做溝通，

同時將評鑑結果做為教師續聘之參考，另外也有人強調評鑑結果一定要公布出來，否則無法有效的達到改進教學的目的。

「應該要通知任課教師吧！最好能夠比較連續數年之教學評鑑結果，看老師是否有改進。」（數女二17）

「告訴老師，讓他有改進的機會，而且以此做為續聘的參考。」（藝男二10）

「對於評鑑結果較差的老師，系主任或學校需要深入瞭解，否則永遠不會改進，差的老師還是那幾個。」（社女三15）

「當老師得到的分數很低時，學校應和該科老師多做溝通，看是改變教學方法或改開其他課程。」（社男一05）

「要讓學生和教師都知道，如此學生才會確實填寫。」（初女四12）

「公布評鑑結果，教師才會有進步的動力。」（語女三13）

「公布出來，供學生參考，才可以鼓勵或督促教師改進教學。」（初女三11）

可能影響評鑑結果的因素

一、教師意見

教師認為最可能影響評鑑結果的因素，就是學生本身，有些學生不用功，還怪老師教得不好，有些學生對評鑑態度不是很慎重，有些甚至亂填，導致評鑑結果不可靠。另外也有受訪教師認為班級人數過多、上課時段和科目內容太難，都會影響評鑑的結果。

「很多學生平時不用功，也不來上課，到了期末才出現，就要評鑑老師，所以都是勾選沒意見，還有一些學生是沒有什麼判

斷能力，根本還搞不清楚教學評鑑的意義。」（藝女副10）

「有些學生喜歡選很多課，白天上，晚上也上，結果到了晚上就沒有精神上課，學習效果當然不好，評鑑的結果也不好。」（藝女副10）

「我覺得班級人數太多會影響教師和學生的互動以及批改作業。研究所一個學生就可以開課，我們得要收到四十位學生，當然改作業就沒有辦法和研究所老師相比，學生給我們的分數也會比較低。」（語男教02）

「數學科目本身的內容就比較難，學生根本就沒有興趣，但是又必修，所以不得不修，而老師教得很辛苦，學生得到的分數不高，成就感也低，所以就認為老師教得不好。」（數女講09）

二、學生意見

學生認為會影響評鑑結果的因素大都集中在填寫的情境，尤其是教師在場的時候，他們會有所顧忌。不過也有學生認為真材實料的教師一定會得高分，至於教師的儀表，也有學生認為是可能影響評鑑結果的因素之一。

「我覺得很多同學都是亂寫一通，因為下課了大家都急著離開教室，所以都隨便勾一勾。」（數男四08）

「我聽說有人請其他同學代為填寫，那麼這種結果算嗎？」（語男三03）

「有些老師自己發評鑑表，而且還提到這個評鑑結果和他的升等有關，我想大家都知道他的意思！」（語女二14）

「其實學校即使不公布評鑑結果，我們學生彼此都會傳哪一位老師是真材實料，可以選，像我們系上甲老師❶，每次上課都唱作俱佳，而且很關心學生，他的課一下就滿了，我想他的評鑑分數一定很高。但是乙老師，也是很多人選，但是大家都知道沒

學到什麼，就是輕鬆過關拿高分。」（社女三15）

「我覺得有些同學會給長得比較好看的老師分數高一些，像班上還有同學說選某一位老師的課，即使聽不懂，看他上課就夠了。」（社女四16）

實施技術

一、誰被評鑑

（一）教師意見

就哪些教師應該被評鑑，大部分的受訪教師認為全校教師都需要接受學生評鑑，但是也有教師認為新進教師需要接受評鑑，或者是連續三年被評為教學優良之教師可以不用再接受評鑑。

「如果全校要做，就大家一起來吧！」（初男副01）

「管他兼任或專任，反正只要他在花師上課，就要做。」（社男副03）

「我覺得新進教師一定要做，因為我們對他的教學不熟悉，另外我覺得連續三年被評為教學績優之教師，可以免疫。」（語男教02）

（二）學生意見

學生的看法是全部的教師都要做，也就是全部的科目都要做，才能確實的反映每位教師在每門科目的教學績效，甚至有學生認為要不要做應該由學生來決定，因為他認為這是學生的權利。

「一定要強制執行，不能讓教師隨意決定要不要做。」（社男二06）

「我認為所有的老師都要做，否則有些教師做，有些教師不

做，學生會覺得很奇怪。難道不做評鑑的老師教得比較好嗎？爲什麼有些教師不敢做，是不是對自己的教學沒信心。」（數女二18）

「做不做應該是由學生來決定，而不是由教師自己決定，否則學生的權利都沒有了。」（語男四04）

二、由誰評鑑

(一) 教師意見

至於由誰來評鑑，教師認爲由本學期修課的學生來評鑑最好，因爲他們擔心如果時間隔得太久，學生可能都忘記老師上課的教材或內容，甚至連老師的名字都忘記了。

「還是本學期的學生做，比較記得自己學了些什麼內容。」（社男副03）

「我覺得本學期的學生比較好，因爲評鑑有時效性。否則等到他們畢業再做，老師都忘記了過去曾教過什麼，而學生也可能記不得老師的教學內容。」（藝女副10）

(二) 學生意見

至於由誰來評鑑，學生和老師的意見都差不多，認爲由本學期修課的學生來評鑑最好。當然也有兩位學生認爲可以在下學期初評鑑前一學期的科目，如此一來，那就是由前一學期的學生來評鑑了。

「既然是教學反映，我想應該是由本學期的學生來評鑑吧！」（初男一01）

「我認爲學校可以在下學期開始，針對上學期的科目加以評鑑。」（語女三13）

「或許也可以考慮整門課都修完之後再評鑑。」（社男二06）

三、評鑑工具的編製與應用

(一) 教師意見

關於評鑑表的編製與應用，多數受訪教師認為最好能夠由教師評鑑委員會編製，但是也希望是各系所統一，而不是全校統一，甚至有教師認為應是依據科目的內容來設計評鑑表，然後提供數套或題庫由教師選擇適合自己的科目。

「應由教師評鑑委員會來設計吧！」（社男副03）

「我覺得全校統一一種格式，很沒有道理，應該是依照教學科目的內容來設計，否則學校可以提供幾套或題庫，供教師選擇。」（初男副01）

(二) 學生意見

學生的意見大致和教師相同，也是覺得應該由教師評鑑委員會來製定評鑑表，而且各系所能有自己的評鑑表或者依照科目的內容來設計。另外，有學生反映既然他們是評鑑者，評鑑表的製定就應由學生自治委員會來設計，或者讓學生參與評鑑表的設計編製，如果評鑑表的編製小組能夠包含學生代表，那麼評鑑的功能應該會更為彰顯，而學生評鑑教師教學也就更有意義了。

「我覺得還是由學校的委員會來編製比較好。」（數男三07）

「評鑑表太簡單，所有的科目都一樣，不會太單調嗎？至少依照各系的不同來設計一下吧！」（數女二18）

「反映意見表的內容應依照各系所或科目的特色而有所不同。」（語男四04）

「針對不同科目的性質予以設計內容，如教材教法、通識科目、專業科目、體育音樂美勞等操作科目。」（藝女三19）

「學校從來也不讓我們知道評鑑的結果，而且我們也沒參與評鑑表的設計，我們只是被用來當作工具而已！」（初女三11）

四、何時評鑑

（一）教師意見

關於何時實施「學生評鑑教師教學」，多位受訪教師認為學期末比較好，不過也有教師認為學期中能進行一次，應該會更好，免得到了學期末，收到了學生的反映，已經太晚了，甚至有教師認為隨時都可以評鑑，只要教師覺得需要，但是這種評鑑與升等無關。

「應該在學期末評鑑比較適合，學期初。大家都忙，學生對教師也不熟悉，怎麼評。」（藝女副10）

「記得以前剛開始實施的第一年，學校在期中考試之後，給每位老師一份評鑑表，由教師自行決定要不要做，從中得知學生對自己教學的看法，我覺得不錯，可是第二年開始就沒了，或許可以考慮在學期中實施一次，但是結果不用送到課務組，只供教師自己參考，否則等到學期末才做，課都結束了。」（初男副01）

「學校可以設計幾套問卷，提供老師參考，老師只要覺得有需要，就自行影印，請學生填寫，藉此改進教學。」（語女副07）

（二）學生意見

大部分的受訪學生也是贊成在學期末實施評鑑，不過也有幾位學生認為下學期初評鑑上學期的科目，因為較完整而且可以避免擔心學期分數而不敢據實填寫。

「建議修過該科目的同學於下一學期初再行評鑑上學期的課，比較完整。」（社女三15）

「我覺得應該在教師把學期成績交到註冊組之後，才實施評鑑，如此一來，學生比較不會有分數的壓力。」（初男一01）

五、何地評鑑

(一) 教師意見

「學生評鑑教師教學」應該在何處舉行呢？教師的意見都和現行的實施地點一樣，就是在教室內舉行。至於問及是否可以接受在網路上實施，大部分的受訪教師都因為擔心網路的隱私性及保密性不高而不同意，也有教師因為擔心學生會聚在電腦前面討論如何給教師分數，認為這是對教師非常不尊敬，所以反對評鑑電腦化。不過也有教師認為網路化最好，可以少掉不少時間及物力。

「網路的方式，那麼評鑑的結果不就公開了嗎？只要上網就可以看到老師被評鑑的結果，我覺得這樣不好。」（數男教04）

「網路評鑑，您覺得好嗎？如果好幾位學生半夜在電腦前面，商討如何給教師分數，那不是對教師太不尊敬了。」（藝男教05）

「在網路實施比較好，因為可以少掉不少人力物力。」（初男副01）

(二) 學生意見

學生對於何處實施「學生評鑑教師教學」的意見和教師類似，也是贊成在教室內實施。不過當問及是否贊成在網路實施，全部的受訪者都表示同意，甚至還有針對網路實施評鑑的好處，提出他們的看法。

「在網路實施最好，因為不要擔心會被教師或其他同學干擾。」（初男二02）

「我覺得評鑑網路化最好，因為可以慢慢做。」（數女二18）

「可以在網路上增加音樂，使評鑑的氣氛更加輕鬆❷。」（藝女一20）

六、由誰主持

（一）教師意見

在第五章已經提及，評鑑由誰主持的一個前提就是必須要在教室內實施，如果是教室外，或者是網路上，那麼由誰主持就不那麼重要，甚至沒有必要。如果在教室內實施，那麼受訪教師認為由學生代表來主持最好。

「不都是班代在主持嗎？教務處也不可能派那麼多人。」（語女副07）

「除了班代之外，好像其他人都不行。」（初女講06）

（二）學生意見

如果在教室內實施評鑑，所有受訪學生都希望由班級代表來主持，而且在填寫評鑑表時，希望教師不要在場，甚至有學生認為，填寫完畢之後，即使班級代表已經將公文袋簽封，但是也不能將做完的評鑑表交給老師。換句話說，學生希望評鑑工作能做到完全的保密。

「任課教師不要在場，也不要在實施之前向學生做任何暗示。」（初男二02）

「不要由老師發，也不要把做完的評鑑表給老師，應該請班代將填好評鑑表送到系上。」（初女三11）

對評鑑的重視性

一、教師意見

當問及教師本人是否重視評鑑結果，所有受訪教師都說自己很重視，而且會依照評鑑的結果來改進教學。他們同時表示學校

也很重視評鑑結果，至於學校其他教師是否重視評鑑結果嗎？有些受訪教師同意，有些老師則不同意。不過所有受訪教師都認為學生不重視「學生評鑑教師教學」這件事。

「學生都是隨便寫，根本不重視。」（社女副08）

「學校有些老師很在意，有些不在意，尤其是對不想升等或者已經是教授級的老師，他們大概不在意吧！」（初男副01）

二、學生意見

學生的意見和老師的意見正好相反。所有受訪學生認為老師根本不在意評鑑的結果，因為評鑑了之後，老師依然故我，甚至還罵學生。而學校行政單位也不重視，連評鑑結果都不敢公布，當然評鑑做不好。

「學校教師根本不重視，因為沒有看到他們有任何改進。有些老師看到評鑑結果不好，還會在下學期上課的時候，罵我們無情無義。」（語女三13）

「對某些老師來說，可能連結果都不看。」（社男二06）

「學校對評鑑不好的教師也不敢怎麼樣，也不敢找他談，所以評鑑只具形式，一點用處都沒有。」（社男二06）

整體同意度

一、教師意見

當問及是否贊成學校繼續實施「學生評鑑教師教學」，贊成的有四位，反對的有六位。贊成的教師希望學校除了將評鑑的結果列為教師教學績效的參考之外，應該對教學較差的教師給予協助。就反對的原因來分析，又可以分為兩種，第一種是肯定「學

生評鑑教師教學」本身所具有的功能，但是以目前學校所實施的方式似乎流於形式，無法達到評鑑應有的改善教學的功能，所以建議停止辦理，持這種看法的教師有四位。第二種則是認為教育乃良心事業，非評鑑所能達成；或者評鑑所帶來的是弊多於利，所以最好不要評鑑，持第二種看法的教師有兩位。

「我個人是非常贊成，至少可以從別人的觀點來瞭解自己的教學。」（社女副08）

「學校既然有心要做，就要徹底的做，尤其是對評鑑結果較差的教師，應該給予協助，有些教師可能很認真，但是評鑑結果不好。」（初女講06）

「教育是良心事業，良知的工作，您們這些人還搞什麼學生評鑑，惟恐天下不亂，趕快停掉。」（數男教04）

「學生評鑑教師教學是不合理的，產生老師的教學會討好學生的現象，有些甚至利用學生的分數操縱評鑑的結果，最好還是不要評鑑」（語男教02）

二、學生意見

學生對評鑑的整體態度也是有些贊成（十三位），有些反對（七位）。贊成或反對的原因和教師的意見類似。贊成者希望學校拿出更多的魄力來解決教學較差的教師，而且要將結果公布出來，才能夠使評鑑成為改進教學的驅動力。反對者的意見包含評鑑工具設計不佳，無法反映真實情況，不如不做；或者目前實施方式已流於形式，所以不做。

「既然評鑑教師教學，那麼在調查結果的應用上，學校應該確實的使用，勿流於形式。」（藝女一20）

「我贊成，至少學生有講話的機會。雖然我知道對某些老師來說，可能連結果都不看，但相對的，一定有些老師很認真。」

（社男二06）

「沒有效果，乾脆不要做算了，免得浪費國家資源。」（數男
四08）

「評鑑設計不當，有些根本無法反映出教師的教學實際情
況，這樣的評鑑結果對有些老師可能不公平，建議不要做。」
（語男四04）

綜合分析

綜合上述訪談對象的意見，可以發現教師和學生都認為自己
很重視評鑑的結果，可是卻不認為對方重視評鑑結果，或許這是
一種人性的弱點，總覺得自己比對方重視評鑑制度，而認為對方
不如自己重視，所以師生之間對評鑑制度的共識，仍有待加強。
至於學生和教師對「學生評鑑教師教學」的態度，有人贊成，也
有人反對。值得注意的是，不管是反對者還是贊成者，都肯定這
套評鑑制度的功能，只是因為其實施的技術或者是評鑑結果的應
用等問題，讓某些教師與學生覺得評鑑已經流於形式，而無法達
到評鑑原有的目的或功能，所以不如不做。而贊成繼續實施的教
師與學生，也看到同樣的問題，只是所採取的態度較為積極。有
些人知道，評鑑結果的應用是無法在短時間內改變，如公布結果
或做為選課參考，但是至少學生評鑑還是有它相當程度的功能，
所以贊成繼續實施，也有一些教師與學生希望學校能拿出魄力，
改進評鑑工具、公布評鑑結果，讓學生評鑑能確實成為改進教學
的最大驅動力之一。

第三節　本章小結

　　整體而言，教師與學生對「學生評鑑教師教學」的態度，有異有同。相同的部分是教師與學生對各評鑑重點內的項目，其優先排列順序，頗爲一致，包含「評鑑目的」、「評鑑內容」、「負面影響」、「評鑑結果應用」以及「可能影響評鑑結果的因素」。如就評鑑內容而言，教師與學生都認爲「教師的教學方法」爲評鑑內容之首要，「教師教學整體性的評量」其次，「教材內容」第三，「科目整體性評量」第四。他們同時也將「教師個人特質」以及「學生的學業成績」列爲評鑑內容的最後兩個項目。

　　就評鑑目的而言，學生比教師更肯定「學生評鑑教師教學」的目的。就評鑑內容而言，教師與學生對「學生的學業成績」一項，保持中立意見，其餘則爲同意。但教師認爲「學生自我評量」與「學生的學業成績」應列爲評鑑內容的程度比學生高，相對的，學生認爲「教師個人特質」應列爲評鑑內容的程度則比教師高。由此可知，與教師有關的內容，則學生同意的程度明顯高於教師；與學生有關的內容，如學業成績及學生自評，則教師的同意度比學生高。在評鑑負面影響方面，教師和學生都同意「認眞教學的老師未必獲得較高的評鑑分數」。

　　就評鑑結果應用方面，教師比學生更同意「個別通知教師改進教學」，而學生則比教師更同意將評鑑結果用於「獎勵教學優良教師的參考」、「續聘的參考資料」、「升遷的參考資料」、「學生選課的參考資料」以及「公布在學校刊物上」。可見學生比教師更傾向將評鑑結果用於人事決策及學生選課方面。

　　就可能影響學生評鑑結果的教師因素、學生因素、科目因素

及教學環境設備因素，教師在全部項目都顯著高於學生。就填寫情境因素，學生在「學生填寫教學反映調查表時會有顧慮」與「學生會確實填寫教學反映調查表」態度分數高於教師，而在「周遭同學會影響學生填寫」以及「教師如在場，會使學生受到影響」兩項則是教師態度分數高於學生。由此可知，與學生有關的原因，如填寫時有顧慮以及是否會確實填寫方面，可能由於學生自身就是評鑑者，有填寫的經驗，所以同意的程度比教師高。而與外在有關的因素，如教師在場及周遭同學，可能是教師本人也是屬於外在因素之一，所以同意度比學生高。

就評鑑實施技術而言，大多數教師與學生都認為全校教師應該接受評鑑，且由本學期正在修課的學生來評鑑。工具方面，師生都希望由學校教師評鑑委員會來負責，並依照各學系統一使用的原則來編製。時間地點方面，師生都同意於學期末，在教室內，請班級代表主持。但是就教師與學生在上述各類別的同意比例而言，則教師與學生都有差異。簡言之，教師同意全校教師接受評鑑的比例比學生低；教師同意本學期正在修課學生來評鑑的比例比學生高；教師認為由學校教師評鑑委員會來編製工具的比例比學生高；學生同意由全學系統一使用一種工具的比例比教師高；教師同意在學期末及教室內舉行的比例比學生高；而學生同意由班代來主持的比例則比教師高。

雖然教師與學生都同意學校實施「學生評鑑教師教學」，但是就整體同意度來分析，則學生同意的程度比教師高。造成師生態度差異的原因，可能是有部分教師比較排斥或不能接受「學生評鑑教師教學」，而且受評鑑的是教師，評鑑結果對教師直接影響較大。學生因為是評鑑者，所以壓力不會比被評鑑者來得大，而且評鑑結果對自己的影響也不大，所以學生同意的程度就比教師高。

　　另外，教師與學生都提到教師評鑑多元化的做法。也就是教師與學生都希望學校在實施「學生評鑑教師教學」的同時，能有其他評鑑的方法，從多種角度來瞭解教師的教學成效。

本章註釋

❶為了保護受訪學生，以維持本研究之研究倫理，有關受訪學生提到教師姓名部分，本研究僅以甲、乙的匿名方式呈現。

❷因為受訪學生希望在評鑑網路上，能聽到音樂，所以作者曾請教花蓮師範學院電算中心，是否可以增設音樂，電算中心的回應是，因為大多數學生還是利用宿舍或電算中心的電腦來執行網路評鑑，如果有音樂，一來怕會影響其他同學，二來引來別人注意，因為別人就知道你在做評鑑。所以電算中心認為不宜在網路評鑑上增設音樂。

參考書目

中文部分

羊憶蓉（1986），須在利弊參雜中掌握建設性。《中國論壇》，23
　　（4），10～18。

余民寧（1997），《教育測驗與評量：成就測驗與教學評量》。台
　　北：心理。

呂正雄、王立行（1994），《教育革新：改善國民小學教育之方
　　案研究》。台北：五南。

呂育誠（1995），組織能力的在提升 —— 全面品質管理
　　（TQM）：兼論行政機關運用之可行性。《中國行政》，
　　58，47～60。

李春安（1994），〈高級工、商業職業學校行政主管全面品質管
　　理態度與學校組織文化關係之研究〉。國立彰化師範大學工
　　業教育研究所碩士論文（未出版）。

李茂興譯（1998），《教學心理學》（原作者：G. Legrancols）。
　　台北：弘智。

沈姍姍（1998），自家長教育選擇權看教育機會均等。《教育資
　　料與研究》，21，8～10。

何福田（1983），〈大學生評鑑教師教學能夠促進師生感情之溝
　　通〉？刊登於何福田主編，《大學教育論文集》。台北：淡
　　江大學，頁263～266。

吳清山（1992），《學校效能研究》。台北：五南。

吳清山（1999），《家長教育選擇權之研究》。台北：台北市立師範學院。

吳清山、林天佑（1994），全面品質管理及其在教育上的應用。《台北市立師範學院初等教育學刊》，3，1～28。

吳肇銘、邵孔屏、吳懷眞、孔祥光（1997），影響「教學評鑑」結果之因素探討——以中原大學商學院爲例。刊登於黃政傑主編，《大學課程與教學》。台北：漢文。頁215～228。

林玉體（1993），《西洋教育史》。台北：師大書苑。

林俊成（1999），提升教育品質的一股新動力——談國民小學行政實施全面品質管理的方法。《教師之友》，40（4），31～40。

林珊如（1999），大學生評鑑教學量表：編製及效度考驗。《教育與心理研究》，22，295～322。

林珊如、劉燦樑（1995），製定學生評鑑教學量表：以二層次因素結構達成雙重評鑑功能。刊登於中國教育學會主編，《教育評鑑》。台北：師大書苑。頁161～198。

林惠玲、陳正倉（1999），《應用統計學》。台北：雙葉。

林義男（1982），《大學生對大學教育的滿意程度——年級、性別與學業成就的比較》。台北：昇朝。

胡悅倫（1997），大學評鑑模式（三）——全面品質管理。刊登於陳漢強主編，《大學評鑑》。台北：五南。頁297～326。

柯凱珮（2000），〈國民小學實習教師與代課教師對教育專業課程應用性滿意度之研究——以國立花蓮師範學院爲例〉（國科會大專生專題研究成果報告，NSC 89-2815-C-026-001-H）。台灣：國立花蓮師範學院。

徐美惠、高薰芳（1996），重視教師評鑑落實「教評會」功能。

《台灣教育》，544，11～19。

徐超聖（1997），學生評鑑教師教學系統的比較研究——以 SIR、IDEA和ICES為例。刊登於黃政傑主編，《大學的課程與教學》。台北：漢文。頁191～214。

唐學明（1996），多管道教學評鑑方法之研究——以政治作戰學校為例。《復興崗學報》，57，167～187。

淡江大學教育科學研究室（1983），《淡江大學教學評鑑之研究：學生評鑑教師教學》。（教學與行政革新叢書，No. 1）。台北：淡江大學。

淡江大學教育研究中心（1985），《淡江大學教學評鑑教師意見調查研究》。台北：淡江大學。

郭生玉（1995），《心理與教育測驗》。台北：精華。

教育部教育年鑑編纂委員會（1987），《第五次中華民國教育年鑑》。台北：正中。

莊惠文（2000），〈大學評鑑指標建構之研究〉。國立台北師範學院國民教育研究所碩士論文（未出版）。

陳英豪、吳裕益（1997），《測驗與評量》。高雄：復文。

陳奎憙（1999），《教育社會學研究》。台北：師大書苑。

陳密桃（1985），大學生對教師教學行為的知覺與反應之分析研究。《教育學刊》，6，233～266。

陳舜芬（1984），學生意見能反映教師教學的績效嗎？《測驗與輔導》，67，1209～1211。

陳舜芬（1986a），淡江大學教師及其系主任對學生評鑑教師教學的態度。《民意學術專刊》，113，99～111。

陳舜芬（1986b），不是學生考核教師，而是健全大學教育。《中國論壇》，23（4），19～23。

陳漢強（1997），大學評鑑之哲學省思。刊登於陳漢強主編，

《大學評鑑》。台北：五南。頁3～22。

張春興（1986），大學生可否參與教學評鑑？《中國論壇》。23
　　（4），10～18。

張春興（1995），《張氏心理學辭典》（第二版）。台北：東華。

張德勝（2000a），〈大學校院實施學生評鑑教師教學現況之研究〉
　　（I）。行政院國家科學委員會研究成果報告（NSC 89-2413-
　　H-026-004-S）。

張德勝（2000b），〈影響學生評鑑教學因素之探討——以花蓮師
　　範學院爲例〉。國立台北師範學院學術服務組主編，《八十
　　八學年度教育學術研討會論文集》。台灣：國立台北師範學
　　院，頁33～66。

張德勝（1999a），〈教師、科目之特性對學生評鑑教師教學之影
　　響——以花蓮師範學院爲例〉。國立花蓮師範學院學術服務
　　組主編，《八十七學年度花蓮師範學院學術研討會論文
　　集》。台灣：國立花蓮師範學院，頁77～118。

張德勝（1999b），〈教師性別、職位、等級、學生年級對學生評
　　鑑教學結果的影響〉。台北市立師範學院主編，《八十七學
　　年度師範教育學術研討會論文集》。台灣：台北市立師範學
　　院。頁732～772。

張德勝（1998a），〈科目層級、班級大小、教師性別對學生評鑑
　　教學的影響〉。輔英技術學院主編，《第二屆全國論文發表
　　大會論文集》。台灣：高雄輔英技術學院。頁49～64。

張德勝（1998b），〈學習動機、課程難度、成績期待落差與課程
　　滿意度之相關研究——以花蓮師範學院爲例〉。高雄醫學院
　　心理學系主編，《當前台灣心理學發展的回顧與展望論文
　　集》。台灣：高雄醫學院。頁203～206。

張德勝（1998c），〈學生評鑑教師教學——以花蓮師範學院爲

例〉。國立花蓮師範學院主編,《八十六學年度師範教育學術論文集》。台灣:國立花蓮師範學院,頁1～22。

張德勝、張定貴(1999),〈國小教師教學評量表信效度探討－比較學生評鑑與教師自評〉。論文發表於中國測驗學會年會,台北。

張德銳(1992),國民小學教師評鑑之研究。中華民國師範教育學會主編,《教育專業》。台北:師大書苑。頁214～284。

張德銳、簡紅珠、裘友善、高淑芳、張美玉、成虹非(1996),《發展性教師評鑑系統》。台北:五南。

湯志民(1990),視導與評鑑。蔡保田主編,《學校行政》。高雄:復文,頁126～151。

黃光雄(1993),教學一般模式。黃光雄主編,《教學原理》。台北:師大書苑,頁71～80。

黃坤錦(1995),從教師專業論教師評鑑。中國教育學會主編,《教育評鑑》。台北:師大書苑。頁229～246。

黃炳煌(1989),《教育與現代化》。台北:文景。

黃政傑(1997),《教學原理》。台北:師大書苑。

傅木龍(1995),英國中小學教師評鑑制度研究。中國教育學會主編,《教育評鑑》。台北:師大書苑。頁273～308。

傅佩榮(1989),《誰在乎教育》。台北:業強。

曾漢塘、林季薇譯(2000),《教育哲學》(原作者:N. Noddings)。台北:弘智。

楊文雄(1981),《教育評鑑之理論與實際》。台灣省政府教育廳。

葉重新(1986),《學生評鑑教師教學之研究──淡江大學教師意見之分析》。台北:大洋。

葉重新(1987),〈台灣地區九所大學教師對「學生評鑑教師教

學」期望之研究〉。國立政治大學教育研究所博士論文（未
　　出版）。

廖欣楣（2000），《花蓮師範學院教師與學生對學生評鑑教師教
　　學態度之研究》。國立花蓮師範學院國民教育研究所碩士論
　　文（未出版）。

詹棟樑（1995），如何對教師進行評鑑。刊登於中國教育學會主
　　編的《教育評鑑》。台北：師大書苑。頁219～228。

劉燦樑、林珊如、游家政、吳瑞屯、王國隆、吳根明（1991），
　　《淡江大學教學評鑑學生意見調查研究》。台北：淡江大學教
　　育科學研究室。

蔡克容（1997），學習評鑑。刊登於黃政傑主編，《教學原理》。
　　台北：師大書苑，頁255～301。

蔡美玲（1989），《中央警官學校實施「學生評鑑教師教學」狀
　　況之研究》。國立中央警官學校警政研究所碩士論文（未出
　　版）。

蔡培村（1987），《學校行政與教學》。高雄：復文。

賴明芸、張鴻仁、周碧瑟（1990），陽明醫學院師生對「教學評
　　鑑制度」的認知、態度與行為之研究。《公共衛生》，16
　　（4），358～369。

戴佑全（2000），〈台北縣市國民小學教師對「學生評鑑教師教
　　學」意見調查之研究〉。台北市立師範學院國民教育研究所
　　碩士論文（未出版）。

蕭芳玲（1995），〈認識特殊兒童課程對國中生接納特殊兒童效
　　果之研究〉。國立台灣師範大學特殊教育研究所碩士論文
　　（未出版）。

謝文全（1996），《教育行政——理論與實務》。台北：文景。

顏元叔（1986），學生評老師。《教育資料文摘》，104，114～

117。

簡成熙（1989），〈國民中學實施「學生評鑑教師教學」可行性
之研究——學生評鑑教師之影響因素暨教師與行政主管態度
之探討〉。國立高雄師範學院教育研究所碩士論文（未出
版）。

蘇錦麗、陳舜芬、葉忠達、李安明、孫立葳（1996），我國師範
校院系所評鑑研究。《教育研究資訊》，4（3），41～53。

英文部分

Abbott, R. D., Wulff, D. H., Nyquist, J. D., Ropp, V. A., & Hess, C.
W.（1990）. Satisfaction with processes of collecting student
opinions about instruction: The student perspective. *Journal of
Educational Psychology*, 82, 201-206.

Abrami, P. C., Leventhal, L., & Perry, R. P.（1982）. Educational
seduction. *Review of Educational Research*, 52, 446-464.

Abrami, P. C., & d'Apollonia, S.（1991）. Multidimensional
students' evaluations of teaching effectiveness－
Generalizability of "N=1" research: Comment on Marsh
（1991）. *Journal of Educational Psychology*, 83, 411-415.

Abrami, P. C., d'Apollonia, S., & Cohen, P. A.（1990）. Validity
of student ratings of instruction: What we know and what we
do not. *Journal of Educational Psychology*, 82（2）, 219-231.

Abrami, P. C., d'Apollonia, S., & Rosenfield, S.（1996）. The
dimensionality of student ratings of instruction: What we know
and what we do not. *Journal of Educational Psychology*, 82,
219-231.

Ahmadi, G.（1981）. A study of student opinions toward faculty evaluation by students. Unpublished doctoral dissertation, Kansas State University.

Aleamoni, L. M.（1978）. Development and factorial validation of the Arizona course/instructor evaluation questionnaire. *Educational and Psychological Measurement*, 38, 1063-1067.

Aleamoni, L. M.（1981）. Student ratings of instruction. In J. Millman（Ed.）, *Handbook of teacher evaluation*（pp. 110-145）. Beverly Hills, CA: Sage.

Aleamoni, L. M.（1987）. Student rating myths versus research facts. *Journal of Personnel Evaluation in Education*, 1, 111-119.

Aleamoni, L. M., & Hexner, P. Z.（1980）. A review of the research on student evaluation and a report on the effect of different sets of instruction on student course and instructor evaluation. *Instructional Science*, 9, 67-84.

Allen, M.（1995）. Research productivity and positive teaching evaluations: Examining the relationship using meta-analysis. Paper presented at the annual meeting of the Western States Communication Association, Portland, OR.

American Psychological Association（1995）. *Publication Manual of the American Psychological Association*（4th ed.）. Washington, DC: Author.

Arreola, R. A.（1995）. *Developing a comprehensive faculty evaluation system*. Bolton, MA: Anker Publishing Company, Inc.

Ashton, P. T.（1984）. Teacher efficacy: A motivational paradigm for effective teacher education. *Journal of Teacher Education*, 19（2）, 28-32.

Astin, A., & Lee, C.（1966）. Current practices in the evaluation and training of college teachers. *The Educational Record*, 47, 363.

Avi-Itzahak, T., & Kremer, L.（1986）. An investigation into the relationship between university faculty attitudes toward student rating and organizational and background factors. *Educational Research Quarterly*, 10, 31-38.

Babbie, E. R.（1973）. *Survey research methods*. Belmont, CA: Wadsworth.

Bandura, A.（1977）. Self-efficacy: Toward a unifying theory of behavioral change. *Psychological Review*, 84, 191-215.

Basow, S. A., & Silberg, N. T.（1987）. Student evaluations of college professors: Are female and male professors rated differently? *Journal of Educational Psychology*, 79（2）, 308-314.

Baxter, E. P.（1991）. The teval experience 1983-1988: The impact of a student evaluation of teaching scheme on university teachers. *Studies in Higher Education*, 16, 151-178.

Bejar, I. I., & Doyle, K. O.（1978）. Relationship of curriculum area and course format with student ratings of instruction. *American Educational Research Journal*, 14, 483-487.

Bennett, S. K.（1982）. Student perceptions of and expectations for male and female instructors: Evidence relating to the question of gender bias in teaching evaluation. *Journal of Educational Psychology*, 74, 170-179.

Berk, R. A.（1979）. The construction of rating instruments for faculty evaluation - A review of methodological issues. *Journal of Higher Education*, 50, 651.

Blackburn, R. T., & Clark, M. J.（1975）. An assessment of faculty performance: Some correlations between administrators, colleagues, student, and self-ratings. *Sociology of Education*, 48, 242-256.

Blackledge, D., & Hunt, B.（1985）. *Sociological interpretations of education*. London: Croom Helm.

Blank, R.（1978）. Faculty support for evaluation - A test of two hypotheses. *Journal of Higher Education*, 49, 163-175.

Blunt, A.（1991）. The effects of anonymity and manipulated grades on student ratings of instructors. *Community College Review*, 18, 48-54.

Boex, L. F.（2000）. Attributes of effective economics instructors: An analysis of student evaluations. *Journal of Economic Education*, 31（3）, 211-228.

Boyd, J. E., & Schietinger, E. F.（1976）. *Faculty evaluation procedures in southern colleges and universities*. Atlanta, GA: Southern Regional Education Board.

Brady, P. J.（1988）. The effects of course demands and grades on anonymous verse nonanonymous evaluation of professors.（ERIC Document Reproduction Service No. ED 293 900）

Braskamp, L. A., Brandenburg, D. C., & Ory, J. C.（1984）. *Evaluating teaching effectiveness: A practical guide*. Beverly Hills, CA: Sage.

Braskamp, L. A., & Ory, J. C.（1994）. *Assessing faculty work*.

San Francisco: Jossey-Bass.

Brown, F. D.（1978）. A survey of the perceptions of a selected group of university students concerning student evaluation of instruction（Doctoral dissertation, Southern Illinois Univeristy at Carbondale, 1978）. *Dissertation Abstracts International*, 39/10A, p. 5970.

Bruton, B. T., & Crull, S. R.（1982）. Causes and consequences of student evaluation of instruction. *Research in Higher Education*, 17, 195-206.

Bryan, R. C.（1968）. Student ratings of teachers. *Improving College and University Teaching*, 15, 200-202.

Bryant, J., Comisky, P. W., Crane, J. S., & Zillmann, D.（1980）. Relationship between college teachers ʻuse of humor in the classroom and students' evaluations of their teaches. *Journal of Educational Psychology*, 72, 511-519.

Buck, S., & Tiene, d.（1989）. The impact of physical attractiveness, gender, and teaching philosophy on teacher evaluations. *Journal of Educational Research*, 82, 172-177.

Cahn, S. M.（1987）. Faculty members should be evaluated by their peers not by their students. *The Chronicle of Higher Education*, 34（7）, B2.

Calderon, T. G., Gabbin, A. L., & Green, B. P.（1995）. *Promoting and evaluating effective teaching: The report of the American Accounting Association teaching and curriculum section's committee on oromoting and evaluating effective teaching. Sarasota*, FL: American Accounting Association.

Callahan, J. P.（1986）. Student characteristics affecting student attitudes to the evaluation of instructors（Doctoral dissertation, The University of Central Florida, 1986）. *Dissertation Abstracts International*, 47/04A, p. 1125.

Cashin, W.（1990）. *Student ratings of teaching: Recom mend-ations for use*（Idea Paper, No. 22）. Kansas State University, Center for faculty Evaluation and Development.

Cashin, W.（1992）. Student ratings: The need for comparative data. *Instructional Evaluation and Faculty Development*, 12, 146.

Cashin, W., & Clegg, V. L.（1987）. Are student ratings of different academic fields different? Paper presented at the annual meeting of the American Educational Research Association, Washington, DC.

Cederblom, D., & Lounsbury, J. W.（1980）. An investigation of user acceptance of peer evaluations. *Personnel Psychology*, 33（3）, 567-579.

Centra, J. A.（1972）. *The student instructional report: Its development and uses*（SIR Report No. 1）. Princeton, NJ: Educational Testing Service.

Centra, J. A.（1973）. The effectiveness of student feedback in modifying college instruction. *Journal of Educational Psychology*, 65, 395-410.

Centra, J. A.（1976）. The influence of different directions on student ratings of instruction. *Journal of Educational Measurement*, 13, 277-282.

Centra, J. A.（1977a）. How universities evaluate faculty performance: A survey of department heads（GREB Research

Report No. 75-5br). Princeton, NJ: Educational Testing Service.

Centra, J. A.（1977b）. Plusses and minuses for faculty development. *Change*, 12, 48.

Centra, J. A.（1979）. *Determining faculty effectiveness*. San Francisco: Jossey-Bass.

Centra, J. A.（1980）. *Determining faculty effectiveness*. San Francisco: Jossey-Bass.

Centra, J. A.（1981）. *Determining faculty effectiveness*. San Francisco: Jossey-Bass.

Centra, J. A.（1983）. Research productivity and teaching effectiveness. *Research in Higher Education*, 18, 379-389.

Centra, J. A.（1993）. *Reflective faculty evaluation*. San Francisco: Jossey-Bass.

Chacko, T. L.（1983）. Student ratings of instruction: A function of grading standards. *Educational Research Quarterly*, 8, 19-25.

Chang, T.（1997）. Student ratings of instruction in teachers college: Does curriculum area and instructor gender matter? Paper presented at the annual meeting of the Chinese Psychology Association, Taipei.

Chang, T.（1999a）. The effect of subject area and instructor gender on student ratings of instruction. *Journal of National Hualien Teachers College*, 9, 347-366.

Chang, T.（1999b）. Student ratings of instruction in teachers college: Do student, instructor, and course characteristics really matter? Paper presented at the annual meeting of the

Third Conference of the Asian Association of Social Psychology, Taipei, Taiwan.

Chang, T.（2000a）. Student ratings: What are teachers college students telling us about them? Paper presented at the meeting of the American Educational Research Association, New Orleans, LA.

Chang, T.（2000b）. An application of regression model with student ratings in determining course effectiveness. Paper presented at the meeting of the American Educational Research Association, New Orleans, LA.

Chau, H., & Hocevar, D.（1994）. Higher-order factor analysis of multidimensional student's evaluations of teaching effectiveness. University of Southern California.（ERIC Document Reproduction Service No. ED 372 110）

Civian, J. T., & Brennan, R. T.（1996）. Student and course factors predicting satisfaction in undergraduate courses at Harvard University. Cerek Book Center for Teaching and Learning, Harvard University.（ERIC Document Reproduction Service No. ED 394 440）

Cohen, S., & Brand, R.（1993）. *Total quality management in government: A practical guide for the real world*. San Francisco: Jossey-Bass.

Colliver, J. A.（1972）. A report on student evaluation of faculty teaching performance at Sangamon State University（Technical Paper, No.1）. Springfield, IL: Division of Academic Affairs.

Combs, N. N., Combs, A. L., Griffin, B. Q., & Land, M. L.（1983）. Teaching evaluation: Influence of test difficulty and perceived difficulty of subject matter.〔ERIC Document Reproduction Service No. ED 231 322〕

Cohen, P. A.〔1981〕. Student ratings of instruction and student achievement: A meta-analysis of multisection validity studies. *Review of Educational Research*, 51, 281-309.

Costin, F.〔1978〕. Do student ratings of college teachers predict student achievement? *Teaching of Psychology*, 5, 86-88.

Costin, F., Greenough, W., & Menges, R.〔1971〕. Student ratings of college teaching: Reliability, validity, and usefulness. *Review of Educational Research*, 41, 511-535.

Cranton, P., & Smith, R. A.〔1990〕. Reconsidering the unit of analysis: A model of student ratings of instruction. *Journal of Educational Psychology*, 82〔2〕, 207-212.

Crocker, L., & Algina, J.〔1986〕. *Introduction to classical & modern test theory*. Orlando, FL: Holt, Rinehart and Winston, Inc.

Daniel, A., Rasmussen, C., Jackson, J., & Brenner, D.〔1984〕. Cognitive style as a predictor of achievement: A multivariate analysis. Paper presented at the annual convention of the International Communication Association, San Francisco.〔ERIC Document Reproduction Service No. ED 248 217〕

d'Apollonia, S., & Abrami, P. C.〔1997〕. Navigating student ratings of instruction. *American Psychologist*, 52〔11〕, 1198-1208.

Deming, W. E.〔1993〕. *The new economics for industry, government, education*. Cambridge, MA: MIT Press.

DeCristoforo, J. R.〔1992〕. Electronic versus traditional

administration of student ratings of instruction at the Georgia Institute of technology: A summative analysis. Unpublished doctoral dissertation, Georgia State University.

Davis, R. H.（1969）. *Student instructional rating system（SIRS）technical bulletin*. East Lansing, MI: Michigan State University, The Office Evaluation Services.

Dent, P., & Nicholas, T.（1980）. A study of faculty and students: Opinions on teaching effectiveness ratings. *Peabody Journal of Education*, 57, 135-147.

Doyle, K. O.（1975）. *Student evaluation of instruction*. Lexington, MA: D. C. Heath and Company.

Doyle, K. O., & Crichton, L. I.（1978）. Student, peer, and self-evaluations of college instructors. *Journal of Educational Psychology*, 70, 815-826.

Doyle, K. O.（1983）. *Evaluating teaching*. Lexington, MA: Lexington Books.

Dwinell, P. L., & Higbee, J. L.（1993）. Students＇perceptions of the value of teaching evaluations. *Perceptual and Motor Skills*, 76, 995-1000.

Elmore, P.B., & LaPointe, K. A.（1975）. Effects of teacher sex, student sex, and teacher warmth on the evaluation of college instructors. *Journal of Educational Psychology*, 67（2）, 368-374.

Feldman, K. A.（1976）. The superior college teacher from the students＇view. *Research in Higher Education*, 5, 243-288.

Feldman, K. A.（1977）. Consistency and variability among college students in ratings their teachers and courses: A review and analysis. *Research in Higher Education*, 6, 223-274.

Feldman, K. A.（1978）. Course characteristics and college students' ratings of their teachers: What we know and what we don't. *Research in Higher Education*, 9, 199-242.

Feldman, K. A.（1979）. The significance of circumstance of college student's ratings of their teacher and courses. *Research in Higher Education*, 19, 149-172.

Feldman, K. A.（1983）. Seniority and experience of college teachers as related to evaluations they receive from students. *Research in Higher Education*, 18, 3-124.

Feldman, K. A.（1992）. College students' views of male and female college teachers: Part I - Evidence from the social laboratory and experiments. *Research in Higher Education*, 33, 317-375.

Feldman, K. A.（1993）. College students' views of male and female college teachers: Part II - Evidence from students' evaluations of their classroom teachers. *Research in Higher Education*, 34, 151-211.

Feng, C.（1990）. Quantitative evaluation of university teaching quality: An application of fuzzy set and approximate reasoning. *Fuzzy Sets and Systems*, 37（1）, 1-11.

Festinger, L.（1957）. *A theory of cognitive dissonance*. Stanford, CA: Stanford University Press.

Firth, M.（1979）. Impact of work experience on the validity of student evaluation of teaching effectiveness. *Journal of Educational Psychology*, 71, 726-730.

Flexner , A.（1910）. A medical education in the U. S. and

Canada: A report to the Carnegie Foundation for the advancement of teaching（Bulletin No. 4）. Boston: Updyke.

Follman, J.（1996）. Elementary public school pupil rating of teacher effectiveness. *Child Study Journal*, 25（1）, 57-78.

Franklin, J., & Theall, M.（1989）. Who reads ratings: Knowledge, attitude and practice of users of student ratings of instruction. Paper presented at the annual meeting of the American Educational Research Association, San Francisco.

Franklin, J., Theall, M, & Ludlow, L.（1991）. Grade inflation and student ratings: A closer look. Paper presented at the annual meeting of the American Educational Research Association, Chicago.

Frazer, M.（1992）. Quality assurance in higher education. In A. Craft（Ed.）, *Quality assurance in higher education*（pp. 9-25）. London: the Falmer Press.

Freedman, R. D., & Stumpf, S. A.（1978）. Student evaluation of course and faculty based on a perceived learning criterion: Scale construction, validation, and comparison of results. *Applied Psychological Measurement*, 2, 189-202.

Freeman, H.（1994）. Student Evaluations of college instructors: Effects of type of course taught, instructor gender and gender role, and student gender. *Journal of Educational Psychology*, 86（4）, 627-630.

Freize, I. H.（1976）. Causal attributions and information seeking to explain success and failure. *Journal of Research in Personality*, 10, 293-305.

Frey, P. W.（1973）. Student ratings of teaching: Validity of

several rating factors. *Science*, 182, 83-85.

Frey, P. W.（1976）. Validity of student instructional ratings: Does timing matter? *Journal of Higher Education*, 47, 327-336.

Frey, P. W.（1978）. A two-dimensional analysis of student ratings of instruction. *Research in Higher Education*, 9, 69-91.

Gage, N. L.（1961）. The appraisal of college teaching. *Journal of Higher Education*, 32, 17-32.

Gibson, S. D., & Demo, M. H.（1984）. Teacher efficacy: A construct validation. *Journal of Educational Psychology*, 76（4）, 569-582.

Gillmore, G. M.（1976）. Statistical analysis of the data from the first year of use of the student rating forms of the University of Washington Instructional Assessment System（EAC Report 503）. Seattle, WA: University of Washington, Educational Assessment Center.

Gillmore, G. M, & Greenwald, A. G.（1999）. Using statistical adjustment to reduce biases in student ratings. *American Psychologist*, 54（7）, 518-519.

Gmelch, W. H., & Glasman, N. S.（1978）. Student perceptions of their qualifications to evaluate college teaching. *College Student Journal*, 12, 398-411.

Goebel, B. L., & Cashen, V. M.（1979）. Age, sex and attractiveness as a factor in student rating of teachers. *Journal of Educational Psychology*, 71（4）, 646-653.

Greenwald, A. G.（1997）. Validity concerns and usefulness of student ratings of instruction. *American Psychologist*, 52（11）, 1182-1186.

Greenwald, A. G., & Gillmore, G. M.（1997a）. No pain, no gain? The importance of measuring course workload in students' ratings of instruction. *Journal of Psychology*, 89, 743-751.

Greenwald, A. G., & Gillmore, G. M.（1997b）. Grading leniency is a removable contaminant of student ratings. *American Psychologist*, 52（11）, 1209-1217.

Griffin, B. W., Combs, A. L., Land, M. L., & Combs, N. N（1981）. Attribution of achievement for academic achievement: A field study. Paper presented at the annual meeting of the Midwestern Psychology Association.（ERIC Document Reproduction Service, No. ED 205 884）

Griffin, B. W., & Pool, H.（1998）. Monitoring and improving instructional practices（and are student evaluation valid?）. *Journal of Research and Development in Education*, 32（1）, 1-8.

Griffiths, D.（1969）. Administrative theory and change in organization. In Carver & Sergiovanni（Eds.）, *Organizations and human behavior*（pp. 369-410）. New York: McGraw-Hill Company.

Gross, R. B., & Small, A. C.（1979）. A survey of faculty opinions about student evaluations of instructor. *Teaching of Psychology*, 6, 216-219.

Haberman, S. J.（1978）. *Analysis of qualitative data*. New York: Academic Press.

Hargreaves, D. H.（1975）. *Interpersonal relations and education*. London: Routledge and Kegan Paul.

Harris, B. M., & Hill, J.（1982）. *The DeTEK handbook*. Boston:

National Laboratory Publishers, Inc.

Harrison, P. D., Ryan, J. M., & Moore, P. S.（1996）. College students' self-insight and common implicit theories in ratings of teaching effectiveness. *Journal of Educational Psychology*, 88（4）, 775-582.

Hildebrand, M., Wilson, R. C., & Dienst, E. R.（1971）. *Evaluating university teaching*. Berkeley, CA: University of California at Berkeley, Center for Research and Development in Higher Education.

Hinkle, D. E., Wiersma, W., & Jurs, S. G.（1994）. *Applied statistics for the behavioral sciences*（2nd ed.）. Boston: Hougton Mifflin Company.

Horne, M. D.（1985）. *Attitude toward students: Professional, peer and parent rations*. Hillsdale, NJ: Lawrence Erbaum Associates.

Howard, G. S., & Maxwell, S. E.（1980）. Correlation between student satisfaction and grades: A case of mistaken causation? *Journal of Educational Psychology*, 72, 810-820.

Hoyt, D. P., & Cashin, W. E.（1977）. Development of the IDEA system（IDEA Technical Report No. 1）. Manhattan, KS: Kansas State University, Center for Faculty Evaluation and Development.

Hyde, A. C.（1992）. The proverbs of total quality management: Recharging the path to quality improvement in the public sector. *Public Productivity & Management Review*, 15（1）, 25-33.

Jablonski, J. R.（1991）. *Implementing total quality management:*

Competing in the 1990s. Albuquerque, NM: Technical Management Consortium, Inc.

Jacobs, L. C.（1987）. University faculty and students' opinions of student ratings. Bloomington, IN: Bureau of Evaluative Studies and Testing.（ERIC Document Reproduction Service No. ED 291 291）

Johnson,（1993）. Total quality management in education.（ERIC Document Reproduction Service No. ED 354 611）

Kaschak, E.（1978）. Sex bias in student evaluation of college professors. *Psychology of Women Quarterly*, 3, 235-243.

Kaufman, B. J.（1981）. Departmental differences in student perception of ideal teaching. Paper presented at the annual meeting of the Southeastern Psychological Association.（ERIC Document Reproduction Service No. ED 212 251）

Kennedy, W. R.（1975）. Grades expected and grades received - Their relationship to students' evaluations of faculty performance. *Journal of Educational Psychology*, 67, 109-115.

Kerlinger, J. J.（1971）. Student evaluation of university professors. *School and Society*, 3, 353-357.

Kibler, R. J.（1978）. *Objectives for instruction and evaluation.* Boston: Allyn and Bacon.

Kirchner, R. P.（1969）. *A center factor in teaching evaluation by students.* Lexington, KY: College of Education.

Kneller, G. F.（1984）. *Movements of thought in modern education.* New York: John Wiley & Sons.

Koshland, D. E.（1991）. Teaching and research. *Science*, 251, 249.

Koushki, P. A., & Kuhn, H. A.（1982）. How reliable are student evaluations of teachers? *Engineering Education*, 72, 362-367.

Kulik, J. A.（1978）. *Using CRLT's instructor-designed questionnaire to improve instruction*. Ann Arbor, MI: University of Michigan, Center for Research on Learning and Teaching.

Jeffreys, M. R., Massoni, M., O'Donnell, M., & Smodlaka, I.（1997）. Student evaluation of courses: Determining the reliability and validity of three survey instruments. *Journal of Nursing Education*, 36（8）, 397-403.

Lamb, A.（1993）. The discipline review of Australian law schools.（Working papers, 93.6）. Melbourne University Australia: Center for the Study of Higher Education.（ERIC Document Reproduction Service No. ED 386 296）

Langen, J. D.（1966）. Student assessment of teaching effectiveness. *Improving College and University Teaching*, 14, 22.

L'Hommedieu, R., Menges, R. J., & Brinko, K. T.（1990）. Methodological explanation for the modest effects of feedback from students ratings. *Journal of Educational Psychology*, 82, 232-241.

Linsky, A. S., & Straus, M. A.（1975）. Student evaluations, research productivity, and eminence of college faculty. *Journal of Higher Education*, 46, 89-102.

Lombardo, J., & Tocci, M.（1979）. Attribution of positive and negative characteristics of instructors as a function of attractiveness and sex of instructor and sex of subject.

Perceptual and Motor Skills, 48, 491-494.

Lunney, G. H.（1974）. Attitudes of senior students from a small liberal arts college concerning faculty and course evaluations: Some possible explanations of evaluation results（Research Report No. 32）. Paper presented at the annual forum of the Association for Institutional Research in Washington, DC.（ERIC Document Reproduction Service No. ED 089 637）

Mahfouz, A. F.（1979）. Faculty evaluation: An analysis of the attitude of faculty members and administrators toward student evaluation of teaching. Unpublished doctoral dissertation, The Catholic University of America, MD.

McMartin, J. A., & Rich, H. E.（1976）. Faculty attitudes toward student evaluation of teaching. *Research in Higher Education*, 11, 137-151.

Mark, M. M., & Shotland, R. L.（1985）. Stakeholder-based evaluation and value judgments. *Evaluation Review*, 9, 605-626.

Marlin, J. W.（1987）. Student perception of end-of -course evaluations. *Journal of Higher Education*, 58, 704.

Marsh, H. W.（1980）. The influence of student, course, and instructor characteristics in evaluations of university teaching. *American Educational Research Journal*, 17, 219-237.

Marsh, H. W.（1982）. Validity of student's evaluation of college teachings: A multitrait-multimethod analysis. *Journal of Educational Psychology*, 74, 264-279.

Marsh, H. W.（1984）. Students'evaluations of university teaching: Dimensionality, reliability, validity, potential biases, and utility. *Journal of Educational Psychology*, 76, 707-754.

Marsh, H. W.（1987）. Student's evaluations of university teaching: Research findings, methodological issues and directions for future research. *International Journal of Educational Research*, 11, 253-388.

Marsh, H. W.（1994）. Comments to "Review of the dimensionality of student ratings of instruction: I. Introductory remarks, II. Aggregation of factor studies, III. A meta-analysis of the factor studies." *Instructional Evaluation and Faculty Developmen*t, 14, 13-19.

Marsh, H. W.（1995）. Weighting for the right criteria to validate student evaluations of teaching in the IDEA system. *Journal of Educational Psychology*, 86, 631-648.

Marsh, H. W., & Dunkin, M. J.（1992）. Students' evaluations of university teaching: A multidimensional perspective. In J. C. Smart（Ed.）, *Higher education: Handbook of theory and research*（pp. 143-233）. New York: Agathon Press.

Marsh, H. W., Fleiner, H., & Thomas, C. S.（1975）. Validity and usefulness of student evaluation instructional quality. *Journal of Educational Psychology*, 67, 833-839.

Marsh, H. W., & Overall, J. U.（1979）. Validity of students' evaluation of teaching: A comparison of with instructor faculty, and graduate faculty. Paper presented at the annual meeting of the American Educational Research Association, San Francisco.（ERIC Document Reproduction Service No. ED 177 205）

Marsh, H. W., Overall, J. U., & Kesler, S. P.（1979）. Class size, students'evaluations, and instructional effectiveness. *American Educational Research Journal*, 16, 57-69.

Marsh, H. W., & Roche, L. A. （1997）. Making students' evaluations of teaching effectiveness effective: The critical issues of validity, bias, and utility. *American Psychologist*, 52 （11）, 1187-1197.

Marsh, H. W., & Ware, J. E. （1982）. Effects of expressiveness, content coverage and incentive on multidimensional student rating scales: New interpretations of Dr. Fox effect. *Journal of Educational Psychology*, 74, 126-134.

Martinson, D. L., & Ryan, M. （1981）. What do students think about teacher evaluation? *Journalism Education*, 36, 55.

McCallum, L. W. （1984）. A meta-analysis of course evaluation data and its use in the tenure decision. *Research in Higher Education*, 21, 150-158.

McKeachie, W. J. （1979）. Student ratings of faculty. *Academe*, 65, 384-397.

McKeachie, W. J. （1990）. Research on college teaching: The historical background. *Journal of Educational Psychology*, 82 （2）, 189-200.

McKeachie, W. J. （1997）. Student ratings: The validity of use. *American Psychologist*, 52 （11）, 1218-1225.

McKeachie, W. J., & Pintrich, P. （1991）. Program on classroom teaching and learing strategies. In J. S. Stark & W. J. McKeachie （Eds.）, *Final report: National center for research to improve postsecondary teaching and learning* （pp. 41-59）. Ann Arbor: University of Michigan, School of

Education.

Mesak, H., & Jauch, L. R.（1991）. Faculty performance evaluation: Modeling to improve personnel decisions. *Decision Sciences*, 22, 1142-1157.

Miller, R. I.（1972）. *Evaluating faculty performance*. San Francisco: Jossey-Bass Publisher.

Miller, R. I.（1974）. *Developing programs for faculty evaluation*. San Francisco: Jossey-Bass Publisher.

Miller, W. G.（1978）. *Guidelines for interpreting results of the instructor and course evaluation*. Carbondale, IL: Southern Illinois University, Instructional Evaluation Office.

Millman, J.（1981）. *Handbook of teacher evaluation*. Beverly Hills, CA: Sage Publication.

Miron, M., & Segal, E.（1986）. Student opinion of the value of student evaluations. *Higher Education*, 15, 259-265.

Murray, H. G.（1980）. *Evaluating university teaching: A review of research*. Toronto, Canada: Ontario Confederation of University Faculty Association.

Murray, H. G., Rushton, P., & Paunonen, S.（1990）. Teacher personality traits and student instructional ratings in six types of university courses. *Journal of Educational Psychology*, 82（2）, 250-261.

Nimmer, J. G., & Stone, E. F.（1991）. Effects of grading practices and time of rating on student ratings of faculty performance and student learning. *Research in Higher Education*, 32, 195-215.

O, T. Y.（1996）. American and Korean student's perceptions of student ratings of instruction: A comparative study.

Unpublished doctoral dissertation, University of Kansas.

Ory, J. C., & Braskamp, L. A.（1981）. Faculty perceptions of the quality and usefulness of three types of evaluative information. *Research in Higher Education*, 5, 271-282.

Overall, J. U., & Marsh, H. W.（1980）. Students' evaluations of instruction: A longitudinal study of their stability. *Journal of Educational Psychology*, 72, 321-325.

Penfield, D. A.（1978）. Student ratings of college teaching: Rating the utility of rating forms. *Journal of Educational Research*, 72, 19-22.

Peterson, C., & Cooper, S.（1980）. Teacher evaluation by graded and ungraded student. *Journal of Educational Psychology*, 72, 682-685.

Peterson, K. D.（1989）. Costs of school teacher evaluation in a career ladder system. *Journal of Research and Development in Education*, 22（2）, 30-36.

Peterson, K. D.（1995）. *Teacher evaluation: A comprehensive guide to new directions and practices*. Thousand Oaks, CA: Corwin Press, Inc.

Peterson, K. D., & Stevens, D.（1988）. Student reports for schoolteacher evaluation. *Journal of Personnel Evaluation in Education*, 1, 259-267.

Piland, W. E.（1975）. Student evaluation of instruction in community college: A study of student, faculty, and administrators opinions. Unpublished doctoral dissertation, Northern Illinois University.

Powell, R. W.（1978）. Grades, learning, and student evaluation of instruction. *Research in Higher Education*, 7, 193-205.

Pulich, M. A.（1984）. Better use of student evaluations for teaching effectiveness. *Improving College and University Teaching*, 32, 91-94.

Ramsden, P.（1991）. A performance indicator of teaching quality in higher education: The course experience questionnaire. *Studies in Higher Education*, 16, 129-150.

Remedios, R., Lieberman, D. A., & Benton, T. G.（2000）. The effects of grades on course enjoyment: Did you get the grade you wanted? *British Journal of Educational Psychology*, 70, 353-368.

Rich, H. E.（1976）. Attitudes of college and university faculty toward the use of student evaluations. *Educational Research Quarterly*, 1, 17-27.

Riley, J. W., & Association（1950）. *The student looks at his teacher: An inquiry into the implications of student ratings at the college level*. New Brunswick, NJ: Rutgers University Press.

Rodin, M., & Rodin, B.（1972）. Student evaluations of teachers. *Science*, 177, 1164-1166.

Rogers, A. L.（1951）. *Client-centered therapy: Its current practice, implications and theory*. Boston: Houghton Mifflin.

Rotem, A.（1978）. The effects of feedback from students to university instructors: An experimental study. *Research in Higher Education*, 9, 303-318.

Royer, J., & Creager, J.（1976）. *A profile of 1968 Freshmen in 1972*. Washington, DC: American Council on Education.

Rubin, D.（1995）. Effects of language and race on undergraduates' perceptions of international instructors: Further studies of language and attitude in higher education. Paper presented at the International Communication Association, Albuquerque, NM.

Ryan, J. J., & Anderson, J. A., & Birchler, A. B.（1980）. Student evaluation: The faculty responds. *Research in Higher Education*, 12, 317-333.

Segner, K. B.（1973）. *Comment. Community College Review*, 1, 6.

Scherr, F. C., & Scherr, S. S.（1990）. Bias in student evaluations of teacher effectiveness. *Journal of Education for Business*, 65, 365-358.

Scheurich, V., Graham, B., & Drolette, M.（1983）. Expected grades versus specific evaluations of the teacher as predictors of students' overall evaluation of the teacher. *Research in Higher Education*, 19, 159-173.

Schlenker, D. E., & McKinnon, N. C.（1994）. Assessing faculty performance using the student evaluation of instruction. Atlantic Baptist College, New Brunswich, Canada.（ERIC Document Reproduction Service No. ED 371 667）

Schmelkin, L. P., Spencer, K. J., & Gellman, E. S.（1997）. Faculty perspectives on course and teacher evaluations. *Research in Higher Education*, 38（5）, 575-592.

Schneider, F.（1945）. *More than an academic question*. Berkeley, CA: Pestalozzi Press.

Scriven, M.（1981）. Summative teacher evaluation. In J. Millman（Ed.）, *Handbook of teacher evaluation*（pp. 244-271）.

Beverly Hills, CA: Sage.

Seldin, P.（1989）. Using student feedback to improve teaching. In A. F. Lucas（Ed.）, *The department chairperson's role in enhancing college teaching: New directions for teaching and learning*（pp. 89-97）. San Francisco: Jossey-Bass.

Seldin, P.（1993）. The use and abuse of student ratings of professors. *The Chronicle of Higher Education*, No. 46, A40.

Shen, J.（1997）. Mission involvement and promotion criteria in schools, colleges, and departments of education. *American Journal of Education*, 105, 186-210.

Shieh, V.（1990）. Using Delphi technique to determine the most important characteristics of effective teaching at junior high school level in Taiwan. Unpublished doctoral dissertation, University of Cincinnati, Cincinnati, OH.

Showers, B.（1974）. SIRS research report #5: The effects of three kinds of response options on student ratings of instruction. East Lansing, MI: Michigan State University, The Office of Evaluation Services.

Siegel, S., & Castellan, J.（1988）. *Nonparametric statistics for the behavioral sciences*（2nd ed.）. New York: McGraw-Hill, Inc.

Smalzreid, N. T., & Remmers, H. H.（1943）. A factor analysis of the Purdue rating scale for instruction. *Journal of Educational Psychology*, 34, 363-367.

Smith, M. C., & Carney, R. N.（1990）. Students' perception of the teaching evaluation process. Paper presented at the annual meeting of the American Educational Research Association,

Boston.（ERIC Document Reproduction Service No. ED 320 486）

Smith, M. L., & Glass, F. V.（1980）. Meta-analysis of research on class size and its relationship to attitudes and instruction. *American Educational Research Journal*, 14, 419-433.

Spencer, K. J.（1994）. Student perspectives on course and teacher evaluations. Unpublished doctoral dissertation, Hofstra University, Hempstead, NY.

Spencer, P. A., & Flyr, M. L.（1992）. The formal evaluation as an impetus to classroom change: Myth of reality?（Research/ Technical Report）. Riverside, CA: Riverside Community College.

Stevens, G. E.（1978）. Teaching by whose objectives? The view of students and teachers.（ERIC Document Reproduction Service No. ED 193 580）

Sullivan, A. M., & Skanes, G. R.（1974）. Validity of student evaluation of teaching and the characteristics of successful instructors. *Journal of Educational Psychology*, 66, 584-590.

Supple, R. V.（1979）. Student evaluation of faculty performance.（ERIC Document Reproduction Service No. ED 171 225）

Theall, M., & Franklin, J.（1991）. Student ratings in the context evaluation systems. In M. Theall & J. Franklin（Eds.）, Students ratings of instruction: Issues for improving practice: New directions for teaching and learning,（No.43）. San Francisco: Jossey-Bass.

Tollefson, N., Chen, S., & Kleinsasser, J.（1989）. The relationship of students'attitude about effective teaching to students' ratings of effective teaching. *Educational and Psychological Measurement*, 529-536.

Tatro, C. N.（1995）. Gender effects on student evaluation of faculty. *Journal of Research and Development in Education*, 28, 169-173.

Vasta, R., & Sarmiento, R. F.（1979）. Liberal grading improves evaluation but not performance. *Journal of Educational Psychology*, 71, 207-211.

Ware, J. E., & Williams, R. G.（1979）. Seeing through the Dr. Fox Effect: A response to Frey. *Instructional Evaluation*, 3, 6-10.

Wachtel, H. K.（1998）. Student evaluation of college effectiveness: A brief review. *Assessment and Evaluation in Higher Education*, 23（2）, 191-211.

Waters, M. and others（1988）. High and low faculty evaluations: Descriptions by students. *Teaching of Psychology*, 15（4）, 203-204.

Werdell, P.（1966）. *Course and teacher evaluation*. Washington, DC: United States National Student Association.

Whitely, S. E., & Doyle, K. O.（1976）. Implicit theories in student ratings. *American Educational Research Journal*, 13（4）, 241-253.

Wheeler, C. W.（1972）. Descriptive study of faculty and administration attitudes toward student ratings of instruction at liberal arts college. Unpublished doctoral dissertation, New York University.

Wigington, H., Tollesfosn, N., & Rodriguez, E.（1989）. Student's ratings of instructors revisited: Interactions among class and instructor variables. *Research in Higher Education*, 30, 331-344.

Wilson, R.（1998）. New research casts doubt of student evaluation of professors. *The Chronicle of Higher Education*, 44（19）, 12-14.

Wragg, E. C.（1988）. *Teacher appraisal: A practical guide.* London: MaCmillian Education.

Wulff, D. H., Staton-Spicer, A. Q., Hess, C. W., & Nyquist, J. D.（1985）. The student perspective on evaluation teaching effectiveness. *ACA Bulletin*, 53, 39-47.

Yamnoon, S.（1984）. *The impacts of student, course, and instructor characteristics on students ratings of university teaching in Thailand.* DAI.

附　錄

附錄一

Student Instructional Report *
（SIR 教學評鑑量表）

SIR 教學評鑑量表係美國教育測驗服務社（Educational Testing Service）所發展完成。此量表分為四大部分。

第一部分共有二十題，填答者以 NA（0）代表「無法回答或不適用」、以 SA（4）代表「強烈同意」、以 D（2）代表「不同意」、以 SD（1）代表「強烈不同意」。此二十題為：

	NA	SA	A	D	SD
1.教學者清楚陳述課程目標。	0	④	③	②	①
2.課程目標與實際的教學有相當高的一致性。	0	④	③	②	①
3.教學者有效使用上課時間。	0	④	③	②	①
4.教學者能隨時提供學生諮詢。	0	④	③	②	①
5.教學者知道學生不瞭解教材的時機。	0	④	③	②	①
6.講述內容與教科書有太多的重複。	0	④	③	②	①
7.教學者鼓勵學生為自己思考。	0	④	③	②	①
8.教學者真誠地關心學生的進步情形，並且非常主動地幫助學生。	0	④	③	②	①
9.教學者對報告或考試提出有建設性的意見。	0	④	③	②	①
10.教學者能提出挑戰性的問題供討論。	0	④	③	②	①
11.在這個班級，我能自在地問問題與表達意見。	0	④	③	②	①
12.教學者充分準備每一節課。	0	④	③	②	①
13.教學者告訴學生評量的方式。	0	④	③	②	①
14.教學者摘要或強調講述和討論的重點。	0	④	③	②	①
15.我對這門課的興趣被激發了。	0	④	③	②	①
16.這門科目範圍太狹窄，沒有涵蓋足夠的內容。	0	④	③	②	①
17.考試的內容反映出該科目的重要性。	0	④	③	②	①
18.我對這門課非常努力。	0	④	③	②	①
19.教學者能接受其他觀點。	0	④	③	②	①
20.依我見，教學者已（或正在）達到課程目標。	0	④	③	②	①

第二部分共有十一題選擇題：

21.以我的準備度和能力而言，這門課的難度為：
    （1）非常 　（2）有些 　（3）剛好 　（4）有些難 　（5）非常難

22.與其他相同學分的科目來比，這門課的負擔為：
    （1）輕很多 　（2）較輕 　（3）差不多 　（4）較重 　（5）非常難

23.對我來說這門課的教學進度為：
    （1）非常慢 　（2）有些慢 　（3）剛好 　（4）有些快 　（5）非常快

24.教學者使用例子來說明教材的頻率為：
    （1）常常 　（2）有時 　（3）很少 　（4）從不

25.班級大小適合使用此種教學方法嗎？
    （1）是，大部分的時間 　（2）不，班級太大了 　（3）不，班級太小了 　（4）沒有
    差別

26.哪一種陳述最能描述這門課？
    （1）主修的必修科目或選修科目
    （2）副修的科目或主攻領域外的必選科目
    （3）大學的必修科目但都不是我的主修或副修
    （4）選修科目

27.選這門課的最重要理由是：
    （1）朋友建議
    （2）指導教授建議
    （3）任教老師的聲望
    （4）我想可得到好成績
    （5）能作為通過／沒學分的選擇
    （6）必修科目
    （7）有興趣
    （8）其他

28.在這門課期望得到的分數為：
    （1）A 　（2）B 　（3）C 　（4）D 　（5）不及格 　（6）及格 　（7）零分
    （8）其他

29.累積的學業成績平均為：

（1）3.50～4.00　（2）3.00～3.49　（3）2.50～2.99　（4）2.00～2.49
（5）1.50～1.99　（6）1.00～1.49　（7）少於1.00　（8）還沒有

30.你的年級為：
（1）大一　（2）大二　（3）大三　（4）大四　（5）研究生　（6）其他

31.性別：
（1）男　（2）女

第三部分有八題，從「不知道」⑥、「非常好」⑤、「好」④、「滿意」③、「普通」②、「差」①五個不同的量詞來回答。此八個題目為：

	不知道	非常好	滿意	普通		差

32.整體而言，我評定教科書為　⑥⑤④③②①
33.整體而言，我評定補充讀物為　⑥⑤④③②①
34.整體而言，我評定考試品質為　⑥⑤④③②①
35.整體而言，我評定講課的品質為　⑥⑤④③②①
36.我評定班級討論的品質教科書為　⑥⑤④③②①
37.整體而言，我評定實驗課為　⑥⑤④③②①
38.我評定這門課對我整體的價值為　⑥⑤④③②①
39.你覺得這門課的教學品質為　⑥⑤④③②①

第四部分為若教學者有補充的題目時，可填入空白處，共有十個題目可供教學者使用。量表最後還說明，若對教學者課程有額外的意見，可用另一張紙書寫。

＊本工具引自徐超聖（1997）：學生評鑑教師教學系統的比較研究——以 SIR、IDEA 和 ICES 為例。刊登於黃政傑主編的《大學的課程與教學》。台北：漢文，頁191～214。

附錄二

Instructional Development and Effectiveness Assessment*
（IDEA 教學評鑑量表）

IDEA 教學評鑑量表係由美國堪薩斯州州立大學（Kansas State University）「教職員評鑑和發展中心」（Center for Faculty Evaluation and Development）所發展完成。下面是 IDEA 量表及回答說明。

一、「教學者」（instructor）部分，填答者需教學者的教學過程（teaching procedures），利用五點量表的方式加以評定，以 1 代表「幾乎不」（hardly ever）、2 代表「偶而」（occasionally）、3 代表「有時」（sometimes）、4 代表「常常」（frequently）、5 代表「幾乎總是」（almost always）。此部分共有二十個題目：

1.增進師生之間的討論。
2.設法幫助學生回答他們自己的問題。
3.鼓勵學生自在而開放地表達他們的想法。
4.老師對該科目顯現出高度熱忱。
5.改變教學方法適應新情境。
6.考試題目強調不必要的機械式記憶。
7.表達清晰而且聲調有變化。
8.能表現教材的重要性與意義。
9.教學呈現的方式單調乏味。
10.清楚說明每一個討論主題和該學科之間的關聯。
11.批評學生的學習成果時，老師能說明理由。
12.考題題意不清。
13.鼓勵學生表達意見，即使意見不正確或離題。
14.摘要整理教材，以助學生記憶。
15.激勵學生的求之心，使其努力超過其他大部分科目的要求。
16.清楚說明課程目標。
17.把握住要點清楚的解釋教材。
18.結合教材和真實生活情境。
19.考試題目不合理的刁鑽瑣碎。
20.介紹教材引人深思的議題。

二、「進步」（progress）部分，填答者需對十個目標自我評定其進步程度，其進步程度係與其他所修課程進步程度來比較。以1代表「低」（low）、2代表「低於平均」（low average）、3代表「平均」（average）、4代表「高於平均」（high average）、5代表「高」（high）。這十個目標分別爲：

21.獲得事實知識。
22.學得基本原則、原理或理論。
23.學得如何應用教材所學改進理性思考、問題解決和做決定。
24.學到專家所認定該領域中重要的特殊技巧、能力和觀點。
25.學到如何獲得新知識的過程。
26.發展創造的能力。
27.發展出自我負責、自我要求的意識。
28.對心智文化活動（音樂、科學、文學等等）能發展出廣泛的瞭解與欣賞的態度。
29.發展出表達自我的口語能力與寫作能力。
30.能從該科的應用中而啓發對自我的瞭解。

三、針對「課程」（course），部分，填答者需與其他大部分科目相比，評定課程的性質。以1代表「少了許多」、2代表「少一些」、3代表「平均之上」、4代表「多一些」、5代表「多了許多」。此三個題目爲：

31.閱讀資料的數量。
32.功課負擔量。
33.課程複雜程度（課桯中的不同主題及教學活動緊密結合的程度）。

四、「自評」（self-rating）部分，填答者回答自己在這門科目的程度和行爲。以1代表「絕對假」（false）、2代表「有些假」、3代表「在眞與假中間」、4代表「有些眞」、5代表「絕對眞」。此四個自評題目爲：

34.我很認眞修這門課，用功程度遠超過其他科。
35.我有強烈欲望上這堂課。
36.我想在上這個老師的另一門課。
37.由於上過這門課，我對這個領域有更積極的態度。

此外還列有五個題目，問學生對下列事項的態度：分數、視錯誤爲學習的機會、爲他們的學習自我負責、學生們認爲上課是很浪費時間、學生們覺得上課很無聊及學生們認爲這門課的討論是有趣且有用的。除此而外，量表還提醒學生在回答卡上，可能還有教學者自行增加的題目，並且也鼓勵填答者利用空白處填寫如何改進教學的意見。

＊本工具引自徐超聖（1997）：學生評鑑教師教學系統的比較研究——以SIR、IDEA和ICES爲例。刊登於黃政傑主編的《大學的課程與教學》。台北：漢文，頁191～214。

附錄三

Instructor and Course Evaluation System*
（ICES 教師與科目評鑑量表）

　　ICES 教師與科目評鑑量表係由美國伊利諾大學香檳校區教學資源室測量與評鑑組（Division Measurement and Evaluation, Office of Instructional Resources）所發展完成。此系統使用時，教學者需參考評鑑題庫（1977年時，有四百五十題，到1987年時，增加到八百六十八題），選擇取用若干題目組成評鑑量表，所選題目最多不超過二十五題。在題庫手冊中，各個教學因素的題目數不一，題目分為二類：一為一般概念（general concept），二為特定概念（specific concept）。以評鑑題庫中「評分和考試」部分（grading and exams）為例，在一般概念可供選取的題目有五題：

　　1.教學者幫助學生準備考試的效果如何？（非常有效　非常無效）
　　2.評分過程如何？（非常公平　非常不公平）
　　3.你認為考試題目如何？（非常好　差）
　　4.考試問題能否反映課程內容重點？（非常有關　非常無關）
　　5.評分方式能合理解釋嗎？（是，非常能　不，一點也不）

　　在特定概念可供選取的題目有二十一題，茲舉前面五題為例：

　　1.教學者對優良表現的定義非常體明確？（是，非常具體　不，非常不具體）
　　2.教學者對學生訂立太高（或太低）的標準？（太高　太低）
　　3.你如何評價教學者的評分制度？（非常客觀　非常主觀）
　　4.在整個課程裡，教學者給予的回饋如何？（非常適當　不夠）
　　5.考試和報告歸還時，是否有教學者對錯誤答案的解釋或某個人的評論？（總是有　總是沒有）

　　一個ICES量表，通常是由兩個共同的總評題目、若干一般概念題目及特定題目、六題學生政府組織（Student Government Association, SGA）所選的題目及六題開放性題目，茲舉下例說明之：
　　第一部分有六題基本共同的題目：年籍、註冊時對此課程的意見、課程是必修或選

修、課程是主修或副修、性別及期望得到的分數。評鑑題目的面貌為：

1.評定教學者整體的教學效果。　　　　　非常高　5 4 3 2 1　非常低
2.評定課程整體的品質。　　　　　　　　非常高　5 4 3 2 1　非常低
（以上為共同部分）
3.評定教學者整體的效果。　　　　　　　非常好　I J K L M　非常差
4.課程的負擔。　　　　　　　　　　　　非常多　I J K L M　非常少
5.教學者樂於接受學生的問題。　　　　　總是　　I J K L M　很少
6.考試和報告能反映教過的教材內容。　　非常同意 I J K L M　非常不同意
7.評分過程。　　　　　　　　　　　　　非常公平 I J K L M　非常不公平
8.教學者對教學的熱忱程度。　　　　　　非常熱忱 I J K L M　非常不熱忱
（以上為SGA的題目，教學者可自行決定是否選用）
9.之後包括若干一般概念題目及特定題目。（選自評鑑題庫的題目）

在兩點量表式的題項之後，有六個開放性題目：

1.教學者的主要優缺點為何？
2.這門課程對你最有助益的部分為何？
3.你對改進這門課的建議為何？
4.評論這門課的評分過程和考試。
5.及6.為教學者若有需要而自行提供的兩個額外題目。

＊本工具引自徐超聖（1997）：學生評鑑教師教學系統的比較研究——以SIR、IDEA和ICES為例。刊登於黃政傑主編的《大學的課程與教學》。台北：漢文，頁191～214。

附錄四

Students' Evaluations of Educational Quality Instrument*
（SEEQ學生對教學品質評量表）

　　SEEQ評量表係由Marsh（1981）所發展的學生評鑑教師教學量表，共有九個層面三十三題，另有兩題是整體性的評量，總共有三十五題。每一題都是二選題，是者給1分，否者給0分。

一、學習價值
　　1.課程是否具有挑戰性及激發學習。
　　2.是否學到有價值的東西。
　　3.能否引發對該科目的興趣。
　　4.是否已學到及瞭解到教材的內容。

二、教師的熱忱
　　5.是否熱心教學。
　　6.是否有活力與動力。
　　7.上課是否有幽默感。
　　8.教學方式是否能提起學生的興趣。

三、組織與清晰
　　9.是否解釋清楚。
　　10.對教材是否有準備，講義是否清楚。
　　11.是否標明課程目標並照這目標去做。
　　12.上課是否易於做筆記。

四、班級互動
　　13.是否鼓勵學生班級討論。
　　14.是否讓學生分享知識與理念。
　　15是否鼓勵同學發問並給於答覆。
　　16.是否鼓勵對教師的觀念提出疑問。

五、個別的友善
　　17.對個別學生是有友善。
　　18.是否歡迎學生找他尋求建議。
　　19.是否對個別學生有興趣。
　　20.是否願意接見個別學生。

六、涵蓋範圍的廣度
　　21.是否能將各種理論加以對照。
　　22.是否能對觀念或理念給於背景說明。
　　23.是否能提出不同的觀點。
　　24.是否能提出到當前的發展。

七、考試與評分
　　25.考試的回饋是否有價值。
　　26.評分是否公平適當。
　　27.是否考到重要的內容。

八、作業與閱讀
　　28.教材的閱讀是否具有價值。
　　29.教材的閱讀是否能增進瞭解。

九、負擔與難度
　　30.課程是否難易適中。
　　31.課程負擔是否適中。
　　32.課程進度是否適中。
　　33.課外所使用的時間。

十、整體性評分
　　34.對課程的整體性評分。
　　35.對教師的整體性評分。

＊本工具源自 Marsh, H. W.（1987）. Student's evaluations of university teaching: Research findings, methodological issues and directions for future research. *International Journal of Educational Research*, 11, 253-388.

附錄五

大學教學評鑑之指標*

層面／指標項目

Ⅰ、教學投入領域

　一、教學準備

　　　1.敘明教學目標與進度。

　　　2.充分準備每一節課的教材。

　　　3.發給學生清晰的教學大綱。

　　　4.提供有價值的參考書目或資料。

　　　5.根據學生程度安排教學進度。

Ⅱ、教學過程領域

　二、教學內容

　　　6.教學內容與教學目標相符。

　　　7.對教材內容瞭解深入。

　　　8.教材內容難易適中。

　　　9.參酌學生的意見或需求增減授課內容。

　　　10.完全按教科書內容講述。

　　　11.教材的安排有條理。

　三、教學方法

　　　12.以清楚的文辭表達教學內容。

　　　13.講解深入淺出，容易理解。

　　　14.教學技巧引發學生的學習興趣。

　　　15.營造多樣化的課堂活動。

　　　16.使用輔助教學媒體。

　　　17.適時提供指引，促進學生思考。

　　　18.建立良好的課堂氣氛。

　四、教學評量

　　　19.明確敘明評量方式與標準。

　　　20.評量過程公平合理。

　　　21.評量能夠兼顧學生的努力程度。

22.配合教材內容，設計適當的評量方法。
23.評量次數適中。

五、教學態度
24.具有高度的教學熱忱。
25.教學認真負責。
26.願意參考學生意見改進教學方法。
27.按時授課，不無故遲到早退或缺席。
28.對教學漠不關心，不願意投入。
29.對教學抱持保守的心態。

六、教學溝通
30.與學生維持良好的互動關係。
31.鼓勵學生自由發問與討論。
32.對學生的問題能夠予以回饋。
33.傳遞正確的教學訊息。
34.重視與學生非正式的溝通。

七、教學責任
35.對教學成效具有責任心。
36.對教育工作具有使命感。
37.能評估教學的適切性。
38.能在課堂之外教導學生。
39.作業批閱相當仔細。

III、教學產出領域
八、教學效果
40.課堂所學的知識具有啟發性。
41.學生能學習到完整的概念。
42.能增進學生的學習能力。
43.引發學生進一步學習的興趣。
44.學生對教學內容能充分理解。
45.整體而言，教師的教學是有效的。

九、教學滿意
46.對課程安排感到滿意。
47.對教師的教學表現感到滿意。
48.這個科目值得向其他同學推薦。
49.同學對於教師教學常有怨言。
50.整體而言，這是門值得學習的科目。

＊引自莊惠文（2000）：〈大學評鑑指標建構之研究〉。國立台北師範學院國民教育研究所碩士論
文（未出版）。

附錄六

四所師範學院教學意見反映調查實施辦法或要點

國立台北師範學院教學狀況調查實施要點
國立新竹師範學院教學意見反映調查實施辦法
國立台東師範學院學生對教學意見反映實施要點
國立花蓮師範學院教師教學評鑑辦法

國立台北師範學院教學狀況調查實施要點

八十四年四月十一日本院八十三學年度第二學期第一次教務會議通過

一、為加強師生互動，提升教學效果，特訂定本要點。

二、教學狀況調查每學期分兩次進行，第一次於期中考前，第二次於期末考前舉行。

三、調查表分甲、乙兩類，甲類適用於期中調查，著重於教學改進意見之溝通；乙類適用於期末調查，在瞭解學生對任課老師的評述。

四、調查表由教師處印製備用，並安排調查之班級、科別、和教師別，由各系轉發各班填答，每位教師每一任教科目選一班學生實施調查為原則。

五、期中調查之問卷，填答後由各系直接交給任課老師自行參考。

六、期末調查之問卷，填答後送教務處進行統計建檔。

七、期末統計之結果，供作下列之用途：

（一）呈請校長、教務長參閱。

（二）呈請各系主任參閱。

（三）呈請教師本人自行參閱。

（四）做為教師續聘與否、升等、獎懲等之參考依據。

八、調查統計之技巧問題，必要時由教務處成立小組共商解決。

九、本要點提經教務會議討論通過呈校長核定後公布實施，修正時亦同。

國立新竹師範學院教學意見反映調查實施辦法

一、目的

　　爲加強師生互動，提升教學品質，特訂定本辦法。

二、精神與原則

　　（一）以協助教師改進教學效果爲本辦法制訂之基本精神。

　　（二）基於本校之組織文化，以循序漸進爲本辦法之實施原則。

　　（三）本辦法與調查表業經師生問卷調查、各系系務會議與公聽會之討論，與教師充分
　　　　　溝通協調，取得大部分教師共識後實施。

　　（四）本教學意見反映調查除重視學生對教師教學之意見反映外，亦強調學生學習情形
　　　　　之自我檢討結果。

　　（五）本辦法除蒐集量化資料外，亦重視以文字敘述之屬質資料，以期學生能針對任課
　　　　　教師之教學活動，提供具體之建設性建議。

　　（六）本校相關單位於本辦法調查結果之分析與處理過程中，宜遵守保密原則，嚴防教
　　　　　師個人資料之外洩。

　　（七）本校研究所將另行實施相關教學意見反映之調查，故不適用於本辦法。

三、實施方式

　　（一）組織與分工：本辦法由教務處統籌實施，辦法、調查表及結果分析方式之擬定由
　　　　　教學與學校評鑑研究中心負責，電算中心負責量化資料之電腦統計分析，各系與
　　　　　學生會得協助調查表之實施。

　　（二）方式與流程：調查表由教務處印製備用，並安排各系在每學期期末考試前一週交
　　　　　由各科目任課教師轉發各班填寫，再由各班班長收齊後交回教務處，以便進行資
　　　　　料分析。俟學業成績核定通知學生後，教務處再將各科目之調查表原卷與相關量
　　　　　化分析結果送各系主任轉交教師本人參閱。

　　（三）調查表內容：包括三部分，第一部分爲基本資料（含課程編號、學生性別及就讀
　　　　　年級）；第二部分爲調查表主要內容，共有二十題選項，包括教師之教學態度、
　　　　　專業知能、課程內容、教學方法、教學評量、教師整體表現，以及學生自我學習
　　　　　之態度等向度；前兩部分學生須以2B鉛筆作答，以利電腦讀卡；第三部分爲開放
　　　　　題項，學生自由書寫對該課程的其他意見與建議。

　　（四）結果分析：針對每一科目與每位教師，進行調查表各題選項之敘述統計分析（包
　　　　　括平均數、標準差等）。此外，亦得進行各題項之間的統計分析。其中，第十八題
　　　　　至第二十題爲學生自我學習態度之檢討，故不與其他十七題一併計分。

　　（五）調查結果之運用：調查結果（包括屬質資料與量化分析結果）交由教師本人，作
　　　　　爲其改進教學之參考。

四、本辦法經校務會議討論通過後，呈請校長核定試行一年後，俟實施情況再檢討修正。

國立台東師範學院學生對教學意見反映實施要點

八十八年六月二十一日八十七學年度第二學期第二次校務會議通過

一、本要點目的在提供學生反映教學意見的管道，協助教師改進教學品質，並做為教師評鑑的部分資料。

二、調查問卷實施對象為全校學生，反映及意見調查對象則為全校專、兼任教師的教學。

三、本教學調查問卷經校務會議通過後，由教務處執行，並由教學評鑑委員會監督及提供諮詢，各系所有配合執行的義務。

四、教學問卷調查過程須保護提供意見學生的權益，教師若對學生的填答或報導有任何形式的干涉，經教學評鑑委員會查證屬實，該學科問卷調查結果以零分計算。

五、本教學問卷由教務處針對每學期教師所開設的科目實施一次，實施細節如下：

（一）每學期每位教師至少須有二科／班接受問卷調查，其科目或班級由教師與其所屬學系（所）主任（所長）共同決定，唯下列科目應優先接受評量：1.必修／必選科目；2.教師新擔任的科目；3.過去一年內未曾接受評量的科目。

（二）學生問卷調查於每學期第十五週起實施（畢業班級得予提早），由各系系務工作人員與各任課教師約定填表時間（以二十分鐘為原則），在任課教師迴避後實施。填畢後由系務工作人員彙送教務處。

六、問卷分析工作由電算中心負責辦理，封閉式問題依教師個人，各系及全校三年級分別分析，分析結果及開放式回饋經由各系交付教師本人參考。

七、本辦法經校務會議通過後實施，修正時亦同。

國立花蓮師範學院教師教學評鑑辦法

八十四年六月二十二日八十三學年度第二學期第四次校務會議通過

一、本校爲提升教學品質、溝通師生意見，特依據大學法第一十四條訂定本辦法。

二、教學評鑑之程序有四：1.教學表現資訊之蒐集；2.教學表現資訊之整理與分析；3.教學表現資訊之研判與解釋；4.評鑑結果之運用。

三、教學表現之資訊來源有三：1.學生反映意見；2.教師教學省思紀錄；3.各系教師評鑑委員會評鑑報告。前兩項資訊由教務處彙整師生意見編訂調查表蒐集之；第三項資訊由各系教評會擬定評鑑原則蒐集之。

（一）學生反映意見表由教務處印製，在每學期結束前兩週內，交由各系行政人員實施。學生反映意見調查以每學期所開全部科目皆實施爲原則。學生反映意見資訊，由各系處理之。資料分析之統計程式由教務處聘請委員擬定。

（二）教學省思紀錄表在每學期開學前由教務處印安，連同教務資料分發給任課教師使用。教師在學期結束後將教學省思紀錄及相關資料交所屬系所處理。

（三）各系教評會可以參照教學反映意見調查表以及教學省思紀錄表之內容，擬定評鑑原則以蒐集有關教師教學表現之資訊。

四、各系應將學生反映意見之資訊整理後，連同其它有關資訊，提供給任課教師參考。教師對於以上各項評鑑資訊如有疑問可以向各系提出說明，系所在必要時並應依據所研判與解釋後之資料與教師和學生溝通，以增進相互瞭解。

五、各系教評會負責前述各項教學表現之資訊的研判與解釋，並以上述資訊作爲教師升等、續聘之參考。

六、教學評鑑資料不得外洩或作爲有損教師個人和本校的工具。

七、本辦法經校務會議通過後實施，修正時亦同。

附錄七

各師範學院「學生評鑑教師教學」評鑑工具

市師初教系	台北市立師範學院初等教育學系教學意見調查表
市師社教系	台北市立師範學院社會科教育學系教學意見調查表
市師幼教系	台北市立師範學院幼兒教育學系教學意見調查表
市師語教系與應用語文所	台北市立師範學院語文教育學系、應用語言文學研究所教學狀況問卷調查表
市師特教系	台北市立師範學院特殊教育學系教師教學評鑑表
市師音教系	台北市立師範學院八十七學年度下學期音樂教育學系大班課教學評量
北師—學科	國立台北師範學院師生教學狀況調查表（學科乙卷）
北師—術科	國立台北師範學院師生教學狀況調查表（術科乙卷）
竹師	國立新竹師範學院教學意見反映調查表
中師	國立台中師範學院教學情況調查問卷
嘉師	國立嘉義師範學院教學意見調查問卷
南師	教學意見調查表
屏師	教學意見調查表
東師	國立台東師範學院教學調查問卷
花師	國立花蓮師範學院教學反映意見調查表

台北市立師範學院初等教育學系教學意見調查表

課程代碼
Ⓐ ⓪⓪⓪⓪⓪⓪⓪
Ⓑ ①①①①①①①
Ⓜ ②②②②②②②
③③③③③③③
④④④④④④④
⑤⑤⑤⑤⑤⑤⑤
⑥⑥⑥⑥⑥⑥⑥
⑦⑦⑦⑦⑦⑦⑦
⑧⑧⑧⑧⑧⑧⑧
⑨⑨⑨⑨⑨⑨⑨

授課教師：＿＿＿＿＿＿＿　授課科目：＿＿＿＿＿＿

班　　別：＿＿＿＿＿＿＿　填答日期：＿＿＿＿＿＿

> 此份調查表是以不具名方式實施，目的是想瞭解本系教師的教學情形，以作爲改進教學之依據。請你依照實際情況，以2B鉛筆或藍色原子筆（黑色亦可），將適當的空格塗滿或作答。謝謝你的合作。

	非常符合	符合	還算符合	不符合	非常不符合	無法作答

一、教學方面

1. 在開學初，老師提供完整的教學大綱。
2. 老師的教學準備充分。
3. 老師採用的教材份量適中。
4. 老師會依據課程需要採用合適的教學資源，使教學生動。
5. 老師會根據學生的學習情形，對教學做適當調整。
6. 老師教學時口語清晰，表達清楚。
7. 老師上課的方式富有變化，讓學習生動有趣。
8. 老師講解教材時，條理井然，有邏輯系統。
9. 老師會耐心回答學生問題。
10. 老師按時上課，不遲到或早退。
11. 老師願意與學生討論與本科目有關的知識與問題。
12. 老師的教學態度認真負責。
13. 老師能以各種方式（如報告、考試、課堂參與）評量學生的學習成果。
14. 老師的評量內容符合教學目標。
15. 老師與學生相處融洽，教室氣氛良好。
16. 老師除了重視課堂的學習外，亦會主動關心學生。
17. 老師願意欣賞及分享學生的學習成就，使學生樂於學習。
18. 整體而言，本課程任課教師的教學表現良好。

二、學生自評

19. 在這學期中，我在這門課的出席情形是：
□全勤　□缺席1次　□缺席2次　□缺席3次　□缺席4次以上

20. 除了上課時間外，我每周花多少時間在這門課程上：
□6小時以上　□4～6小時　□2～4小時　□1～2小時　□1小時以下

21. 我願意向學弟妹推薦這門課：
□非常願意　□願意　□不願意　□非常不願意　□無法作答

三、其他

22. 我覺得教材當中，哪些部分我最喜歡：
＿＿＿＿＿＿＿＿＿＿＿＿＿＿＿＿＿＿＿＿＿＿＿＿＿＿＿＿＿＿＿

23. 我覺得教材當中，哪些部分可以考慮刪掉：
＿＿＿＿＿＿＿＿＿＿＿＿＿＿＿＿＿＿＿＿＿＿＿＿＿＿＿＿＿＿＿

可以考慮增加：
＿＿＿＿＿＿＿＿＿＿＿＿＿＿＿＿＿＿＿＿＿＿＿＿＿＿＿＿＿＿＿

24. 你對本課程的安排與教學有何其他意見（如安排在其他年級、教學態度、教學方式、教材內容、教學評量、教學輔助器材的運用、課內或補充教材之選擇……），請說明：
＿＿＿＿＿＿＿＿＿＿＿＿＿＿＿＿＿＿＿＿＿＿＿＿＿＿＿＿＿＿＿

台北市立師範學院社會科教育學系教學意見調查表

課程代碼

授課教師：_____　授課科目：_____

班　　別：_____　填答日期：_____

此份調查表是以不具名方式實施，目的是想瞭解本系教師的教學情形，以作為改進教學之依據。請你依照實際情況，以2B鉛筆或藍色原子筆（黑色亦可），將適當的空格塗滿或作答。謝謝你的合作。

一、教學方面

	非常符合	符合	還算符合	不符合	非常不符合	無法作答
1.在開學初，老師提供完整的教學大綱。	☐	☐	☐	☐	☐	☐
2.老師的教學準備充分。	☐	☐	☐	☐	☐	☐
3.老師採用的教材份量適中。	☐	☐	☐	☐	☐	☐
4.老師會依據課程需要採用合適的教學資源，使教學生動。	☐	☐	☐	☐	☐	☐
5.老師會根據學生的學習情形，對教學做適當調整。	☐	☐	☐	☐	☐	☐
6.老師教學時口語清晰，表達清楚。	☐	☐	☐	☐	☐	☐
7.老師上課的方式富有變化，讓學習生動有趣。	☐	☐	☐	☐	☐	☐
8.老師講解教材時，條理井然，有邏輯系統。	☐	☐	☐	☐	☐	☐
9.老師會耐心回答學生問題。	☐	☐	☐	☐	☐	☐
10.老師按時上課，不遲到或早退。	☐	☐	☐	☐	☐	☐
11.老師願意與學生討論與本科目有關的知識與問題。	☐	☐	☐	☐	☐	☐
12.老師的教學態度認真負責。	☐	☐	☐	☐	☐	☐
13.老師能以各種方式（如報告、考試、課堂參與）評量學生的學習成果。	☐	☐	☐	☐	☐	☐
14.老師的評量內容符合教學目標。	☐	☐	☐	☐	☐	☐
15.老師與學生相處融洽，教室氣氛良好。	☐	☐	☐	☐	☐	☐
16.老師除了重視課堂的學習外，亦會主動關心學生。	☐	☐	☐	☐	☐	☐
17.老師願意欣賞及分享學生的學習成就，使學生樂於學習。	☐	☐	☐	☐	☐	☐
18.整體而言，本課程任課教師的教學表現良好。	☐	☐	☐	☐	☐	☐

二、學生自評

19.在這學期中，我在這門課的出席情形是：
☐全勤　☐缺席1次　☐缺席2次　☐缺席3次　☐缺席4次以上

20.除了上課時間外，我每周花多少時間在這門課程上：
☐6小時以上　☐4～6小時　☐2～4小時　☐1～2小時　☐1小時以下

21.我願意向學弟妹推薦這門課：
☐非常願意　☐願意　☐不願意　☐非常不願意　☐無法作答

三、其他

22.我覺得教材當中，哪些部分我最喜歡：
_____

23.我覺得教材當中，哪些部分可以考慮刪掉：
_____

可以考慮增加：
_____

24.你對本課程的安排與教學有何其他意見（如安排在其他年級、教學態度、教學方式、教材內容、教學評量、教學輔助器材的運用、課內或補充教材之選擇……），請說明：
_____

台北市立師範學院幼兒教育學系教學意見調查表

此份意見調查表是以不具名的方式實施，目的是想瞭解本系教師的教學情形，以作爲未來教學改進的依據。請你依照實際情況，在適當的空格內打 ✔ 或作答，謝謝你的合作。

課程名稱：_____　任課教師：_____
班　　別：_____　填答日期：_____

	非常符合	符合	還算符合	不符合	非常不符合	無法作答

一、教學方面

1. 在開學初，老師提供完整的教學大綱，並依據學生需要予以調整。 ☐ ☐ ☐ ☐ ☐ ☐
2. 老師的教學準備充分，且內容合乎現實趨勢。 ☐ ☐ ☐ ☐ ☐ ☐
3. 老師會依據課程需要採用合適的教學資源，使教學生動。 ☐ ☐ ☐ ☐ ☐ ☐
4. 老師會根據學生的學習情形，對教學做適當調整。 ☐ ☐ ☐ ☐ ☐ ☐
5. 老師使用的材料份量適中。 ☐ ☐ ☐ ☐ ☐ ☐
6. 老師教學時口語清晰，表達清楚。 ☐ ☐ ☐ ☐ ☐ ☐
7. 老師上課的方式富變化，讓學習生動有趣。 ☐ ☐ ☐ ☐ ☐ ☐
8. 老師講解教材時，條理井然，有邏輯系統。 ☐ ☐ ☐ ☐ ☐ ☐
9. 老師會耐心回答學生的問題。 ☐ ☐ ☐ ☐ ☐ ☐
10. 老師願意接納不同角度的意見。 ☐ ☐ ☐ ☐ ☐ ☐
11. 老師按時上課，不遲到或早退，亦不任意調課。 ☐ ☐ ☐ ☐ ☐ ☐
12. 老師願意與學生討論與本科目有關的知識與問題。 ☐ ☐ ☐ ☐ ☐ ☐
13. 老師的教學態度認眞負責。 ☐ ☐ ☐ ☐ ☐ ☐
14. 老師能以各種方式（如報告、考試、課堂參與……）評量學生的學習成果。 ☐ ☐ ☐ ☐ ☐ ☐
15. 老師的評量能提供學生有效的回饋。 ☐ ☐ ☐ ☐ ☐ ☐
16. 老師與學生相處融洽，教室氣氛良好。 ☐ ☐ ☐ ☐ ☐ ☐
17. 老師除了重視課堂的學習外，亦會樂於解決學生學習上的困難。 ☐ ☐ ☐ ☐ ☐ ☐
18. 老師願意欣賞及分享學生的學習成就，使學生樂於學習。 ☐ ☐ ☐ ☐ ☐ ☐
19. 整體而言，本課程任課教師的教學表現良好。 ☐ ☐ ☐ ☐ ☐ ☐

二、學生自評

20. 在這學期中，我在這門課的出席情形是：
☐全勤　☐缺席1次　☐缺席2次　☐缺席3次　☐缺席4次以上

21.除了上課時間外，我每周花多少時間在這門課程上：
　□6小時以上　□4～6小時　□2～4小時　□1～2小時　□1小時以下
22.我願意向學弟妹推薦這門課：
　□非常願意　□願意　□不願意　□非常不願意　□無法作答

三、其他

23.我覺得教材當中，哪些部分我最喜歡：
_____
_____

24.我覺得教材當中，哪些部分可以考慮刪掉：
_____
_____

可以考慮增加：
_____
_____
_____

25.你對本課程的安排與教學有何其他意見（如安排在其他年級、教學態度、教學方式、教材內容、教學評量、教學輔助器材的運用、課內或補充教材之選擇……），請說明：
_____
_____
_____
_____
_____
_____

台北市立師範學院語文教育學系、應用語言文學研究所
教學狀況問卷調查表

開課班級：＿＿＿＿＿＿＿＿＿　　科目名稱：＿＿＿＿＿＿＿＿＿＿

同學：您好！

這份問卷是詢問你對本科目的意見，目的是希望能讓教師瞭解學生們對教師授課的真實感受，並獲得一些建設性的建議，使得教與學成為教師與學生共同成長且愉快的經驗。因此，希望你能誠懇的回答這份問卷，無論如何填答，都不會影響你與教師或學校的關係。請把握這個反應你自己意見的機會，謝謝你的善意與合作！（敬請教師自由使用及保存本問卷。台北市立師範學院語文教育學系、應用語言文學研究所製作。）

說明：請選出一個最適合你的情況的項目，直接在項目前的號碼上打「∨」。

一、學生的學習態度

1.修讀此科目的預期收穫是：（1）獲得特殊而實用的知識　（2）學習基本觀念、原理及理論　（3）對我為人做事有幫助　（4）僅是獲得學分。（可複選）

2.我修讀本科目的態度是：（1）課前預習，課後復習　（2）課前雖未預習，但課後立即復習　（3）偶爾預習或復習　（4）考試前再開始復習　（5）考試前再開始強記應付。

3.我上這門課的感覺：（1）非常喜歡　（2）喜歡　（3）尚可　（4）不太喜歡　（5）非常不喜歡。

4.我上這門課的情形：（1）常常遲到　（2）常常缺課　（4）偶爾遲到　（4）從不遲到或缺課。（可複選）

5.修讀此科目經常發生的困擾是：（1）老師講解不容易瞭解　（2）老師聲音太小，聽不清楚　（3）老師的板書太潦草，不易看懂　（4）老師的發音不清楚或口音太重　（5）老師速度太快，抄筆記有困難　（6）教材太多，進度太快　（7）自己程度低，不易聽懂　（8）考試或作業太多　（9）都沒有困擾。（可複選）

★以下六～二十題之作答方式，請就每一題之敘述，在題右之五點量表上直接勾出符合你的感受的答案。請注意「1」表示非常不同意該敘述、「2」表示不大同意該敘述、「3」表示尚同意該敘述、「4」表示大致同意該敘述、「5」表示非常同意該敘述。若＿＿＿＿＿＿部分，請予以填充註明高見。

1	2	3	4	5
□	□	□	□	□
非常不同意	不大同意	尚可	大致同意	非常同意

例句：我喜歡運動　　□ □ □ □ □

二、教師教學態度與方法

6.在開學之初，老師曾發授課計畫表，有助於同學瞭解上課內容及

　　方式，我覺得老師很認眞於事先作好課前計畫。　□ □ □ □ □

7.我覺得老師對本課程有充分的準備。　□ □ □ □ □

8.我覺得老師上課很認眞。　□ □ □ □ □

9.我覺得老師能根據學生的瞭解程度而調整他的教學方式或進度。　□ □ □ □ □

10.老師鼓勵學生獨立思考並發表自己的看法。　□ □ □ □ □

三、教材與分量

11.我覺得老師採用的教材份量適中。（若不同意，是（1）過多（2）過少）　□ □ □ □ □

12.我覺得教材當中，哪些部分最有用：

_____

_____

最有趣：

_____

_____

我覺得教材當中，哪些部分可以考慮減少：

_____

_____

我建議這門課的教材，可以考慮增加：

_____

_____

13.我覺得老師採用的教材與課程設計的目的吻合。　□ □ □ □ □

四、師生關係

14.我覺得老師帶給我們啓蒙及成長的經驗。　□ □ □ □ □

五、考評方式及公平性

15.我覺得老師的考試方式可以測驗出我的學習成果。　□ □ □ □ □

16.我覺得老師的考試方式很公平。　□ □ □ □ □

17.我覺得老師的考試方式能兼顧學生上課及課外的努力程度。　□ □ □ □ □

六、綜合建議

18.有機會我會推薦本科目給我的學弟妹。　□ □ □ □ □

19.本科目之任課教師是我在市立師院上過課的教師中教得較好的幾位之一。　□ □ □ □ □

20.整體而言，你對本科目的教學是否感到滿意？你認爲本科目日後應如何改進？請自由發揮。

```
┌─────────────────────────────────────────────────┐
│                                                   │
│                                                   │
│                                                   │
│                                                   │
│                                                   │
│                                                   │
└─────────────────────────────────────────────────┘
```

台北市立師範學院特殊教育學系教師教學評鑑表

教 學 者：＿＿＿＿＿＿＿＿＿＿＿＿　日　期：＿＿＿＿＿＿＿＿＿＿

教學科目：＿＿＿＿＿＿＿＿＿＿＿＿學分數：＿＿＿＿＿＿＿＿＿＿

班　　級：＿＿＿＿＿＿＿＿＿＿＿＿

評量項目	評鑑等級					建議或心得
	優異	良好	普通	尚可	不佳	
1.把握教學目標進行教學。						
2.教材準備充分。						
3.熟練教學過程。						
4.教學方法多變化。						
5.適時回應學生反應。						
6.教學時間支配適當。						
7.口語清晰，並配合學生能力。						
8.耐心接受問題並隨時回答。						
9.教學時與學生互動良好。						
10.授課時表達清晰、有條理。						
11.教學態度認真、盡責。						
12.上課提供授課大綱。						
13.授課內容豐富。						
14.上課提供授課講義、資料。						
15.指定閱讀資料。						
16.不任意調課、請假。						
備註	1.本表為改進教學之重要依據，請依評量項目適當勾選。 2.本表由教師教學結束後評量之，不必註明姓名。 3.本表評量後請授課教師自行參考。					

台北市立師範學院八十七學年度下學期音樂教育學系大班課教學評量

各位同學：你好！

本不記名調查表是期末的檢討表，藉此想瞭解你對本學期修習科目與任教老師的意見和自我省思，請確實填答。以123456六種不同等級的評量法，將你認為適合的評量數字填在每個項目之前的空格，此六種不同評量等級之意義分別為：1：非常同意、2：同意、3：尚可、4：不大同意、5：不同意、6：非常不同意。

請逐題閱讀，依據教師之敬業精神、授課方法、教學內容、學習成效、師生互動等方向思考，並在各題前面適當方格內打ˇ。

課程名稱：_____　授課老師：_____

1 2 3 4 5 6 空格請打ˇ

一、敬業精神

☐☐☐☐☐☐ 1.教學認真負責。
☐☐☐☐☐☐ 2.按時授課，不遲到早退。
☐☐☐☐☐☐ 3.課前有充分準備。
☐☐☐☐☐☐ 4.關心學生，並樂於解決學生學習的問題。
☐☐☐☐☐☐ 5.可接受學生不同見解。

二、授課方法

☐☐☐☐☐☐ 6.有授課大綱，或其他方式說明教學進度。
☐☐☐☐☐☐ 7.教學方式能引發學生學習興趣。
☐☐☐☐☐☐ 8.注意學生學習反應，並能調整教學程度。
☐☐☐☐☐☐ 9.注重師生雙向溝通，促進學生多向度思考。
☐☐☐☐☐☐ 10.善於營造上課氣氛，有助於學生吸收所學。

三、教學內容

☐☐☐☐☐☐ 11.教材內容有系統、充實且新穎。
☐☐☐☐☐☐ 12.教材內容難易適中。
☐☐☐☐☐☐ 13.教材內容有助於學生提升專業知識。
☐☐☐☐☐☐ 14.考題能反應出教材內容的重點。
☐☐☐☐☐☐ 15.教材內容，理論與實務皆能兼顧。

四、學習成效

☐☐☐☐☐☐ 16.能達成教學目標。
☐☐☐☐☐☐ 17.老師講解有條理，清楚易懂。
☐☐☐☐☐☐ 18.學生可自本課程獲益良多。
☐☐☐☐☐☐ 19.能運用多媒體，或多元化教學，增進學習效力。
☐☐☐☐☐☐ 20.樂意介紹其他同學修習本科。

五、師生互動

☐☐☐☐☐☐ 21.老師評分公正客觀。
☐☐☐☐☐☐ 22.老師注重與學生溝通。
☐☐☐☐☐☐ 23.鼓勵學生發問，或表達意見。
☐☐☐☐☐☐ 24.瞭解學生學習差異，並能因材施教。
☐☐☐☐☐☐ 25.不論是否點名，學生皆樂於上課。

國立台北師範學院師生教學狀況調查表（學科乙卷）

請「ˇ」選上課時段

	第一節	第二節	第三節	第四節	第五節	第六節	第七節	第八節	第九節	第十節	第十一節	第十二節
星期一												
星期二												
星期三												
星期四												
星期五												
星期六												

填寫日期：八十八學年度第一學期期末

> 各位同學：你好：
> 　　本調查表是期末的檢討，藉此想瞭解你對本科目任教老師的意見和自我的省思，以供教師改進教學的參考，請確實填答。第一至十五題請逐題閱讀，並在各題後面適當方格內打「ˇ」，若有具體想法，也可寫出來；第三大題則請以簡要文字說明。
> 　　＊本卷填答完畢之後請由班長收齊送交系辦公室再轉教務處課務組，謝謝你的合作！

	非常同意	同意	尚同意	不同意	非常不同意	其他意見
一、我對本科目任課教師教學的感受						
1.教學準備充分，態度認真。	□	□	□	□	□	____
2.教材難易適中，內容充實。	□	□	□	□	□	____
3.講授章節份量及進度都掌握得宜。	□	□	□	□	□	____
4.重視平時考查（包括小考、作業、實驗、報告等）。	□	□	□	□	□	____
5.能引發學習興趣。	□	□	□	□	□	____
6.能啓發學習思考並鼓勵學生發問。	□	□	□	□	□	____
7.講解深入淺出，容易瞭解。	□	□	□	□	□	____
8.老師講話速度適中。	□	□	□	□	□	____
9.能維持良好的教室氣氛。	□	□	□	□	□	____
10.能與學生充分溝通。	□	□	□	□	□	____

	1	2	3	4	5	
11.老師缺課又不補課（1）無（2）很少（3）少（4）多（5）很多。	□	□	□	□	□	____
12.教師是否有不安言論（1）無（2）很少（3）少（4）多（5）很多。	□	□	□	□	□	____

二、我對本科目學習的檢討

	1	2	3	4	5
13.我上此科目的出席率約爲（1）95％以上（2）80％～95％（3）60％～80％（4）40％～60％（5）40％以下。	□	□	□	□	□
14.我上課時（1）很用心（2）還算用心（3）普通（4）不用心。	□	□	□	□	□
15.修習本課程後，個人覺得受益良多（1）非常同意（2）同意（3）尚可（4）不同意（5）非常不同意。	□	□	□	□	□

三、我對本科目任課教師的善意建議

1.我希望

_____

_____

2.我希望

_____

_____

國立台北師範學院師生教學狀況調查表（術科乙卷）

請「ˇ」選上課時段

	第一節	第二節	第三節	第四節	第五節	第六節	第七節	第八節	第九節	第十節	第十一節	第十二節
星期一												
星期二												
星期三												
星期四												
星期五												
星期六												

填寫日期：八十八學年度第一學期期末

各位同學：你好：

本調查表是期末的檢討，藉此想瞭解你對本科目任教老師的意見和自我的省思，以供教師改進教學的參考，請確實填答。第一至十五題請逐題閱讀，並在各題後面適當方格內打「ˇ」，若有具體想法，也可寫出來；第三大題則請以簡要文字說明。

＊本卷填答完畢之後請由班長收齊送交系辦公室再轉教務處課務組，謝謝你的合作！

	非常同意	同意	尚同意	不同意	非常不同意	其他意見
一、我對本科目任課教師教學的感受						
1.教學準備充分，態度認眞。	□	□	□	□	□	＿＿＿
2.教材難易適中，內容充實。	□	□	□	□	□	＿＿＿
3.講授章節份量及進度都掌握得宜。	□	□	□	□	□	＿＿＿
4.重視平時考查（包括術科測驗、筆試等）。	□	□	□	□	□	＿＿＿
5.能引發學習興趣。	□	□	□	□	□	＿＿＿
6.能啓發學習思考並鼓勵學生發問。	□	□	□	□	□	＿＿＿
7.講解深入淺出，容易瞭解。	□	□	□	□	□	＿＿＿
8.老師講話速度適中。	□	□	□	□	□	＿＿＿
9.能維持良好的教室氣氛。	□	□	□	□	□	＿＿＿
10.能與學生充分溝通。	□	□	□	□	□	＿＿＿
	1	2	3	4	5	
11.老師缺課又不補課（1）無（2）很少（3）少（4）多（5）很多。	□	□	□	□	□	
12 教師是否有不安言論（1）無（2）很少（3）少（4）多（5）很多。	□	□	□	□	□	
二、我對本科目學習的檢討	1	2	3	4	5	
13.我上此科目的出席率約爲（1）95％以上（2）80％～95％（3）60％～80％（4）40％～60％（5）40％以下。	□	□	□	□	□	
14.我上課時（1）很用心（2）還算用心（3）普通（4）不用心。	□	□	□	□		
15.修習本課程後，個人覺得受益良多（1）非常同意（2）同意（3）尚可（4）不同意（5）非常不同意。	□	□	□	□	□	

三、我對本科目任課教師的善意建議

1.我希望

_____

_____

2.我希望

_____

_____

國立新竹師範學院教學意見反映調查表

本表旨在瞭解學生對各科目任教教師的教學意見及學生對各科目學習情形之自我檢討結果，以供任課教師參考，期能加強師生互動，並提升教學品質，所以你所提供的意見十分寶貴。本表採無記名方式，對於你所填答的意見絕對保密，並且在本科目學期成績核定通知後，才把相關意見送交本科目教師，所以你的意見絕不會影響本科目的成績，請安心作答。

本科目代碼	你的性別	大學	進修暨推廣部		注意事項	
⓪⓪⓪⓪⓪⓪⓪	① 女		暑期	日夜間班		1.科目、性別及年級班別等基本資料請務必塗選清楚，以便作業。
①①①①①①①	② 男	①一年級	①學士班	①師資班		2.每題只能塗選一個選項，請用2B鉛筆，不可使用修正液。
②②②②②②②		②二年級	②四十學分班	②特師班		3.請務必每題皆回答，否則為無效問卷。
③③③③③③③		③三年級	③輔導班	③幼師班		4.範例：正確→● 不正確→Ⓥ ⊙
④④④④④④④		④四年級	④其他	④初轉班		
⑤⑤⑤⑤⑤⑤⑤		⑤其他		⑤輔導班		
⑥⑥⑥⑥⑥⑥⑥				⑥其他		
⑦⑦⑦⑦⑦⑦⑦						
⑧⑧⑧⑧⑧⑧⑧						
⑨⑨⑨⑨⑨⑨⑨						

	非常同意	同意	普通	不同意	非常不同意
1.教師上課態度非常熱忱，認真負責。	⑤	④	③	②	①
2.教師能發給學生清晰的教學大綱（含評量方法與標準）。	⑤	④	③	②	①
3.教師對教學準備充分。	⑤	④	③	②	①
4.教師對本課程的專業知識與經驗豐富。	⑤	④	③	②	①
5.教師能掌握課程目標，且授課內容與課程有關。	⑤	④	③	②	①
6.本課程內容分配比例恰當，各主題間都有良好的聯繫。	⑤	④	③	②	①
7.本課程內容能應用在專業領域上。	⑤	④	③	②	①
8.教師對教材深入瞭解。	⑤	④	③	②	①
9.作業能配合教學內容，份量與難易程度恰當，有助學習。	⑤	④	③	②	①
10.教師的表達清晰，容易瞭解。	⑤	④	③	②	①
11.授課時，教師能與學生維持良好的互動。	⑤	④	③	②	①
12.教師除講課外，會採多種教學方法；或講課時風趣生動。	⑤	④	③	②	①
13.教師能重視學生問題與反應，並能盡力解答與回應。	⑤	④	③	②	①
14.教師的教學能激發學生的思考與興趣。	⑤	④	③	②	①
15.教師能於事先清楚說明評分方式與標準，且確實實施。	⑤	④	③	②	①
16.本課程的評分方式公平合理。	⑤	④	③	②	①
17.整體而言，我覺得在本課程收穫豐富。	⑤	④	③	②	①
18.我對本課程的出席狀況是：缺課次數。	⑤從不	④2↓	③3~4	②5~9	①10↑
19.我上課時很用心。	⑤	④	③	②	①
20.我能按時完成教師指定的作業。	⑤	④	③	②	①
21.我對本科目及老師的建議（限以下有填寫者塗選）。	⑥				

對這門課，我最喜歡的是：

_____

我對本科目任教教師的其他建議：

_____

_____

_____

_____

國立台中師範學院教師教學情況調查問卷

學年	學期	開課代碼	授課教師
⑧⑦	①	⓪⓪⓪⓪	Ⓐ Ⓚ Ⓤ ⓪⓪⓪⓪
⑧⑧	②	①①①①	Ⓑ Ⓛ Ⓥ ①①①①
⑧⑨		②②②②	Ⓒ Ⓜ Ⓦ ②②②②
⑨⓪		③③③③	Ⓓ Ⓝ Ⓧ ③③③③
⑨①		④④④④	Ⓔ Ⓞ Ⓨ ④④④④
⑨②		⑤⑤⑤⑤	Ⓕ Ⓟ Ⓩ ⑤⑤⑤⑤
⑨③		⑥⑥⑥⑥	Ⓖ Ⓠ ⑥⑥⑥⑥
⑨④		⑦⑦⑦⑦	Ⓗ Ⓡ ⑦⑦⑦⑦
⑨⑤		⑧⑧⑧⑧	Ⓘ Ⓢ ⑧⑧⑧⑧
⑨⑥		⑨⑨⑨⑨	Ⓙ Ⓣ ⑨⑨⑨⑨

填答說明

　　本問卷的目的在於蒐集學生對課程或教學的意見，提供授課教師與相關單位作為爾後改進課程或教學之參考依據。本問卷分為兩部分，第一部分有十六題（全校共同部分），題目印在下面；第二部分有四題，題目印在另一頁（視各系需要印發，本表已預留畫記空間）。請各位同學，詳讀每一個問題，然後根據實際情況，挑選最適當的選項（若情況非常符合者，請挑選⑤，若情況非常不符合者，請挑選①，其餘類推），請用2B鉛筆在適當的圈號上塗黑。請據實地回答所有的問題，謝謝您的合作！

◎畫記範例：良→● 　　　　　不良→⊙⊙

	非常同意	同意	普通	不同意	非常不同意
	⑤	④	③	②	①

第一部分問題

1. 老師能提供完善的課程計畫（包含進度、課本、參考資料、作業與評量等）。　⑤ ④ ③ ② ①
2. 老師對課程內容有深入的研究與充分的準備。　⑤ ④ ③ ② ①
3. 老師教學時口齒清晰、清楚明瞭、而且生動有趣。　⑤ ④ ③ ② ①
4. 老師於上課中經常給學生發問或表達的機會，並給予適當的回饋。　⑤ ④ ③ ② ①
5. 所採用的教材（課本或資料）能夠充分配合課程目標與學生實際需求。　⑤ ④ ③ ② ①
6. 老師授課的內容充實而且實用。　⑤ ④ ③ ② ①
7. 老師有安排課後指導的時間與地點。　⑤ ④ ③ ② ①
8. 老師課後指導的態度友善，而且能夠有效地解答學生的疑惑。　⑤ ④ ③ ② ①
9. 作業的份量、難易與評量的次數皆適中。　⑤ ④ ③ ② ①
10. 老師對於作業或評量的評分公平合理。　⑤ ④ ③ ② ①
11. 老師能依照規定授足上課時數（即若有請假，皆有補課）。　⑤ ④ ③ ② ①
12. 老師能依照規定按時授課（即不遲到、不早退、不任意調課）。　⑤ ④ ③ ② ①
13. 在課堂中，老師從未對學生有不當的行為（如從事商業性之行為、強迫集體執行與課程無關之勞務、使用盜版書籍或軟體、不當的肢體接觸等）。　⑤ ④ ③ ② ①
14. 在課堂中，老師從未對學生有不當的言語（如言辭涉及性騷擾、與課程無關之謾罵批評、不當或不雅之言論等）。　⑤ ④ ③ ② ①
15. 老師所授這門課可以讓學生學到很多事物（即教學成果非常豐碩）。　⑤ ④ ③ ② ①
16. 你會向學弟妹推薦老師所授的這門課。　⑤ ④ ③ ② ①

第二部分問題（由各系所依需要自行加列，印在另一頁）

1. （問題印在另一頁，請各位同學先詳讀問題，然後在此作答。）　⑤ ④ ③ ② ①
2. （問題印在另一頁，請各位同學先詳讀問題，然後在此作答。）　⑤ ④ ③ ② ①
3. （問題印在另一頁，請各位同學先詳讀問題，然後在此作答。）　⑤ ④ ③ ② ①
4. （問題印在另一頁，請各位同學先詳讀問題，然後在此作答。）　⑤ ④ ③ ② ①

※第二部分問題視各系需要自行印發。

國立嘉義師範學院教學意見調查問卷

各位親愛的同學：

　　不知道您對本校以前所做的教學意見調查表滿不滿意？為了提高本校對教師教學評量之精確性，確保教學品質，我們特擬具一份問卷，俾便在學期末時，評量老師教學品質的優劣。作為嘉師的一分子，企盼您能提供寶貴的意見，以幫助我們評鑑與瞭解一位真正的好老師。

　　問卷中的每個題目分成五個等級，依您所見，請在適合空格內勾選，五分代表「非常理想」，四分代表「理想」，三分代表「普通」，兩分代表「不理想」，一分代表「非常不理想」。

一、基本資料

　　（一）性別：□男　□女

　　（二）系別：□初教系　□數理系　□社教系　□語教系　□音教系　□幼教系　□特教系　□美教系

　　（三）年級：□一年級　□二年級　□三年級　□四年級

二、問題

　　下列是有關教師教學的一些題目，請就任課教師在每個題目上的表現，在適當的空格中打 ∨ 。

	非常理想	理想	普通	不理想	非常不理想
	1	2	3	4	5
（一）教學技巧方面					
1.能引發學生的學習興趣。	□	□	□	□	□
2.教學方法生動活潑。	□	□	□	□	□
3.講解時能讓學生掌握重點。	□	□	□	□	□
4.能視課程需要，善用教學媒體以輔助教學。	□	□	□	□	□
5.能依據課程性質運用各種不同教學方法。	□	□	□	□	□
（二）教材方面					
1.能不斷更新上課內容。	□	□	□	□	□
2.教材難度適中。	□	□	□	□	□

教學意見調查表（南師）

科目：_____　教師：_____

　　本表旨在蒐集學生對所研修學門的學習相關意見，以提供教師適切的回饋，作為未來教學進度修訂時的參考。

　　請各位根據自己經驗，在每個項目的右方勾選你同意的程度。

	非常同意 5	同意 4	普通 3	不同意 2	非常不同意 1
1.我能充分瞭解本課程的教學目標與教學計畫。	☐	☐	☐	☐	☐
2.教材內容豐富，引人入勝。	☐	☐	☐	☐	☐
3.老師講解清楚，深入淺出。	☐	☐	☐	☐	☐
4.教材能兼顧理論與應用。	☐	☐	☐	☐	☐
5.老師能適切協助學生思考學科目相關問題。	☐	☐	☐	☐	☐
6.老師能適切處理學生的建議與問題。	☐	☐	☐	☐	☐
7.作業的設計與份量適當。	☐	☐	☐	☐	☐
8.老師教學嚴謹，也頗富親和力。	☐	☐	☐	☐	☐
9.老師善於營造良好的學習氣氛。	☐	☐	☐	☐	☐
10.整體而言，這門課的教學品質良好。	☐	☐	☐	☐	☐

11.對老師的期望：（參考項目：教學計畫、教學進度、教材內容、教室管理、教學方法、補充教材、教學評量、指定作業）

教學意見調查表（屏師）

各位同學，您好：

這是一份學生對老師教學的意見調查表。本調查表的主要目的是要瞭解學生對教師教學的看法，作為日後教師在教學改進上的參考。這是一份不記名的問卷，個人所填寫之資料絕對保密。

這份問卷中的每一個問題都很重要，請您務必確實回答每一個問題。請不要讓您的意見缺席，謝謝您的合作！

教務處　敬上

作答說明：請就下面任課教師在教學上的敘述，圈選您同意的號碼，若您認為敘述不適於評鑑該課程，請您圈選「不適用」。

	非常不同意	不同意	無意見	同意	非常同意	不適用
1.教師教學準備充分，從不敷衍了事。	1	2	3	4	5	6
2.教師對自己的教學內容有廣度與深度的瞭解。	1	2	3	4	5	6
3.教師教學的內容有組織與連貫性。	1	2	3	4	5	6
4.教師教學內容有重點且不離題。	1	2	3	4	5	6
5.教師能善用課堂時間，不浪費時間。	1	2	3	4	5	6
6.教師準備的教材質量均適中。	1	2	3	4	5	6
7.教師準備的教材能配合教學需要。	1	2	3	4	5	6
8.教師能連貫新舊學習經驗。	1	2	3	4	5	6
9.教師能以學生既有知識解釋新的概念。	1	2	3	4	5	6
10.教師能善用生活經驗舉例。	1	2	3	4	5	6
11.教師能以清楚且簡單的例子解釋新的概念。	1	2	3	4	5	6
12.作業的份量與難度合理且適中。	1	2	3	4	5	6
13.老師能在開學之初，讓我們知道評量的方式與標準。	1	2	3	4	5	6
14.老師能公平且客觀地評量學生的學習結果。	1	2	3	4	5	6
15.老師能依據多種向度（如作業、測驗、出席率、課堂參與的程度等）來考核學生的成績。	1	2	3	4	5	6
16.教師出的試題能有效測出學生在這門課的真正學習情形。	1	2	3	4	5	6
17.考完試後，教師能在適當時間內將結果回饋給學生。	1	2	3	4	5	6
18.教師肢體語言生動且合宜，有助教學。	1	2	3	4	5	6
19.教師講課能注視大多數的學生。	1	2	3	4	5	6

國立台東師範學院教學調查問卷

說明：本問卷的目的在於瞭解你修習本學科的意見。首先請你自我評量，然後對教師教學作整體性評斷，最後再分項勾選。你的意見對個人和全體教師都有幫助，請認眞誠實的填答。問卷以「1」～「6」分爲六等第，分數越高，表示越同意問卷中的敘述。「＊」表示「無法作答」，如果你不瞭解題意，或無法肯定教師在該項目的表現，就勾選本欄。

課程名稱：＿＿＿＿＿＿＿＿　授課教師：＿＿＿＿＿＿＿＿＿　課號：＿＿＿＿＿

一、學生自我評量

1.我修習本學科的出席情況。□全勤　□缺課1～2次　□缺課3次以上

	1	2	3	4	5	6
2.我修習本學科的投入程度（包括課前準備、上課用心、課後作業）。	□	□	□	□	□	□
3.我修習本學科整體表現的滿意程度。	□	□	□	□	□	□

二、教師評量

	非常不同意 1	2	3	4	非常同意 5	6	無法作答 ＊
1.我在本學科中學到許多有價值的知識、技術或態度。	□	□	□	□	□	□	□
2.修習本學科後，已提高我進一步研究此學科相關內容的意願。	□	□	□	□	□	□	□
3.修習本學科後，已增進我繼續學習相關學科的能力。	□	□	□	□	□	□	□
4.教師在學期開始時能詳細說明教學計畫與課程目標。	□	□	□	□	□	□	□
5.教師選擇使用的教學方式能達成預定的課程目標。	□	□	□	□	□	□	□
6.教師選擇使用的教材適合學生的能力與需要。	□	□	□	□	□	□	□
7.教師選擇使用的教材能配合課程目標。	□	□	□	□	□	□	□
8.教師能清楚的表達與說明。	□	□	□	□	□	□	□
9.教師能鼓勵發問與討論。	□	□	□	□	□	□	□
10.教師能經常表明其教學設計構想或思考歷程。	□	□	□	□	□	□	□
11.教師善於使用不同的教學方法。	□	□	□	□	□	□	□
12.教師能參照學生的學習進展調整教學方式與步調。	□	□	□	□	□	□	□
13.教師能重視學生學習的成效。	□	□	□	□	□	□	□
14.教師能明確告知評量方式。	□	□	□	□	□	□	□
15.教師能指定有益於課程目標達成的作業。	□	□	□	□	□	□	□
16.教師能以口頭或書面方式提供學生有效的學習回饋。	□	□	□	□	□	□	□
17.教師教學態度認眞負責。	□	□	□	□	□	□	□
18.教師關心學生的學習，並樂於協助解決本學科的學習困難。	□	□	□	□	□	□	□
19.教師具有開放的心態接納學生的不同意見。	□	□	□	□	□	□	□

國立台東師範學院教學意見調查開放式問卷

　　請你對老師的教學提出具體的改進建議，並明確表達學習的感受與心得。

一、我對本課程的意見與建議（如本頁不敷使用，請填寫於背面）：

　　1.課程內容與教學目標方面：

　　_____

　　_____

　　2.教學方法與教學活動方面：

　　_____

　　_____

　　3.教學評量與指定作業方面：

　　_____

　　_____

　　4.教學態度及其他方面：

　　_____

　　_____

二、我對本問卷的意見與建議：

　　_____

　　_____

　　_____

　　_____

　　_____

國立花蓮師範學院教學反映意見調查表

　　本問卷在於蒐集同學對於教師教學及學生學習情形的意見，以供任課教師參考，提升教學品質與成效，所以你所提供的意見十分寶貴。本問卷採無記名方式，對於你所填答的資料絕對保密，您的意見絕不會影響本科的成績，請安心作答。

班組代碼	科目代碼	教師代碼	注意事項
⓪ⒶⓀⓊⒶⓀⓊ⓪ⒶⓀⓊ	ⒶⓀⓊⒶⓀⓊ⓪⓪⓪	ⒶⓀⓊⒶⓀⓊ⓪⓪	1.科目、教師及班級代號等基本資料請務必填寫清楚，以便作業。
①ⒷⓁⓋⒷⓁⓋ①ⒷⓁⓋ	ⒷⓁⓋⒷⓁⓋ①①①	ⒷⓁⓋⒷⓁⓋ①①	2.每題只能圈選一個選項，請用2B鉛筆或藍黑色原子筆劃記。
②ⒸⓂⓌⒸⓂⓌ②ⒸⓂⓌ	ⒸⓂⓌⒸⓂⓌ②②②	ⒸⓂⓌⒸⓂⓌ②②	3.範例：正確● 不正確⊙◎⊖
③ⒹⓃⓍⒹⓃⓍ③ⒹⓃⓍ	ⒹⓃⓍⒹⓃⓍ③③③	ⒹⓃⓍⒹⓃⓍ③③	
④ⒺⓄⓎⒺⓄⓎ④ⒺⓄⓎ	ⒺⓄⓎⒺⓄⓎ④④④	ⒺⓄⓎⒺⓄⓎ④④	
⑤ⒻⓅⓏⒻⓅⓏ⑤ⒻⓅⓏ	ⒻⓅⓏⒻⓅⓏ⑤⑤⑤	ⒻⓅⓏⒻⓅⓏ⑤⑤	
⑥ⒼⓆⒼⓆ⑥ⒼⓆ	ⒼⓆⒼⓆ⑥⑥⑥	ⒼⓆⒼⓆ⑥⑥	
⑦ⒽⓇⒽⓇ⑦ⒽⓇ	ⒽⓇⒽⓇ⑦⑦⑦	ⒽⓇⒽⓇ⑦⑦	
⑧ⒾⓈⒾⓈ⑧ⒾⓈ	ⒾⓈⒾⓈ⑧⑧⑧	ⒾⓈⒾⓈ⑧⑧	
⑨ⒿⓉⒿⓉ⑨ⒿⓉ	ⒿⓉⒿⓉ⑨⑨⑨	ⒿⓉⒿⓉ⑨⑨	

	很不同意	不同意	沒意見	同意	很同意
1.按時上下課且缺席時有適當安排。	①	②	③	④	⑤
2.發給學生清晰的教學大綱（含有評量的方法與標準）。	①	②	③	④	⑤
3.教師能掌握課程目標及進度。	①	②	③	④	⑤
4.授課內容與課程有關。	①	②	③	④	⑤
5.教師學識豐富，且對教材瞭解深入。	①	②	③	④	⑤
6.教材的難易適度。	①	②	③	④	⑤
7.授課時與學生能維持良好的互動（如與學生充分溝通、給予適當鼓勵或建設性批評）。	①	②	③	④	⑤
8.教師教學進度適當。	①	②	③	④	⑤
9.講解深入淺出，容易瞭解。	①	②	③	④	⑤
10.能適時發覺學生的學習困難，並能耐心指導。	①	②	③	④	⑤
11.對學生作業能仔細評閱並給予建設性的意見。	①	②	③	④	⑤
12.評量過程公平合理。	①	②	③	④	⑤
13.評量針對課程目標與學習內容。	①	②	③	④	⑤
14.我總是認真學習。	①	②	③	④	⑤
15.我覺得在本課程收穫豐富。	①	②	③	④	⑤
16.我上本課程有高的出席率。	①	②	③	④	⑤
17.我具備學習本課程目標所需的能力。	①	②	③	④	⑤
18.我能勝任本課程目標所要求的標準。	①	②	③	④	⑤
19.我認為我的學習成就應獲得的學期成績。	①60以下	②60~69	③70~79	④80~89	⑤90以上
20.我估計老師可能給我的學期成績。	①60以下	②60~69	③70~79	④80~89	⑤90以上

對本課程的其他意見與建議：

附錄八

各師範學院「學生評鑑教師教學」評鑑工具題目內容歸類

工具來源之學校名稱	教學準備	教學內容	教學方法	教學態度	學習評量	師生關係	專業知識	教師整體	科目整體	教師自選	其他建議	學生自評
市師初教系	1 2 10	3 4	5 6 7 8	9 11 12 17	13 14	15 16		18	21		22 23 24	19 20
市師社教系	1 2 10	3 4	5 6 7 8	9 11 12 17	13 14	15 16		18	21		22 23 24	19 20
市師幼教系	1 2 11	3 4	5 6 7 8	9 10 12 13	14 15 18	16 17		19	22		23 24 25	20 21
市師語教系與應用語文所	6 7	11 12 13	9 10	8		15 16 17	14		19	18	20	1 2 3 4 5
市師特教系	2 12 16	1 13 14 15	3 4 5 6 7 10	8 11		9						
市師音教系	1 2 3 16	11 12 13 14 15	6 7 8 9 10 17 19	4 5			21 22 23 24 25		18 19			
北師一學科	11	2 12	5 6 7 8	1 3	4	9 10			15			13 14
北師一術科	11	2 12	5 6 7 8	1 3	4	9 10			15			13 14
竹師	2 3	5 6 7 8	10 12 13 14	1	9 15 16	11	4		17		21	18 19 20
中師	1 2 11 12	5 6	3 4 7	8	9 10	13 14		15	16	17 18 19 20		
嘉師		6 7 8 9 10	1 2 3 4 5	11 12 13 14 15	16 17 18 19 20		21 22 23 24 25		26 27 28			
南師	1	2 4	3 5 6		7	8 9			10		11	

工具來源之學校名稱	教學準備	教學內容	教學方法	教學態度	學習評量	師生關係	專業知能	教師整體	科目整體	教師自選	其他建議	學生自評
屏師	1	2 3 4 6	5 7 8 9 10 11 18 19 20 21 22 23 24 25 26	27 28 29 30	12 13 14 15 16 17			38	31 39		40	
東師	2 17	4 5 21	6 7 8 9 10 22	11 12 18 24	13 14 15 23				16 19 20		25	
花師	1 2 3	4 5 6	7 8	9 10	11 12 13				15		21	14 16 17 18 19 20

註：表格中的數字爲該評鑑工具的題號。

附錄九

各師範學院「學生評鑑教師教學」評鑑結果報表

北師　國立台北師範學院八十七學年度第一學期師生教學狀況調查結果

竹師　新竹師範學院教學評量表

中師　國立台中師範學院進修推廣部八十八學年度第二學期教學情況調查結果

花師　國立花蓮師範學院八十七學年度第二學期教學評鑑分析統計表

國立台北師範學院八十七學年度第一學期師生教學狀況調查結果

全校總平均值 4.17

初教系總平均值 4.07

語教系總平均值 4.13

社教系總平均值 4.07

數學系總平均值 4.21

自科系總平均值 4.19

音教系總平均值 4.27

特教系總平均值 4.23

美教系總平均值 4.12

幼教系總平均值 4.16

體育系總平均值 4.21

心輔系總平均值 4.32

科目：行政學　　　教授：　　　　　　　　班別：初二行政（樣本數：20）									
課程教學平均值	各題平均值與標準差								總平均值
教師教學態度：4.25	1	4.40	0.49	2	4.20	0.60	3	4.20	0.68
	4	4.20	0.51						
教學互動：4.03	5	4.05	0.67	6	3.90	0.70	7	4.15	0.48
師生溝通：4.17	8	4.25	0.43	9	4.00	0.63	10	4.25	0.54	4.26
教師補課：4.95	11	4.95	0.22						
教師言論：4.95	12	4.95	0.22						
學生學習態度：4.15	13	4.45	0.59	14	4.00	0.55	15	4.00	0.55

學生對本科目的意見：　　　　　　　　　　　　　　　（編碼：871364）

1.老師和同學的報告，內容過於繁雜，吸收不易。

2.謝謝老師的教導。

科目：初等教育　　　教授：　　　　　　　　班別：初一丙（樣本數：27）									
課程教學平均值	各題平均值與標準差								總平均值
教師教學態度：3.86	1	4.19	0.61	2	3.93	0.60	3	3.33	0.86
	4	4.00	0.72						
教學互動：3.64	5	3.37	0.87	6	3.81	0.67	7	3.74	0.52
師生溝通：3.89	8	3.93	0.60	9	3.81	0.61	10	3.93	0.60	3.99
教師補課：4.78	11	4.78	0.57						
教師言論：4.89	12	4.89	0.42						
學生學習態度：4.06	13	4.78	0.50	14	3.78	0.68	15	3.63	0.73

學生對本科目的意見：　　　　　　　　　　　　　　　（編碼：871445）

1.請準時上下課。

2.上課的進度能控制好。

3.考試不要太多。

科目：國民小學行政　教授：							班別：初三行政（樣本數：13）		
課程教學平均值	各題平均值與標準差								總平均值
教師教學態度：4.18	1	4.23	0.58	2	4.17	0.69	3	4.15	0.86	
	4	4.17	0.55							
教學互動：4.00	5	3.62	0.74	6	4.31	0.61	7	4.08	0.49	
師生溝通：4.21	8	4.46	0.50	9	3.85	0.86	10	4.31	0.46	4.19
教師補課：5.00	11	5.00	0.00							
教師言論：4.92	12	4.92	0.27							
學生學習態度：3.86	13	4.50	0.65	14	3.62	0.84	15	3.46	0.84	

學生對本科目的意見：　　　　　　　　　　（編碼：871146）

1.能多一些參觀與訪談的課程。

2.不要把一半的時間給同學報告。

科目：初等教育　教授：							班別：特一乙（樣本數：29）		
課程教學平均值	各題平均值與標準差								總平均值
教師教學態度：3.27	1	3.07	1.01	2	3.00	1.08	3	3.17	1.05	
	4	3.85	1.01							
教學互動：3.53	5	3.31	1.05	6	3.72	1.11	7	3.57	0.98	
師生溝通：3.55	8	3.62	0.89	9	3.45	0.93	10	3.57	1.05	3.62
教師補課：4.93	11	4.93	0.25							
教師言論：3.69	12	3.69	1.21							
學生學習態度：3.79	13	4.62	0.61	14	3.62	0.67	15	3.14	0.94	

學生對本科目的意見：　　　　　　　　　　（編碼：871013）

1.少講政治議題多談教學內容。

2.老師能多上有關課程的教材。

3.言論中肯一些。

〈初教系　累計：20人〉

新竹師範學院教學評量表

教師名稱			科系名稱	10	有效卷數	40
科目代號	5105	科目名稱		一上體育		
評量項目					平均分數	標準差
一、教學態度與專業知能					4.22	0.77
1.教師上課態度非常熱忱，認真負責。					4.27	0.68
2.教師能發給學生清晰的教學大綱（含評量方法與標準）。					3.83	0.88
3.教師對教學準備充分。					4.16	0.79
4.教師對本課程的專業知識與經驗豐富。					4.54	0.59
5.教師能掌握課程目標，且授課內容與課程有關。					4.27	0.72
二、課程內容					4.23	0.75
6.本課程內容分配比例恰當，各主題間都有良好的聯繫。					4.05	0.81
7.本課程內容能應用在專業領域上。					4.13	0.76
8.教師對教材深入瞭解。					4.46	0.63
9.作業能配合教學內容，份量與難易程度恰當，有助學習。					4.27	0.72
三、教學方法與評量					4.15	0.74
10.教師的表達清晰，容易瞭解。					4.26	0.71
11.授課時，教師能與學生維持良好的互動。					4.13	0.71
12.教師除講課外，會採多種教學方法；或講課時風趣生動。					4.23	0.72
13.教師能重視學生問題與反應，並能盡力解答與回應。					4.18	0.67
14.教師的教學能激發學生的思考與興趣。					4.08	0.82
15.教師能於事先清楚說明評分方式與標準，且確實實施。					4.03	0.77
16.本課程的評分方式公平合理。					4.16	0.72
四、整體滿意度					4.05	0.76
17.整體而言，我覺得在本課程收穫豐富。					4.05	0.75
五、自我學習情形					4.62	0.60
18.我對本課程的出席狀況是：缺課次數。					4.95	0.22
19.我上課時很用心。					4.46	0.63
20.我能按時完成教師指定的作業。					4.45	0.68
1～17題累計					4.18	0.75
對本科目及老師建議有填寫份數					2	

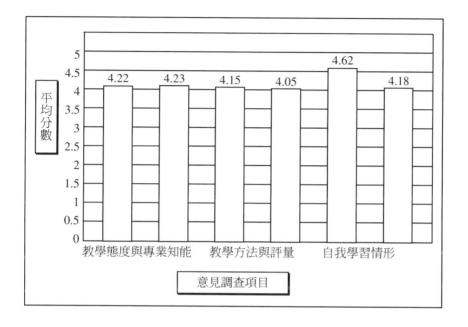

國立台中師範學院進修推廣部八十八學年度第二學期教學情況調查結果

科　目：

任課教師：

學生	課程計畫完善	課程準備充分	表達清晰生動	給予發問回饋	教材符合目標	授課內容充實	提供課後指導	有效解答疑惑	作業份量適中	評分公平合理	授足上課周數	不曾遲到早退	沒有不當行為	沒有不當言語	學習成果豐碩	願意主動推薦	總和	平均
S1	4	3	2	4	3	3	3	4	5	5	5	5	5	5	3	3	62	3.87
S2	2	2	3	2	2	2	3	3	4	3	4	4	4	4	2	2	46	2.87
S3	1	1	2	3	1	1	3	2	4	4	5	5	5	5	1	1	44	2.75
S4	1	1	2	3	2	1	2	0	4	4	5	5	5	5	1	1	42	2.62
S5	4	3	3	4	3	4	4	4	4	4	4	4	4	4	4	4	61	3.81
S6	5	4	5	5	5	5	5	4	5	5	5	5	5	5	3	3	72	4.50
S7	3	3	3	4	3	3	4	3	4	3	4	5	5	5	3	3	57	3.56
S8	3	3	3	4	3	3	4	3	4	3	4	5	5	5	3	3	57	3.56
S9	4	3	3	4	3	3	0	5	5	5	5	5	5	5	4	3	62	3.87
S10	4	3	3	4	3	4	4	4	4	4	5	5	5	5	3	3	62	3.87
S11	3	2	3	3	2	3	2	3	4	4	4	5	4	4	2	2	50	3.12
S12	3	4	4	3	3	3	0	4	4	4	4	4	4	4	2	2	49	3.06
S13	4	3	3	3	3	4	3	4	4	4	5	5	5	5	2	1	58	3.62
S14	2	2	3	3	3	3	3	3	3	3	4	5	5	5	2	2	51	3.18
S15	4	1	2	3	3	2	3	5	4	5	5	5	5	5	2	2	53	3.31
S16	4	4	3	0	3	4	3	4	5	5	5	5	5	5	3	4	60	3.75
S17	3	3	3	4	3	3	3	4	5	5	5	5	5	5	3	4	61	3.81
S18	4	3	4	4	3	3	3	0	4	4	5	5	5	5	3	3	58	3.62
S19	3	3	3	4	3	3	4	3	4	4	5	5	5	5	3	3	61	3.81
S20	4	4	3	5	3	4	4	4	5	4	5	5	5	5	3	4	68	4.25
S21	4	3	3	4	3	3	1	5	5	4	5	5	5	1	3	3	57	3.56
S22	4	3	3	5	3	3	0	5	5	4	5	5	5	3	3	3	60	3.75
S23	5	3	3	4	0	3	4	3	4	5	5	4	5	5	4	4	61	3.81
S24	2	1	2	4	3	2	4	3	2	3	4	5	5	5	1	1	46	2.87
S25	2	1	3	3	2	2	1	3	3	4	5	5	5	5	1	1	46	2.87
總和	82	65	73	89	70	71	64	82	98	98	116	120	121	117	70	68	1404	3.51
平均	3.28	2.60	2.92	3.56	2.80	2.84	2.56	3.28	3.92	3.92	4.64	4.80	4.84	4.68	2.80	2.72	56.16	3.51

國立花蓮師範學院八十七學年度第二學期教學評鑑分析統計表

教師姓名： 　　科目名稱：音樂（ME1362）　　授課班級：

選課人數：42　　有效卷人數：35　　　　　1～13題總平均：4.38

題目	很不同意 N（0%）	不同意 N（0%）	沒意見 N（0%）	同意 N（0%）	很同意 N（0%）	平均
1.按時上下課且缺席時有適當安排。	0（0%）	0（0%）	2（6%）	19（54%）	14（40%）	4.34
2.發給學生清晰的教學大綱（含有評量的方法與標準）	0（0%）	0（0%）	5（14%）	15（43%）	15（43%）	4.29
3.教師能掌握課程目標及進度。	0（0%）	1（3%）	3（9%）	15（43%）	16（46%）	4.31
4.授課內容與課程有關。	0（0%）	0（0%）	1（3%）	14（40%）	20（57%）	4.54
5.教師學識豐富，且對教材瞭解深入。	0（0%）	0（0%）	1（3%）	14（40%）	20（57%）	4.54
6.教材的難易適度。	0（0%）	0（0%）	3（9%）	17（49%）	15（43%）	4.34
7.授課時與學生能維持良好的互動（如與學生充分溝通、給予適當鼓勵或建設性批評）。	0（0%）	1（3%）	2（6%）	14（40%）	18（51%）	4.40
8.教師教學進度適當。	1（3%）	1（3%）	1（3%）	18（51%）	14（40%）	4.23
9.講解深入淺出，容易瞭解。	0（0%）	1（3%）	2（6%）	14（40%）	18（51%）	4.40
10.能適時發覺學生的學習困難，並能耐心指導。	0（0%）	1（3%）	3（9%）	13（37%）	18（51%）	4.37
11.對學生作業能仔細評閱並給予建設性的意見。	0（0%）	1（3%）	1（3%）	19（54%）	14（40%）	4.31
12.評量過程公平合理。	0（0%）	0（0%）	4（11%）	15（43%）	16（46%）	4.34
13.評量針對課程目標與學習內容。	0（0%）	0（0%）	1（3%）	17（49%）	17（49%）	4.46
14.我總是認真學習。	0（0%）	0（0%）	2（6%）	18（51%）	15（43%）	4.37
15.我覺得在本課程收獲豐富。	1（3%）	0（0%）	2（6%）	12（34%）	20（57%）	4.43
16.我上本課程有高的出席率。	0（0%）	0（0%）	1（3%）	11（31%）	23（66%）	4.63

題目	很不同意 N（0%）	不同意 N（0%）	沒意見 N（0%）	同意 N（0%）	很同意 N（0%）	平均
17.我具備學習本課程目標所需的能力。	0（0%）	1（3%）	5（14%）	21（60%）	8（23%）	4.03
18.我能勝任本課程目標所要求的標準。	0（0%）	1（3%）	7（20%）	19（54%）	7（20%）	3.83
19.我認為我的學習成就應獲得的學期成績。	0（0%）	1（3%）	8（23%）	22（63%）	4（11%）	
20.我估計老師可能給我的學期成績。	0（0%）	1（3%）	8（23%）	22（63%）	4（11%）	

附錄十

師範學院教師對「學生評鑑教師教學」態度調查問卷

親愛的老師，您好：

　　首先要感謝您撥冗閱讀這一分問卷。後學正在進行「師範學院教師對學生評鑑教師教學」態度之研究。得知您目前任教於師範學院，若能蒐集到您的意見，將會使研究更具代表性。這分問卷共有兩個部分。第一部分為個人背景資料，第二部分是教師對學生評鑑教師教學的看法。您的意見是我們研究分析的寶貴資料，煩請您花一點時間來填答。您所填寫的任何資料，僅供團體比較及研究分析之用，絕對不做任何個人意見之陳述，請放心填寫。填好之後，擲入回郵信封，並請於五月十五日前寄回。若您有任何疑問，歡迎和後學聯絡，再一次感謝您的協助。敬祝

　　平安如意

　　　　　後學
　　　　　張德勝 敬上

一、基本資料

填寫說明：
一、本問卷請不要簽名。
二、請在適合您個人情況的□的內打✓；或＿＿＿＿在上塡註資料。

1.性　　別：□（1）男　□（2）女。
2.您是民國＿＿＿＿年出生。
3.職稱：□（1）教授　□（2）副教授　□（3）助理教授　□（4）講師。
4.最高學歷：□（1）博士　□（2）碩士　□（3）學士　□（4）其他（請註明）＿＿＿＿。
5.獲得最高學位之學門：□（1）文　□（2）理　□（3）工　□（4）

商 □（5）農 □（6）法 □（7）藝術 □（8）教育□（9）其他
（請註明）_____ 。

6 擁有國外學位（含博士、碩士或學士）：□（1）沒有 □（2）有
（請註明國別）_____ 。

7.服務學校：_____。

8.系　　所：_____。

9.含在本校服務年資在內，您在大專院校的教學年資總共是_____年
_____月。

10.曾接受學生評鑑教學的經驗：□（1）沒有 □（2）有。

11.在您自己開授的課程中，是否曾自己進行教學評鑑：□（1）有開課
必做 □（2）對新開的課才做 □（3）以前曾做，現在不做（請說
明現在不做的原因） □（4）從未做過 □（5）有需要才做。

12.學校進行教學評鑑之後，您是否針對自己開設課程另外進行評鑑（如
自己設計問卷） □（1）是 □（2）否 □（3）視情況而定（請
註明）_____ 。

二、對「學生評鑑教師教學」的態度

> 填寫說明：
> 1、無論貴校是否實施學生評鑑教師教學，請依照您對這項措施的看
> 　法，在下面第1～63題適當的□的內打ˇ。
> 2、請將您對學生評鑑教師教學的看法和建議，在第64～65題分別條
> 　列說明。

	非常同意	同意	無意見	不同意	非常不同意
1.學生評鑑教師教學能夠激勵教師改進教學。	□	□	□	□	□
2.學生評鑑教師教學是提供師生民主訓練的機會。	□	□	□	□	□
3.學生評鑑教師教學可以增進師生在教學上的溝通。	□	□	□	□	□
4.學生評鑑教師教學可以反映教師的教學績效。	□	□	□	□	□
5.學生評鑑教師教學可以用來做為教師升等之參考。	□	□	□	□	□
6.學生評鑑教師教學可以提高學生學習的動機。	□	□	□	□	□
7.學生評鑑教師教學可以提供教師自我評鑑的機會。	□	□	□	□	□
8.學生評鑑教師教學的內容，應涵蓋教師個人特質。	□	□	□	□	□
9.學生評鑑教師教學的內容，應涵蓋教師的教材內容。	□	□	□	□	□
10.學生評鑑教師教學的內容，應涵蓋師生關係。	□	□	□	□	□
11.學生評鑑教師教學的內容，應涵蓋教師的教學方法。	□	□	□	□	□

非常同意　同意　無意見　不同意　非常不同意

12.學生評鑑教師教學的內容，應涵蓋教師對學生學習的評量。 □ □ □ □ □

13.學生評鑑教師教學的內容，應涵蓋學生自我評量。 □ □ □ □ □

14.學生評鑑教師教學的內容，應涵蓋學生的學業成績。 □ □ □ □ □

15.學生評鑑教師教學的內容，應涵蓋對教師教學整體性的評量。 □ □ □ □ □

16.學生評鑑教師教學的內容，應涵蓋對科目整體性的評量。 □ □ □ □ □

17.學生評鑑教師教學可能讓教師之間關係緊張。 □ □ □ □ □

18.認真教學的老師未必獲得高的評鑑分數。 □ □ □ □ □

19.學生評鑑教師教學可能會降低教師的教學熱忱與工作士氣。 □ □ □ □ □

20.學生評鑑教師教學的結果不一致，導致教師無所依循。 □ □ □ □ □

21.學生評鑑教師教學會使教師降低對學生的要求。 □ □ □ □ □

22.學生評鑑教師教學會影響師生之間的感情。 □ □ □ □ □

23.學生評鑑教師教學的結果要個別通知教師，做為改進教學的參考。 □ □ □ □ □

24.學生評鑑教師教學的結果可做為獎勵教學優良教師的參考。 □ □ □ □ □

25.學生評鑑教師教學的結果可做為教師續聘的參考資料。 □ □ □ □ □

26.學生評鑑教師教學的結果可做為學校教師升遷的參考資料。 □ □ □ □ □

27.學生評鑑教師教學的結果可做為學生選課的參考資料。 □ □ □ □ □

28.學生評鑑教師教學的結果可公布在學校刊物上。 □ □ □ □ □

29.教師在學術界的名氣地位會影響學生對教師的評鑑分數。 □ □ □ □ □

30.教師給學生分數的高低會影響學生對教師的評鑑分數。 □ □ □ □ □

31.教師職位不同（如專任、兼任）會影響學生對教師的評鑑分數。 □ □ □ □ □

32.教師職級不同（如教授、副教授、助理教授、講師）會影響學生對教師的評鑑分數。 □ □ □ □ □

33.教師學位不同（如博士、碩士、學士）會影響學生對教師的評鑑分數。 □ □ □ □ □

34.教師經歷不同（如有國外學位、沒有國外學位）會影

響學生對教師的評鑑分數。 ☐ ☐ ☐ ☐ ☐

35.教學年資的深淺會影響學生對教師的評鑑分數。 ☐ ☐ ☐ ☐ ☐

36.教師的性別會影響學生對教師的評鑑分數。 ☐ ☐ ☐ ☐ ☐

37.教師的擁有的行政資源（如學系主任、所長）會影響
學生對教師的評鑑分數。 ☐ ☐ ☐ ☐ ☐

38.教師的幽默感會影響學生對教師的評鑑分數。 ☐ ☐ ☐ ☐ ☐

39.教師的儀表會影響學生對教師的評鑑分數。 ☐ ☐ ☐ ☐ ☐

40.教師所教的科目性質（如工科、文科）會影響學生對
教師的評鑑分數。 ☐ ☐ ☐ ☐ ☐

41.班級學生人數的多寡會影響學生對教師的評鑑分數。 ☐ ☐ ☐ ☐ ☐

42.教師任教科目的選讀性質（如選修或必修）會影響學
生對教師的評鑑分數。 ☐ ☐ ☐ ☐ ☐

43.教師上課的時段（如早上、下午或晚上）會影響學生
對教師的評鑑分數。 ☐ ☐ ☐ ☐ ☐

44.教室的環境（如空調、噪音等）會影響學生對教師的
評鑑分數。 ☐ ☐ ☐ ☐ ☐

45.科目的困難度會影響學生對教師的評鑑分數。 ☐ ☐ ☐ ☐ ☐

46.任教科目的年級（如四、三、二、一年級）會影響學
生對教師的評鑑分數。 ☐ ☐ ☐ ☐ ☐

47.任教科目的層級（如入門導論、進階）會影響學生對
教師的評鑑分數。 ☐ ☐ ☐ ☐ ☐

48.學生尚未修讀該科目前的起始動機與興趣會影響學生
對教師的評鑑分數。 ☐ ☐ ☐ ☐ ☐

49.學生的性別會影響學生對教師的評鑑分數。 ☐ ☐ ☐ ☐ ☐

50.學校的教學設備會影響學生對教師的評鑑分數。 ☐ ☐ ☐ ☐ ☐

51.學校的圖書資源會影響學生對教師的評鑑分數。 ☐ ☐ ☐ ☐ ☐

52.學生填寫教學反映意見調查表時會有顧慮。 ☐ ☐ ☐ ☐ ☐

53.學生會確實的填寫教學反映意見調查表。 ☐ ☐ ☐ ☐ ☐

54.周遭的同學會影響學生填寫意見調查表的內容。 ☐ ☐ ☐ ☐ ☐

55.學生填寫意見調查表時教師如在場，會使學生受到影
響。 ☐ ☐ ☐ ☐ ☐

56.整體而言，學生可以評鑑教師教學。 ☐ ☐ ☐ ☐ ☐

57.您認為哪些教師應接受學生評鑑教學？

　☐（1）全校任課教師

　☐（2）部分特定教師（若選此項，請繼續勾選下列三個選項，可複
　　　　選）

　　　　☐a.申請升等的教師

　　　　☐b.所有新任（含三年內）教師

　　　□c.連續三年教學評鑑績優者（依校方標準）可免接受評鑑
　　□（3）由任課教師自行決定
58.您個人認為應由哪些學生來評鑑教師教學？（可複選）
　　□（1）正在修課的全體學生
　　□（2）前一學期修完課的學生
　　□（3）修過課的畢業校友
　　□（4）其他（請說明）_____
59.您認為學生評鑑教師教學的意見反映調查表應由誰製訂？
　　□（1）教務處
　　□（2）各系所
　　□（3）學校教師評鑑委員會
　　□（4）學生自治委員會
　　□（5）其他（請說明）_____
60.您認為學校應如何使用學生評鑑教師教學的意見調查表？
　　□（1）全校使用同一種調查表。
　　□（2）全系所使用同一種調查表，但各系所不同
　　□（3）學校備有數套調查表，由任課教師自行選擇一種
　　□（4）其他（請說明）_____
61.您認為學生評鑑教師教學應在何時舉行？（可複選）
　　□（1）宜在學期初舉行
　　□（2）宜在學期中舉行
　　□（3）宜在學期末舉行
62.您認為學生評鑑教師教學宜在何地舉行？
　　□（1）教室內實施，學生填答完之後，統一收齊
　　□（2）不限定地點，只要學生填答完之後，由學生個人送到指定地點
　　□（3）在網路上實施
63.若在教室內實施學生評鑑教師教學，您認為應由誰主持？
　　□（1）由任課老師自行主持
　　□（2）由各學系助教或行政助理主持
　　□（3）由教務處派人至班上主持
　　□（4）由班代表主持
64.整體而言，您贊成或反對學生評鑑教師教學，理由何在？

_____
_____
_____
_____
_____
_____

65.如果一所學校實施學生評鑑教師教學，您認為應該如何做比較好？

_____

_____

_____

_____

_____

_____

請仔細檢查每一題是否都已填答，謝謝！

學生評鑑教師教學：理論、實務與態度 classroom 系列 10

著　　　者☞ 張德勝

出 版 者☞ 揚智文化事業股份有限公司

發 行 人☞ 葉忠賢

責任編輯☞ 賴筱彌

執行編輯☞ 吳曉芳

登 記 證☞ 局版北市業字第 1117 號

地　　　址☞ 台北市新生南路三段 88 號 5 樓之 6

電　　　話☞ （02）23660309　23660313

傳　　　真☞ （02）23660310

法律顧問☞ 北辰著作權事務所　蕭雄淋律師

印　　　刷☞ 鼎易印刷事業股份有限公司

初版一刷☞ 2002 年 1 月

Ｉ Ｓ Ｂ Ｎ ☞ 957-818-344-5（平裝）

定　　　價☞ 新台幣 400 元

網　　　址☞ http://www.ycrc.com.tw

E-mail ☞ tn605541@ms6.tisnct.nct.tw

國家圖書館出版品預行編目資料

學生評鑑教師教學：理論、實務與態度／張德
勝著. -- 初版. -- 臺北市：揚智文化，
2002[民 91]
　　面；　公分. -- （classroom 系列；10）
參考書目：面
ISBN　957-818-344-5（平裝）

　1.教學評鑑

522.29　　　　　　　　　　　　　90017871